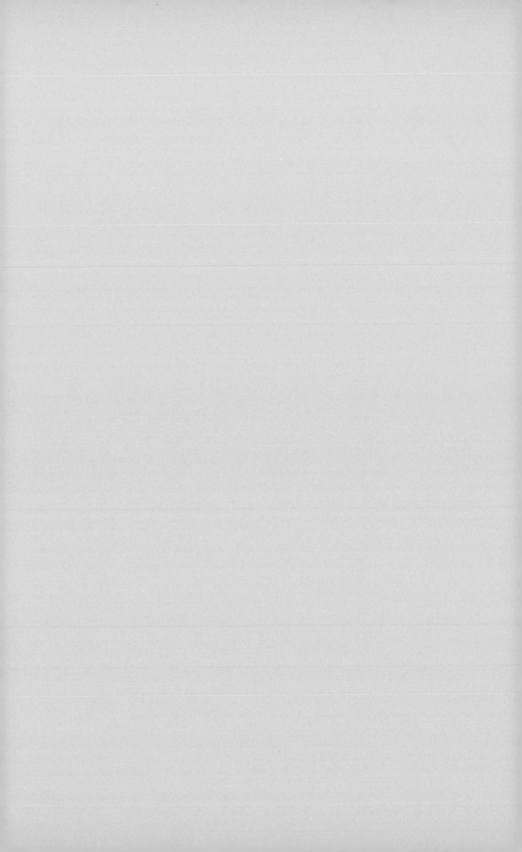

다시 한국영화를 말하다

※ 이 저서는 2021년 대한민국 교육부와 한국연구재단의 지원을 받아 수행된 연구임(NRF—2021S1A5C2A02086967)

다시 한국영화를 말하다

초 판 1쇄 2023년 01월 27일

지은이 구혜원 문관규 성진수 송아름 이수향 이용철 이현경 정민아 조일동 채경훈
펴낸이 류종렬

펴낸곳 미다스북스
총괄실장 명상완
책임편집 이다경
책임진행 김가영, 신은서, 임종익, 박유진

등록 2001년 3월 21일 제2001-000040호
주소 서울시 마포구 양화로 133 서교타워 711호
전화 02) 322-7802~3
팩스 02) 6007-1845
블로그 http://blog.naver.com/midasbooks
전자주소 midasbooks@hanmail.net
페이스북 https://www.facebook.com/midasbooks425
인스타그램 https://www.instagram/midasbooks

ISBN 979-11-6910-132-5 03680

값 25,000원

미다스북스는 다음세대에게 필요한 지혜와 교양을 생각합니다.

다시 한국영화를 말하다

코리안 뉴웨이브와 이장호

미다스북스

일러두기

한국영화의 감독, 배우, 개봉연도는 KMDb를 따랐다.
사용된 기호는 다음과 같다.
영화, 드라마, 노래, 음반 제목 : 〈 〉
잡지명, 신문명 : 《 》
저서명, 단행본으로 출간된 장편소설, 학위 논문 : 『 』
기사제목, 단편소설, 소논문 : 「 」
영화의 감독, 개봉연도 : ( )

1970년대 청년문화에서 코리안 뉴웨이브 그리고 동아시아 뉴웨이브의 풍경

1970년대 한국영화는 정치적 억압과 산업적 침체로 불황의 터널을 통과하고 있었습니다. 위기의 시대는 늘 새로운 세력과 정신이 돌파구를 열어갑니다. 1970년대 이장호, 하길종, 김호선의 등장은 청년문화와 영상시대라는 두 날개로 변화의 바람을 불어넣었습니다. 그리고 1980년대 한국 리얼리즘 영화가 한 흐름을 형성해가면서 코리안 뉴웨이브라는 거역할 수 없는 물결을 이끌고 1990년대로 넘어갔습니다. 이 흐름의 중심에 이장호 감독이 자리했습니다. 우리는 이장호 감독에 대한 본격적인 연구가 필요하다는 자각을 하였으며 이장호의 작품을 중심으로 한국 영화의 변화지점들을 헤아려보는 작업이 요청되었습니다. 이 작업은 작가 최인호와 김승옥의 역할 그리고 청년문화와 유신 시대의 검열 그리고 1970년대 이후 민중문화와 접속, 여러 인물과 집단들의 네트워크를 통해 한국영화사의 저변에 흐르는 정신과 풍경을 포착하고 동시대 동아시아의 뉴웨이브와 한국의 1980년대 변화의 흐름이 어떻게 연동되고 접맥되는가라는 질문에서 출발하였습니다.

이 작업을 위해서 필자 선정과 이장호 감독님 인터뷰가 동시에 병행되었습니다. 2022년 8월의 더위가 기승을 부릴 때 을지로의 일식집에 정민아, 이용철, 이현경, 성진수, 그리고 제가 모여서 이장호 감독 연구의 첫 발을 내딛었습니다. 서대문의 카페에서 여의도 일정을 마치고 오신 이장호 감독님을 만나 뵙고 우리의 계획을 말씀 드렸습니다. 감독님은 인터뷰 일정과 도서 출판에 대한 적극적으로 참여하시겠다는 의지를 보여주셨습니다. 우리는 짧은 만남이었지만 감독님께서 태어난 곳이자 성장한 생가 터에 우뚝 세워진 빌라에 입주한 사무실로 옮겨서 상견례를 이어갔습니다. 그리고 10월 6일 부산대 영화연구소에서 첫 인터뷰가 진행되었습니다. 그 자리에는 감독님의 말씀을 경청하기 위해 자발적으로 참석한 대학원생들과 박사급 연구원 분들이 모여 밀도 있는 인터뷰가 진행되었습니다. 인터뷰는 예정된 시간을 초과하여 진행되었으며 연장된 인터뷰 상황은 그날의 분위기를 충분히 설명해주고 있습니다. 그리고 서울에서 두 차례의 인터뷰가 더 진행되었고 부족한 부분은 뒷풀이 자리에서 녹음으로부터 자유로운 대화가 이어지면서 한국 영화 이면사의 일부를 경청할 수 있는 뜻밖의 즐거움도 맛볼 수 있었습니다. 그리고 11월 19일 인사동 사천 이모집에서 마지막 인터뷰를 진행하였습니다. 네 번의 인터뷰 과정에서 빈번하게 회자된 이장호의 장소이자 한국영화사에서 기억해야할 장소에 대한 답사 필요성이 제기되었습니다.

우리는 12월 8일 명동역에서 감독님을 뵙고 초겨울의 추위를 무릅쓰고 오성환 선생과 운영했던 편집실 건물을 방문하였으며 감독직을 박탈당하고 어려운 세월을 견디셨던 을지로의 술집 모랑이 입주했던 건물을 답사하였고, 『영상시대』 편집을 진행하면서 편집위원들이 모여서 작업하였던 경일장의 건물도 방문하여 사진에 담으며 그 시대를 소환하였습니다. 이장호 감독님과 여섯 번의 만남은 첫 상견례와 네 번의 인터뷰 그리고 한 번의 답사로 알차게 채워졌습니다. 이 과정은 신필름 입사에서 〈별들의 고향〉 연출 그리고 1975년에 결성하여 1978년 『영상시대』 2호를 발간하고 중단했던 영상시대의 활동과 1980년대 〈바람불어 좋은 날〉을 거쳐 〈어우동〉과 〈무릎과 무릎 사이〉로 이어진 여정을 인터뷰를 통해 복기하고 그 분위기를 소환하여 재구성할 수 있는 귀한 자리였습니다. 바쁜 일정에도 불구하고 인터뷰를 적극 도와주신 이장호 감독님께 감사드립니다.

이 저서는 신필름에서 이장호의 영상시대 그리고 코리안 뉴웨이브로 이어지는 한국영화의 거대한 네트워크를 통해 1960년대부터 현재까지의 한국영화의 변화를 성찰할 수 있는 텍스트이기를 희망하면서 출발하였습니다. 이와 같은 네트워크의 시각에서 한국영화와 동아시아영화 그리고 신필름에서 영상시대를 잇는 지배적인 흐름의 물줄기를 살펴보고, 잔여적인 문화와 청년문화, 민중문화로 대변되는 부상 문화의 헤게모니 경합을 통해 단단해진 코리안 뉴웨이브의 문화적 단층들을 헤아려보고 싶었습니다. 그 중심에 이장호라는 핵심 인물이면서 문제적 개인을 한국영화사의 풍경 옆에 배치해보고 싶었습니다. 이와 같은 취지는 학문적 역량을 갖추신 여러 필자분들의 귀한 옥고를 통해 아름다운 모자이크화로 완성된 것 같습니다.

저는 졸고를 통해 신필름에서 영상시대를 경유하여 코리안 뉴웨이브로 이어지는 이장호 감독의 활동과 그와 인적으로 연결된 네트워크들이 한국영화사의 주역으로 활동한 풍경을 스케치하였습니다. 정민아 교수는 소녀라는 화두를 통해 영상시대의 여배우들을 폭넓게 조망합니다. 영상시대의 여배우들은 '계급적으로 고정된 경향은 없지만 소녀성이라는 캐릭터성을 공유한다는 공통점을 지니며 이는 청년문화 세대의 자유를 향한 열망'을 지향하고 있음을 설득해냅니다. 조일동 교수의 「1970 청년문화와 영화 음악」은 청년세대의 문화와 향유된 영화 음악의 관련성을 흥미롭게 분석하고 있습니다. 청년 영화에 삽입된 음악은 '하나의 완결성을 갖춘 연주곡 형태로 음반에 수록되었으며 음반 발매로 상업적 성공을 거둘 수 있다는 음반사와 영화사의 자부심이 겹쳐진 결과'라는 흥미로운 변화 현상에 대해 새로운 시각에서 바라봅니다. 아울러 청년영화의 음악을 담당한 작곡가의 작품세계에 대한 정치한 논지를 펼쳐가면서 청년문화의 영화 음악에 대한 심도 깊은 이해를 가능하게 합니다.

이수향 평론가는 이장호 영화에 적극 참여하고 영향을 준 소설가 김승옥과 최인호의 작업에 대해 각색의 시각에서 천착하였습니다. 꼼꼼한 사료와 작품 분석을 통해 스타일리스트 김승옥과 대중적 감수성이 탁월한 최인호의 각색이 이장호와 그의 시대에 영향을 주는 풍경을 성찰하고 재해석할 수 있는 기회를 부여합니다. 이현경 평론가는 1970년대 한국 멜로 영화 속 여성과 남성 인물이 여성은 희생양, 남성은 상처받은 인물로 재현되고 있다는 사실을 날카로운 비판의식으로 해석하고 있습니다. 〈별들의 고향〉의 경아와 〈겨울 여자〉의 이화는 다른 결을 가지고 있지만 결국 희생양으로 귀결되며 남성 캐릭터는 여러 작품의 비교 분석을 통해 상처받은 인물로 귀착된다는 사실을 흥미롭게 논증하고 있습니다. 이용철 평론가의 「집을 떠난 자, 길의 기억으로 남다 : 이장호의 1980년대 영화」는 이장호의 작품 세계를 길 모티프로 꿰뚫고 있습니다. 결국 1980년대 이장호 영화의 독창적인 길 모티프의 전언은 '집을 떠난 자, 다시는 집으로 돌아가지 못할 것이다.'라는 사실을 규명합니다.

성진수 평론가와 송아름 평론가의 글은 이장호에서 확장된 코리안 뉴웨이브 감독들의 세상을 바라보는 눈과 사랑이라는 테마를 다루면서 코리안 뉴웨이브의 풍경을 네트워크적으로 조망할 수 있게 합니다. 성진수의 「사랑과 영화 : 배창호의 멜로드라마와 신승수의 로맨틱코미디」는 이장호의 연출부 출신인 배창호와 신승수의 장르 영화를 통해 한국 영화의 감정구조를 보여줍니다. 송아름의 「치열하게 80년대를 관통한 이들이 현실을 담는 두 가지 방법 : 90년대에 들어선 박광수와 장선우의 시선」에서는 이장호 감독 연출부 출신의 리얼리즘의 계보를 잇는 두 감독의 시선을 통해 한국 리얼리즘의 확장을 살펴볼 수 있습니다. 박광수 감독은 영화운동 시기를 관통하였으며 장선우 감독은 학생운동과 마당극 운동을 경유하여 충무로에 진입하였습니다. 송아름의 글은 이러한 두 감독이 1980년대를 경험한 체험과 시선이 어떻게 한국 리얼리즘 영화의 지평을 확장하고 있는가를 날카롭게 파헤칩니다.

채경훈 연구원과 구혜원 박사의 글은 한국에 국한되지 않고 동시대 동아시아의 영화 수용과 변화에 대해 한 눈으로 살펴볼 수 있습니다. 채경훈 연구원은 이장호 영화가 일본에서 어떻게 수용되고 평가받고 있는가에 대해 실증적인 지표와 세밀한 분석을 통해 흥미롭게 파헤치고 있습니다. 최양일의 영화 장면에 〈무릎과 무릎 사이〉가 삽입된 상황을 흥미롭게 설명합니다. 구혜원은 동아시아로 영역을 확장하여 한국의 청년 문화와 유사한 격랑의 시대 속에 존재하는 홍콩과 대만의 새 물결과 동아시아 청년들의 정체성에 대해 질문하고 성찰합니다. 여러 훌륭한 필자분들이 참여하여 각자의 채워야 할 여백을 개성 있는 문체와 시각으로 채워주셨습니다.

이 저서는 이장호라는 한국영화사를 관통하는 인물을 중심으로 그의 궤적과 함께 한 영상시대과 코리안 뉴웨이브로 논의가 펼쳐지면서 궁극적으로 동아시아의 영화적 지형도까지 함께 살피면서 동아시아영화 네트워크와 에피스테메를 엿볼 수 있게 합니다.

한 권의 책이 출판되기까지 많은 분들이 수고를 아끼지 않으셨습니다. 한국연구재단의 지원과 부산대 영화연구소의 일반공동연구원과 박사급 연구원분들의 도움으로 이 저서가 완성되었습니다. 특히 부산대 영화연구소 성진수, 채경훈 연구원의 노력과 도움으로 저술 프로젝트가 무사히 완주할 수 있었던 것 같습니다. 우리의 프로젝트에 적극 참여하시고 큰 도움을 주신 이장호 감독님께 거듭 감사드립니다.

저자를 대표하여 부산대 영화연구소 소장 문관규

목차

Chapter 2.
1980 이장호 영화와 코리안 뉴웨이브

Chapter 3.
동아시아 뉴웨이브 네트워크

Chapter 4.
이장호 감독과의 대담

Chapter 1.

1970
한국영화와
청년문화

1.

이장호, 한국영화사를 관통하는 화살
- 영상시대에서 코리안 뉴웨이브까지

문관규

NG 인생, 신필름 입사에서 〈바람불어 좋은 날〉의 출현까지

2018년 해운대 해변에 우뚝 솟아 있는 노보텔 앰버서더 그랜드볼룸 홀에는 부산영화제에 참석한 귀빈들과 영화인들이 100여 닝 운집하였디. 그들은 담소를 잠시 멈추고 일제히 단상을 향해 시선을 고정했다. 단상에 오른 이장호 감독은 "나의 인생은 NG 인생이었다. 이 NG 인생을 통해 인생과 영화를 많이 배웠다."라는 첫마디를 꺼냈다. 이 첫 문장은 감독 이장호 이전에 인간 이장호의 인생과 영화 세계를 집약하고 있었다. 이 행사의 이름은 부산국제영화제와 부산대 영화연구소가 공동 주관한 '한국영화회고전의 밤'이었다. 잘못된 컷인 NG 인생은 인간 이장호를 함축적으로 설명하는 좋은 수식어이자 감독 이장호의 영화적 이력의 울퉁불퉁한 굴곡을 이해하는 데 적합한 조어인 것 같다.

감독 이장호의 삶을 거슬러 올라가면 첫 번째 NG, 즉 뜻하지 않는 삶의 방향으로 선회하는 상황은 아마도 신필름 입사에서 전공 선택이었다. 이장호 감독은 회고록과 인터뷰를 통해 신필름 방문 취지는 감독으로 데뷔보다는 배우로서 입문을 위한 통과의례이자 신상옥 감독 앞에서 치르는 일종의 면접시험이었다고 말했다. 스무 살 청년 이장호는 신상옥 감독의 카리스마에 압도되어 '영화를 하고 싶다니 그 속에서 뭘 할 생각'이냐는 가벼운 질문에 배우가 되고 싶다는 말을 속으로 삼키고 그만 '연출'이라는 명사를 꺼내서 답변하였다. 이 한마디로 인해 이장호 감독은 배우의 꿈을 접고 연출부의 길에 접어들게 되었다. 이 장면은 배우에서 연출로 전환이라는 점에서 감독 이장호에게 원하지 않은 선택이며 삶의 시나리오 안에서 NG 장면에 가깝다. 하지만 한국영화사의 맥락에서 이 장면은 이장호가 신필름에서 영상시대를 거쳐서 1980년대 사실주의 시대를 통과하면서 코리안 뉴웨이브를 견인하는 하나의 화살, 물결로 내딛는 첫마디이자 첫발이다. 개인의 불행 혹은 선택의 아쉬움은 한국영화계에서 큰 수확이자 영상시대에서 코리안 뉴웨이브로 이어지는 흐름을 이끌고 가는 구심점이 된 걸출한 감독의 충무로 진입으로 기억될 것이다.

두 번째 NG는 아마도 첫 작품 〈별들의 고향〉(1974)의 성공일 것이다. 1965년 스무 살 나이에 신필름에 입사하여 영화 수업을 받고 있던 이장호 감독은 1973년 홍콩 주재원 근무를 마치고 돌아와서 스크랩한 소설 한 편을 눈여겨보고 있었다. 그 작품은 고등학교 친구 최인호가 스물여섯의 나이로 조선일보에 연재한 소설 「별들의 고향」이었다. 작가 최인호와 이장호 감독은 청주의 화장사에서 이 작품의 모티프에 대해 의견을 주고받았다. 이 작품 창작의 출발에 대한 작가와 감독 간에 사소한 거리가 존재한다. 작가 최인호는 이장호 감독이 화장사에서 미리 이 작품을 영화화하겠다는 의사를 밝혔다고 「별들의 고향」 후기에서 밝히고 있다. 이장호 감독은 화장사에서의 대화가 모티프를 제공했었다고 작가가 훗날 토로했다는 사실을 환기한다. 소설이 탈고되고 나서 이장호 감독은 동생 이영호 배우의 등록금 15만 원을 가로채서 연희동 최인호 작가의 집 부근에서 잠복근무하듯이 밤을 지새워 작가를 기다렸다. 결국 작가가 잠적하자 이장호 감독은 작가의 집을 방문하여 "인호가 안 도와주면 자살하고 말겠습니다."라는 단호한 각오와 은근한 협박으로 마침내 최인호에게 '죽이 되든 밥이 되든 네 맘대로' 하라는 승낙을 받아냈다. 작가의 허락과 판권 획득에 대한 기억은 차이가 있지만, 이장호 감독이 이 작품을 영화화했다는 사실과 이 작품이 당시 국도 극장에서 105일 개봉하여 46만 명의 관객을 동원한 기록적 흥행 성적을 거두었다는 사실은 자명하다. 첫 작품이 성공하여 소년 장원처럼 감독 이장호는 하루아침에 전국적인 지명도를 갖는 삼독에 등극하였다. 도제를 통해 영화 수업을 가혹하게 받은 다음 첫 작품은 수많은 허점과 단점을 확인하는 장이 되며 이를 극복하면서 대가의 길로 접어드는 다수의 한국 감독이 느릿느릿 정상으로 오르는 행보와 다르게, 이장호 감독은 정상에서 출발하여 능선을 걷거나 완만하게 내리막을 걷는 길이 유일한 선택지로 남게 된 셈이다. 첫 작품의 큰 성공은 제작자에게 경제적 이윤을 공여하지만, 감독의 행로에는 NG에 가깝다. 정상에서 출발은 능선을 걷거나 정상에 머무르거나 자칫하면 하산의 하향곡선으로 접어들 수밖에 없는 행보를 감수해야 한다. 〈별들의 고향〉은 흥행에서 우수한 성적을 받았지만, 기존의 한국영화와 단절점을 보여준 작품이며 1975년 7월 18일 김호선, 홍파, 이원세, 변인식 등과 함께 '영상시대'라는 동인 출범에 기여한 문제작이다. 하길종은 〈별들의 고향〉에 대해 "이장호의 언어는 재래영화에서 볼 수 없는 '비늘처럼 번득이는' 싱싱함과 실험성을 노출시켰다."라고 평가하였다.[1]

〈별들의 고향〉은 기존 영화와의 차별화와 새로운 20대 감독들이 만든 새로운 영화의 기폭제가 되었다는 측면에서 한국영화사에서 특별한 위상을 점유한다. 비록 감독 이장호는 첫 작품에서 정상을 밟고 나서 오르막과 내리막을 경유하는 행보를 보일 수밖에 없었지만 능선과 정상 사이에서 늘 왕복운동을 하였다는 점은 한국영화사적 행운으로 볼 수 있다. 세 번째 NG는 1976년 대마관리법 위반 혐의로 구속되어 4년 동안 감독직이 박탈된 사건이다. 1976년 〈그래 그래 오늘은 안녕〉 보충 촬영을 하는 도중에 이영호 배우가 구속되어 이장호 감독은 신원보증을 서고 동생을 석방시키기 위해 노력하였다. 그때 이장호 감독은 대마를 피워본 적 있느냐는 수사관의 질문에 '오래전에 호기심 삼아 대마초를 딱 한 번 흡입해보았다'고 실토했고 순간 눈빛이 달라진 수사관에게 곧장 연행되어 정신병원에 입감되고 급기야는 감독직 박탈이라는 초유의 상황을 맞이하게 된다. 감독직 박탈은 경제력을 상실한 가장으로서 아픔과 연동되어 한국사회 모순과 현실에 대해 직시하게 된 계기가 되었다. 이와 같은 역사적 격변기에 이장호 감독의 교류는 청년문화 시대를 이끌었던 이장희, 송창식, 김도향, 최인호 중심에서 한층 사교의 영역이 확장되어 황석영, 김지하, 염무웅, 이문구, 송기원 등과 같은 《창작과 비평》의 필자를 중심으로 한 '창비 계열'의 민중주의자들과 친교로 나아갔다. 또 다른 한편에는 김승옥, 김현, 하길종으로 대표되는 《문학과 지성》이라는 교양 잡지를 출간하는 '문지 세력'과 만남도 빈번해졌다. 이장호, 최인호로 대표되는 청년문화 주역들과 창비계열의 민중문학주의자 그리고 문지계열의 예술주의자가 상호 교류하고 융합하였다. 하지만 자신의 추락 경험은 민중문화에 대한 자각과 관심 그리고 전통문화에 대한 탐구에 더 기울게 하였으며 이는 리얼리즘 영화에 대한 관심과 핍진한 현실 인식을 기반으로 한 단단한 이념 무장으로 귀착되었다. 세 번째 고난으로 인해 이장호 감독은 흥행감독 이장호에서 리얼리즘 감독 이장호로 탈각되고 연단되었다. 1980년대 민족 민중 문화를 주창하는 논객들이 갈파한 한국 현실에 대한 직시와 역사의식으로 무장한 감독으로 한걸음 더 가까이 간 것이다. 변화된 내면 풍경은 에세이를 통해 여실히 목도할 수 있다. 이장호 감독은 불행의 모습으로 다가온 행운이었다고 고난의 시기를 담담하게 규정하였다.

"나는 영화 감독의 자격을 박탈당한 4년 동안 가난한 우리 사회를 두 눈으로 확인할 기회를 얻을 수 있었다. 그것은 산업사회의 변화와 관계없이 정직하고 무심한 사회였으며 이 땅에 뿌리박고 영구히 이어져 내려온 민중의 진정한 삶이었다. 나는 비로소 한국 영화를 한국사회를 객관적인 눈으로 바라볼 수 있는 기회를 얻게 되었다.[2]

한국영화는 뉴씨네마 운동 따위를 운운할 것이 아니라 가장 한국적인 영화를 만드는 것이 더 시급합니다. 리얼리즘이 기본이 되어 현실에 뿌리를 박는 영화가 빨리 나와야 합니다. 영화와 실제 현실이 분리되어서는 안 된다는 것이죠. 한국영화를 불행하게 만드는 요인 중의 하나가 많은 감독이 현실에 뿌리를 박지 않고 영화를 만든다는 것이지요.[3]"

4년의 공백은 '한국영화를 객관적으로 바라보게 하는 기회'이자 '민중들의 진정한 삶'을 두 눈으로 직시할 수 있는 시간이었으며 이를 통해 '현실에 뿌리박은 영화'를 제작하기로 결심하였다. 그의 영화론의 변화는 리얼리즘으로 전환으로 가시화되었으며 그 응답은 최일남의 「우리들의 넝쿨」을 원작으로 한 〈바람불어 좋은 날〉의 연출이었다. 1980년 〈바람불어 좋은 날〉은 한국영화계에 새로운 바람을 대변하는 하나의 상징이 되었으며 1970년대까지 충무로 영화로 통칭되는 관습적 한국영화에 대한 대항이자 탈각의 시도였다. 〈바람불어 좋은 날〉은 나운규 이후 다시 귀환한 리얼리즘이자 창비 계열의 민족 · 민중주의적 리얼리즘으로 무장한 영화이며 4년의 공백으로 연단된 이장호의 변신의 증좌이기도 하다.

〈바람불어 좋은 날〉, 1980년대 한국적 리얼리즘 영화라는 과녁

1980년대 정치적으로는 김대중, 김영삼, 김종필로 지칭되는 3김의 정치 재개라는 바람이 불어왔으나 신군부의 등장으로 하루아침에 낙엽으로 져버렸다. 하지만 한번 불어오는 바람은 민주화를 열망하는 학생운동에 점화되어 더 거세진 저항의 태풍으로 휘몰아치고 있었다. 문화적으로는 민족·민중 문화 운동이 새로운 바람을 불러일으키면서 전국단위의 민중 문화 운동이 펼쳐지는 상황이었다. 감독직에서 회복된 이장호 감독은 충무로에서 기지개를 켜고 있었으며 이미 염무웅의 『민중시대의 문학』을 탐독하였으며 창비 계열의 작가인 이문구와 송기원 등과 활발한 교류가 진행 중이었다. 바야흐로 청년문화라는 1970년대의 잔여 문화는 저류에서 흐르고 1980년대 민중문화가 부상 문화로 표면에 떠오르면서 문화의 지각변동을 견인하였다. 이장호 감독은 존 러스킨의 글에서 '바람불어 좋은 날'이라는 문구를 발견하고 '눈이 오거나 비가 오거나 햇볕이 내리거나' 모두 결국엔 수용하는 마음 자세에 따라 모두 다 좋은 일로 귀결될 수 있다는 의미를 되새기면서 〈바람불어 좋은 날〉이라는 영화 제목을 정했다. 〈바람불어 좋은 날〉이 1980년 명보극장에서 개봉하자 관객들은 장사진을 치면서 극장으로 몰려들었다. 이 작품은 흥행과 작품성에서 모두 좋은 평가를 받아 이장호의 부활을 선언하였다. 대종상 감독상의 수상은 1980년대도 이장호의 행보가 한국영화사에 일정한 영향을 줄 것을 예고하였다.

이장호 감독은 한국 현실에 뿌리박은 영화를 지향하였고 그 산물이 〈바람불어 좋은 날〉이었다. 청년문화에 침윤된 감독이 실의의 나날을 견디면서 한국 현실에 눈을 떠갔으며 그 시절에 접한 염무웅의 『민중시대의 문학』이라는 문학 평론집이 영향을 주었다고 스스로 밝힌 바 있다. 염무웅은 《창작과 비평》이라는 민족 민중문학론을 지향하는 문예지의 대표적인 이론가

이며 그의 리얼리즘론은 '현실의 본질을 왜곡하고 은폐하는 허위의식을 타파'하고 '사회현실의 참된 의미를 발견'하는 예술의 지향이다.

염무웅은 "훌륭한 예술작품의 놀라운 점은 그것이 작가로부터 나오는 것이면서 동시에 작가가 살고 있는 사회현실 자체로부터 나온다고 할 수밖에 없을 만큼 정확하게 그 현실의 움직임과 발전 경향을 반영한다."[36]라는 견실한 리얼리스트이다. 염무웅의 '훌륭한 작품은 사회 현실 자체로부터 산출된다'는 리얼리즘은 이장호로 하여금 '사회를 객관적으로 볼 수 있는 눈의 획득과 한국 사회에 뿌리박은 작품을 갈망'하게 하여 〈바람불어 좋은 날〉의 연출로 나아가게 한다. 리얼리즘의 영화적 화답으로 완성된 〈바람불어 좋은 날〉은 감독 김홍준으로 하여금 개봉관에 스무 번 방문하여 반복 감상하게 하였으며, 장선우 감독은 이 작품을 접하고 나서 영화의 길에 뛰어들기로 작심하고 망설임 없이 〈그들은 태양을 쏘았다〉(1981)의 연출부에 참여하였다. 박광수, 김동원, 신승수, 배창호도 이 작품에 참여하거나 이 작품을 계기로 이장호 사단에 자연스럽게 합류하였다. 〈상계동 올림픽〉(1988)의 김동원 감독은 〈바보선언〉(1983)의 대학가 배급 활동에 참여하면서 이장호 사단에 발을 디뎠다. 여기서 짧게 소환할 한 장면이 한국독립영화협회 창립 선언문이다. 1998년에 발표된 창립 선언문은 "우리는 독립(독립영화—인용자 주)이 삶과 영화의 진실을 동시에 추구하기 위한 필요조건이라 믿는다 … 중략 … 가깝게 느끼는 현실을 잠시 물러나 보게 하고 멀게만 느끼는 현실을 다가서 보게 함으로서 관객들이 세상을 새롭게 보고 더 나은 자신과 사회를 위한 꿈꾸게 하는 영화를 독립영화라 부른다."라는 의지를 천명하였다. 삶과 영화의 진실 추구 그리고 현실을 가까이서도 멀리서도 바라보면서 현실개선에 대한 의지를 공고히 한 태도 그리고 현실에 대한 탐구와 영화를 통한 개선과 실천의지의 표명이라는 리얼리즘 정신 추구와 리얼리즘의 예술적 실천이라는 맥락에서, 염무웅의 주장과 이장호의 자각 그리고 한국독립영화협회 창립선언문에서 천명한 독립영화의 지향성이 서로 만나게 된다. 이 창립 선언문 작성에 적극 참여한 이는 다큐멘터리 감독 김동원이며 김동원 감독은 이장호 감독을 통해 영화계에 입문하였다. 이장호의 〈바람불어 좋은 날〉에서 출발한 리얼리즘의 궤적에 1990년대 한국독립영화의 이념적 지향성이 접맥되고 연동된다는 사실은 주목할 부분이다.

〈바람불어 좋은 날〉 촬영 현장

여기서 우리는 1970년대 청년문화를 영화계에 적극적으로 수혈한 이장호 감독의 역할에 대해 더 구체적으로 성찰할 필요가 있다. 통기타, 청바지, 생맥주라는 아이콘과 1972년의 유신 억압시대 그리고 최인호, 이장희, 송창식, 김민기와 더불어 청년문화의 중심에 서 있었던 이장호 감독은 1980년대 민중문화의 흐름에 적극적으로 호응하고 참여하면서 자신의 영화 속으로 문화를 적극적으로 견인하고 실천해왔다. 이와 같은 그의 충무로 제도권 안에서 행보는 1990년대 독립영화운동, 혹은 독립영화의 흐름과 지향성을 함께 하고 있었으며 감독 이장호는 리얼리즘 감독으로서 1980년대에서 1990년대의 초까지 충무로라는 제도권 내에서 보이지 않은 전위에 서서 격렬하게 행군하는 구심점이었다. 1980년 한국 문화계를 지배했던 리얼리즘의 본류는 영화계에서는 이장호라는 구심점을 통해 적극 수혈되어 그 흐름에 적극적으로 호응하거나 흐름에 변형을 가하면서 유유히 통과해갔던 것이다. 리얼리즘이라는 하나의 이념은 이장호와 일군의 코리안 뉴웨이브 감독이라는 화살을 통해 한국영화의 리얼리즘 과녁으로 날아간 것이다. 이는 나운규 이후 친일국책영화의 등장으로 침체된 한국 리얼리즘의 귀환이며《창작과 비평》의 리얼리즘 지향성이 이장호를 매개로 충무로에 유입되었다는 면에서 한국문화사의 진풍경이다. 그 첫 자리에 〈바람불어 좋은 날〉이 존재한다. 이 영화는 첫째로 영상시대가 주창한 청년문화와 《창작과 비평》이 지향하는 민중문화의 접속이라면, 두 번째는 영상시대의 이념과 민중문화의 이념이 충무로의 견고한 도제 관습을 내파하면서 물밑에서 세 갈래의 문화적 흐름이 융합한 것이다. 변인식이 영상시대를 논하면서 최인규, 신상옥, 이장호로 대표되는 신필름의 계보와 이규환, 유현목, 김호선으로 대표되는 두 흐름이 양수리에서 합류하는 이미지로 표현하였다면. 필자는 이 풍경을 신필름으로 대표되는 충무로의 도제 시스템 흐름과 1980년대 부상한 민중적 리얼리즘의 등장 그리고 예술로서 영화를 지향했던 영상시대라는 세 갈래가 서로 경합하고 합류한 진풍경으로 재규정하고 싶다. 충무로 도제와 민중문화와 영상시대 에꼴의 영화적 실천 행위가 잔존 문화와 부상하는 문화 사이의 물밑과 수면 위에서 경합하여 꽃피운 산물이 1980년대의 한국 리얼리즘 영화이며 그 맹아는 〈바람불어 좋은 날〉에 집약되었다.

〈바보선언〉, 미래의 영화로 향하는 전위의 발걸음

〈바람불어 좋은 날〉은 1980년 한국 리얼리즘 영화 계보의 맨 앞 자리에 위치한다. 이장호 리얼리즘의 굵직한 계보는 1981년의 〈어둠의 자식들〉로 이어졌으며 〈바보선언〉(1984)과 〈과부춤〉(1984)으로 이어진다. 시대가 빚어낸 돋보이는 작품은 〈바보선언〉이다. 화천공사에서 '어둠의 자식들 2부'로 제작한 〈바보선언〉은 개봉 기회를 얻지 못하여 창고에 보관 중이었다. 하지만 대학가의 공동체 상영으로 입소문이 퍼지면서 1984년 3월 1일 단성사에서 개봉되어 10만명 이상의 관객을 동원하여 흥행에서 좋은 성적을 낸 기이한 행보를 보였다. 〈바보선언〉은 1980년대 이장호 리얼리즘이 빚어낸 정점의 작품이다. 이 작품은 이장호의 형식적 실험을 강조할 때 실험영화와 대항영화에 가깝지만 이념적 지향성에서는 당대현실에 대한 비판적 조망이라는 리얼리즘 정신이 잘 녹아 있다. 형식적 아방가르드와 이념적 리얼리즘이 절묘하게 결합된 이 영화는 1980년대 한국영화사를 논할 때 반드시 언급하지 않으면 안되는 작품에 속한다.

〈바보선언〉은 감독이 연출하였지만 시대 상황이 그 작품의 의미망 형성에 개입하였다. 1984년 단성사에서 개봉된 〈바보선언〉은 1980년대라는 격변기와 한국 현실을 영화의 프레임에 담아내려 한 작가의 의지 그리고 어두운 현실 묘사와 체제 비판적 작품을 불허했던 억압의 시대 난폭한 검열제도가 공조하여 완성한 작품이다. 감독도 자조적으로 "내가 만든 영화가 아니야 군부정권과 내가 지닌 저항의 에너지가 만난 사생아 같은 작품"[5]으로 평가하였다.

〈바보선언〉 촬영 현장

〈바보선언〉 제작 전말기를 요약하면 다음과 같이 정리할 수 있다. 이장호 감독은 〈어둠의 자식들〉 2부 제작을 위해 야심적인 프로젝트를 준비하였다. 작품은 시나리오 검열의 승인이 필요하였으나 문화공보부에서는 〈어둠의 자식들〉이라는 제목을 허락하지 않았다. 제작사 화천공사에서는 3개월 이내에 작품을 완성할 것을 주문하였으나 시나리오 심의를 통과하지 못하여 제작 기간 한 달을 허비하고 말았다. 정부 당국이 불허한 제목 대신 새로운 시나리오 제목을 고심하던 차에 제작사인 화천공사에서 〈바보들의 행진〉(하길종, 1975)의 성공에 고무되어 바보라는 명사가 들어간 〈바보선언〉에 대한 관심을 표명하여 〈바보선언〉으로 제목을 확정하고 황급히 촬영에 돌입하였다. 완성된 시나리오는 탈고되지 않았으며 즉흥 시나리오와 즉흥 연출 방식으로 진행하여 촬영 시작은 하지만 끝은 어떻게 마무리될지 예측불허한 제작 일정이었다. 감독은 제작부에서 촬영 첫날 집결지를 문의하자 이화여대 앞을 지목하고 그곳에 모여서 오고가는 인물과 교문 앞 풍경을 저속 촬영하였다. 그 다음 촬영 장소는 청량리역 광장으로 정하고 배우 이보희로 하여금 역 광장에서 자유롭게 연기하도록 하면서 카메라는 감추어 촬영하는 형식으로 담아낸 다음 연포 해수욕장으로 장소를 옮기면서 촬영 순서대로 장면을 이어가는 편집으로 방향을 잡았다.

촬영 초창기에 "이 영화는 내가 포기하면서 만드는 영화니까 관객들에게 그 메시지를 전달할 수 있는 방법이 뭘까? 감독이 처음에 자살하면 되겠구나."[30]라는 생각으로 감독 투신사살 장면을 촬영하였다. 그리고 모든 것을 반대로 찍을 각오를 다지면서 불가피하게 실행할 수밖에 없었다. 시간에 쫓기는 제작 여건은 전위적 형식으로 돌파하게 하였으며 이보희가 청량리역 광장에서 호객하는 즉흥 연기와 즉흥 연출을 적극 도입하게 되었다. 세 인물이 청량리에서 탈출하여 서해안의 연포 해수욕장에 도착하자 카메라는 해변의 빈 무대와 해변에서 돈을 벌기 위해 거리에 나서는 세 인물의 행적을 교차편집으로 따라 나섰다. 그들은 모두 상경하여 파티장에서 재회하고 강원도의 목장에서 장례식을 거행하고 여의도 광장에서 해방춤을 추면서 항의한다. 서사는 인물의 움직임에 따라 카메라에 포착되고 장소와 인물과 서사가 동시에 흘러갔다. 동칠(김명곤 분)의 동작은 채플린의 몸짓을 인용하였으며 탈춤 장면을 가미하여 서양 텍스트와 전통 연희 문화가 융합되고 불균질적으로 배치되었다.

영화는 비인과적 서사와 꿈 장면의 과도한 삽입 그리고 사운드의 불균질한 사용으로 비관습적 재현 방식을 통한 이장호 아방가르드로 귀결되었다. 리얼리스트 이장호의 현실적 발언과 환경이 강제한 형식적 아방가르드의 융합은 1980년대 리얼리즘 영화와 1970년대 영상시대의 아방가르드가 지향하는 이상적인 영화예술의 등정을 촉발하였다. 한국 영화는 〈바보선언〉을 통해 영상시대의 정신과 80년대 민중문화의 외침을 포괄하면서 미래의 한국 영화가 자리할 장소와 나아가야 할 방향을 비로소 가늠할 수 있었다.

코리안 뉴웨이브 숲을 이룬 이장호 사단의 거목들

코리안 뉴웨이브는 1996년 부산국제영화제에서 출간한 영문 저서를 통해 공식화되었으며 그 이후 학자의 관점에 따라 폭넓은 개념으로 확장되었다. 코리안 뉴웨이브를 이끈 감독으로 거명된 명단도 조금씩 차이가 있다. 하지만 교집합에는 배창호, 장선우, 이명세, 박광수가 포함되며 이장호 감독도 등장한다. 김소연에 의하면 '모두 사회 현실에 대한 비판적 관심 및 주류 영화의 관습에 반하는 예술적 관습을 보여주는 영화를 모두 '리얼리즘'이라는 단일한 깃발 아래 모으려는 노력'이 있었다. 그 실천의 흐름 속에서 리얼리즘 영화와 비관습적 가치를 지닌 영화들이 호명되었으며 이 영화군에 새로움이라는 이름을 부여하여 코리안 뉴웨이브의 범주를 설정하였다. 이와 같은 요건과 범주에 속한 코리안 뉴웨이브는 연구자의 시각에 따라 감독의 선정 대상은 다소 차이가 있다. 김소연에 의하면 리얼리즘과 한국적 가치를 중심에 둔 이효인 교수는 정지영, 배용균, 장선우, 박광수, 이명세, 박종원을 '뉴웨이브'로 범주화하였고 이정하 평론가는 임권택, 이장호, 장선우, 박광수, 정지영을 뉴웨이브로 인정하였다.

여기서 코리안 뉴웨이브를 어떻게 볼 것이며 어떤 감독을 포함시킬 것인가라는 논쟁은 잠시 뒤로 미루기로 하자. 코리안 뉴웨이브는 1980년대 이후 한국 영화의 변화의 징후에 대한 역사적 이름 짓기이며 새로운 흐름을 주도한 일군의 감독군에 이장호와 배창호 그리고 장선우와 박광수, 이명세가 포함되고 있다는 사실은 자명하다. 감독 이장호의 행보에 합류한 배창호와 이명세 그리고 장선우와 박광수, 김동원 등이 코리안 뉴웨이브라는 흐름을 이끌어가는 핵심 감독군이라는 사실은 모두 긍정할 것이다. 여기서 이장호라는 인물을 중심으로 코리안 뉴웨이브가 어떻게 형성되었으며 어떤 흐름을 이어갔는시에 내해 살펴볼 필요가 있다.

1980년대 이장호 감독의 조감독으로 활동한 배창호 감독은 '발로 뛰는 자세, 감독으로서 리더십, 사람에 대한 포용력'이 강한 감독으로 스승이자 선배인 이장호 감독을 평하였다. 이장호의 주변에 수많은 인물들이 모여들었다가 떠나갔으며 그들은 이장호를 떠나 한국 영화계라는 흐름 속에서 각자의 몫에 걸맞은 행보를 통해 코리안 뉴웨이브라는 1970년대와 단절층을 보여준 변화의 주역으로 자리하였다. 그들과 이장호의 만남은 각자 나름의 에피소드와 서사를 가지고 있지만 동일한 것은 코리안 뉴웨이브의 물결에 속에서 상호 연대하였다는 점이다. 이 물결 속에서 감독 이장호는 1980년대 이후 코리안 뉴웨이브라는 역사적 물결의 중심에 자리하고 있었으며 그가 지향하는 화살은 코리안 뉴웨이브이거나 독립영화로 대표되는 한국 영화의 전복과 개선이라는 과녁이었다. 코리안 뉴웨이브의 숲에 식목된 인물들의 간단한 이력은 다음과 같다.

배창호는 1978년 현대종합상사 아프리카 케냐 지사로 발령을 받고 근무 중이었다. 한국 신문을 통해 이장호 감독의 활동 재개 소식을 확인하고 '일신상의 사유로 귀국하겠으니 빨리 후임자를 보내달라'는 내용의 텔렉스를 본사로 발송하였다. 그리고 1978년 11월 나이로비 공항을 통해 한국행 비행기에 탑승하였으며 서울에 도착하여 이장호 사무실에 출근하였다. 1980년 〈바람불어 좋은 날〉 조감독으로 이장호의 리얼리즘 영화에 참여하면서 충무로 연출 수업을 받았다. 배창호는 회사원 시절에도 이미 충무로에서 이장호 감독에게 감독의 꿈을 피력한 바 있으며 이장호 감독의 감독직 박탈 상황으로 인해 충무로 합류가 지연되고 있었다. 그 이전에 이미 영상시대에 배우 지망생으로 지원서를 낸 바 있었다. 당시 영상시대 편집위원회에서는 배창호의 지원 부문이 배우가 아닌 연출이 더 적합하다고 판단하여 연출부 합격통지서를 보냈지만 배창호는 불응하고 있었다. 이런 저런 이유로 충무로 참여 기회를 벼르고 있었던 배창호 감독에게 이장호의 해금은 한국행 비행기 승선을 결정하게 하였으며 이장호 사단의 중심으로 진입하는 계기가 되었다.

〈일송정 푸른 솔은〉 촬영 현장에서 배창호, 선우완, 장영일과 함께

　이명세는 〈갑자기 불꽃처럼〉(홍파, 1979)이라는 작품의 연출부에 참여하였다. 추천은 영화평론가 안병섭 교수이며 안병섭 교수는 이명세의 대학스승이었다. 〈갑자기 불꽃처럼〉은 부산에서 크랭크 인 하였지만 이장호 감독의 영화 작업이 활동이 중지된 다른 연예인들과 형평성의 문제로 제약을받게 되어 제작이 중단되는 바람에 연출부가 해체되는 불운을 겪었다. 이명세 감독은 이장호 사단을 떠나서 김수용 감독의 연출부에 합류한다. 하지만 배창호의 〈철인들〉(1982)과 〈고래사냥〉(1984)에 참여하여 〈기쁜 우리젊은 날〉(1987)까지 배창호의 작품 현장을 지켰다. 이장호-배창호-이명세로 이어지는 하나의 계보가 형성된 셈이며 두 감독은 코리안 뉴웨이브라는숲에 우뚝 선 아름드리 나무였다.

장선우 감독은 친구의 형인 이장호 감독과 오래전부터 가까이서 대화를 나누는 호형호제 관계였다. 이장호 감독이 〈바람불어 좋은 날〉로 재기하자 명보극장을 찾는 관객의 대열에 합류하였다. 영화감독 김홍준도 이 영화를 스무 번 정도 반복 관람하면서 지지를 표명하였으며 명보극장 근처 골목은 미래의 영화감독을 꿈꾸던 청년들의 발걸음으로 분주했다. 〈그들도 우리처럼〉(1990)으로 리얼리즘 영화의 계보를 이어간 박광수 감독, 〈상계동 올림픽〉으로 한국 다큐멘터리의 사회 참여 가능성을 열어간 김동원 감독, 그리고 마당극에 관심이 많았던 장만철(장선우)도 그 대열 속에 포진해 있었다. 장만철은 〈그들은 태양을 쏘았다〉(1981)에 조감독으로 참여하면서 이장호 감독으로부터 본격적인 연출 수업을 받았으며 함께 참여한 선우완의 성을 예명으로 사용하기 시작하였다. 장선우 감독은 〈서울 황제〉(1986)와 〈성공시대〉(1988)로 충무로에 진입하여 코리안 뉴웨이브의 대표적인 감독으로 굵직한 발자국을 남겼다.

박광수 감독은 〈바람불어 좋은 날〉 개봉 즈음에 충무로에서 얄라성 출신의 김홍준 감독 소개로 이장호 감독과 정식 인사를 나누면서 교류가 시작되었다. 어느 날 이장호 감독은 파리의 퐁피두 센터 광장에서 유학생 박광수와 재회하게 된다. 박광수는 프랑스 유학생 신분으로 퐁피두 센터 앞 광장에서 그림을 그리는 아르바이트를 하면서 영화학교에 재학 중이었다. 이장호 감독은 업무차 파리에 방문하였다가 뜻밖의 장소에서 영화학도 박광수와 다시 만나게 된 것이다. 박광수 감독은 귀국 후에 〈어우동〉(1985), 〈이장호의 외인구단〉(1986), 〈나그네는 길에서도 쉬지 않는다〉(1987)의 조감독 생활을 시작으로 코리안 뉴웨이브 대열에 합류한다.

영화평론가 정성일은 이장호 감독이 1986년 설립한 '판 영화사' 시절에 합류한다. 정성일은 여기서 임권택에 대한 저서를 기획하고 여러 소장 학자와 함께 임권택에 관한 저서를 출판한다. 이 저서는 국민 감독 임권택의 탄생에 결정적으로 이바지하였으며 이후 정성일은 평론가로서 필명을 날리면서『임권택이 임권택을 말하다』(현실문화, 2003)라는 방대한 인터뷰집을 완성한다. 이 책은 한국의 대표적인 감독 임권택의 개별 작품에 대한 대담과 주요 장면에 대해 감독이 구술한 연출론을 세세하게 정리한 역저이다.

감독 이장호는 조감독 배창호와 이명세 그리고 장선우와 박광수와 작업을 함께하면서 1980년대 한국 리얼리즘 영화와 멜로드라마 작업 행보를 이어갔다. 감독의 거침없는 행보는 한국 리얼리즘 영화의 폭을 넓혔으며 충무로의 변화를 촉발하였다. 아울러 현장에서 도제 수업을 받은 배창호, 장선우, 이명세, 박광수의 활동은 코리안 뉴웨이브라는 숲을 이루어 새로운 한국 영화 형성에 결정적 역할을 수행하였다는 사실을 확인할 수 있다. 이장호 감독의 1965년 신필름에서 시작된 충무로 영화 작업은 1975년 7월 18일부터 1978년 6월 30일까지의 영상시대를 관통하였다. 영상시대 동인들의 예술로서 영화의 사유와 새로운 한국 영화에 대한 기대는 1980년대 한국 리얼리즘 영화로 개화되었다. 1980년대 이상호의 작업은 리일리즘과 에로티시즘이라는 지그재그의 행보를 보였지만 그 기저에 흐르는 이념은 새로운 형식적 아방가르드에 대한 열망, 한국 현실에 대한 비판적 태도와 예술적 실천이라는 한국적 아방가르드로 수렴된다. 이장호 감독은 코리안 뉴웨이브의 물결을 이끌어가는 우뚝한 구심점이었으며 한국영화사에서 리얼리

즘의 성취와 아방가르드의 실천이라는 전통과 전위의 과녁을 향하여 날아
가는 막을 수 없는 하나의 화살이었다.

2.

소녀, 영상시대의
얼굴이 된 여배우들

정민아

1974년 4월 26일 〈별들의 고향〉(이장호)이 쏘아올린 영상시대의 서막은 화려하게 불꽃을 태우고 3여 년 후 사그라지고 말았다. 이 짧은 기간 동안 한국영화사에서 처음으로 아버지 세대의 영화에 저항했고, 젊은 영화세대는 세대 전쟁에서 승리를 쟁취했다. 송창식과 이장희를 앞세운 통기타를 든 청년문화 음악가들이 남진과 나훈아의 시대를 눌렀듯이, 이장호와 하길종과 김호선은 신상옥과 유현목과 김기영의 시대를 눌러버렸다.

〈별들의 고향〉이 새로 쓴 역사의 서막은 1975년 〈어제 내린 비〉(이장호), 〈영자의 전성시대〉(김호선), 〈바보들의 행진〉(하길종)으로 굳히기에 들어갔고, 1977년에 〈겨울여자〉(김호선)가 다시 한번 새로운 기록을 갈아치우자 승기를 공고히 했다. 이듬해인 1978년 〈별들의 고향(속)〉(하길종)과 1979년 〈병태와 영자〉(하길종)도 관객에게 역시나 좋은 반응을 얻으면서 청년문화 세대의 새로운 영화는 계속될 것 같았다. 1945년생 이장호 감독, 1941년생 하길종 감독, 1941년생 김호선 감독은 20대 후반과 30대 초반이던 1970년대 중반에 화려하게 등장하여, 프랑스 누벨바그 감독들이 그랬던 것처럼 '영상시대'라는 동인을 결성하여 서로 협력하고 자극을 주면서 짧고 굵게 한 시대를 풍미했다. 문관규는 영상시대 운동에 대해 "한국영화운동사에서 정치적 지향성에서 예술적 지향성과 산업적 활로 찾기가 등장한 것은 처음"이라고 서술했다.[7] 정치적 경향으로 묶이기보다는 예술적 지향으로 묶이는 이들 영상시대는 이장호 감독의 대마초 사건 입건, 하길종 감독의 사망, 김호선 감독의 구속으로 인해 대중에게 강렬한 인상을 남긴 채 막을 내렸다. 그 후, 아마추어리즘으로 형성된 틀에 박히지 않은 창조성을 보여줬던 이장호가 절치부심한 후 성숙한 영화세계로 한걸음 내딛는 시기인 1980년대로 접어들었다.

〈별들의 고향〉은 기존 한국영화와 다른 방향으로 길을 잡았다. 관객은 기존 문법과는 다른 이 영화를 보면서 즐거워했고, 한국영화는 새로운 활력을 얻었다. 슬프지만 슬픔을 말하지 않고 훌훌 털어버리는 것 같고, 신파적으로 자기연민에 빠지지 않으며, 원색으로 구성된 밝은 색감의 쨍한 환경에 서서 쿨하게 행동하는 주인공들, 통기타 음악이 주는 젊은 감각, 촬영과 편집의 자유분방함이 주는 세련됨은 예전 한국영화의 느낌과는 사뭇 달랐다. 동시대인에게 〈별들의 고향〉은 김기영, 유현목, 신상옥, 김수용으로 대변되는 대가들의 오랜 장기집권이 막을 내리고, 젊은 아이들의 시대가 본격화되는 충격으로 다가왔을 것이다. 영화관은 도시의 젊은이와 대학생으로 북새통을 이루었고, 이장호는 청년문화의 아이콘으로 부상했다. 강준만은 "이토록 수많은 관객을 끌어들인 1등 공신은 주인공인 호스티스 우경아"였으며, "당시 경제성장의 그림자 속에서 급성장하던 유흥 산업에 종사하는 수많은 호스티스들을 매료시켰다"[8]라고 봤다. 이듬 해에 나온 〈어제 내린 비〉의 여주인공 민정에 대해서 김영진은 "겉으로는 도도하지만 속으로는 순진한 전형적인 청춘여성의 전형인데, 허물어질 아름다움을 안간힘을 다해 붙잡고 있는 불가항력의 몸짓을 화면 가득 채우고 있다"고 썼다.[9]

이 글은 영상시대 영화에 등장하는 여배우들이 1960년대와 다름은 물론이고, 직전인 1970년대 초와 비교했을 때도 다른 유형의 배우이자 캐릭터여서 영화를 한층 새롭게 보이게 했다는 점에 주목하고자 한다. 〈별들의 고향〉과 〈어제 내린 비〉의 안인숙, 〈바보들의 행진〉와 〈병태와 영자〉의 이영옥, 〈겨울여자〉와 〈별들의 고향(속)〉의 장미희, 〈영자의 전성시대〉의 염복순 등은 영상시대의 새로운 히로인이 되었다. 신상옥, 유현목, 김기영, 김수용 감독이 주도하던 1960년대를 대표하는 여배우들이 최은희, 김지미, 엄앵란, 고은아, 문희 등임을 감안하면, 영상시대의 여배우들은 나이대가 한층 어릴 뿐만 아니라 분위기와 스타일, 캐릭터가 상당히 달라지고 있음을 알 수 있다.

1970년대 근대화 및 경제 성장 위에 20대를 주축으로 한 서구적 청년문화의 영향을 받은 젊은 관객이 영화소비의 주소비층으로 등장함으로써 선호하는 배우상도 달라지게 마련이다. 하지만 몇 년 사이에 새로운 유형의 배우들이 대거 등장했다는 점은 분석을 요하는 흥미로운 현상이다. 〈별들의 고향〉에서 시작하여 〈어제 내린 비〉, 〈너 또한 별이 되어〉(1975), 〈그래 그래 오늘은 안녕〉(1976)까지 이장호 감독이 연출한 1970년대 영화들과 〈바보들의 행진〉, 〈영자의 전성시대〉, 〈겨울여자〉, 〈별들의 고향(속)〉 등 여타 영상시대 작품들을 추가하여 영상시대 여배우의 의미를 살펴보려고 한다.

자유주의 청년문화와 소녀성

1972년 박정희정권의 유신 선언으로 제4공화국이 등장했다. 1973년에는 제4차 중동전이 발발하면서 전 세계 유가가 급등하고 국가적으로 육성하던 중화학공업산업이 내리막길을 걸었다. 이로써 박정희정권은 위기에 몰리게 된다. 비록 쿠데타로 집권을 했더라도 박정희가 1960년대 내내 부르짖은 근대화, 산업화 프로젝트가 일정 성과를 보이면서 성난 대중을 잠재워왔었다. 그러나 중동발 경제위기는 박정희에 대한 암묵적 동조를 깨는 시발점이 되었고, 나날이 시위가 격화되고 급기야는 1974년 1월에 유신헌법을 비판하는 사람을 영장 없이 체포해 교도소에 가두고 처벌한다는 긴급조치 1호를 발동하게 되었다. 이로써 철권통치가 본격적으로 시작하였고, 독재를 비판하는 민주화시위가 전국적으로 번지면서 권위적 정권에 비례하여 민주화세력도 점차 커져갔다. 국가공권력의 힘이 일방적으로 강하여 대중을 압도하긴 해도, 대중의 지지를 얻는다는 면에서 민주화세력의 주도권을 확인할 수 있는 시기다.

1969년 한대수의 〈물 좀 주소〉와 트윈폴리오의 〈하얀 손수건〉, 1971년 김민기의 〈아침이슬〉로 촉발된 대중음악에서 시작한 청년문화운동은 1972년 최인호의 소설 『별들의 고향』, 1974년 이장호의 영화 〈별들의 고향〉으로 이어지면서 대중적으로 확산되고 승인받았다. 철권통치의 시작과 청년문화의 대중화가 동시에 이루어졌다는 점을 기억할 필요가 있다. 강헌은 이에 대해 "식민지 세대 권력이 도전받던 시점에 한국의 청년문화가 세상을 장악했다."라고 말한다.[10] 억압이 클수록 저항도 커진다. 박정희 세력과 청년세대는 시대의 주도권을 누가 가져갈 것인가를 놓고 한판 전쟁을 치루고 있었다. 강헌의 설명에 의하면, 한국의 청년문화를 이끈 세대는 식민지와 단절된 1945년 이후 출생자로, 10대 때 4.19혁명이라는 한국적 민주주의를 체험하면서 진정한 민중적 에너지를 체화하였다. 이들은 대학생이 되기 전 군부 쿠데타를 보았고, 1965년 한일협정 체결의 굴욕적 한일외교를 목격하면서 민주주의와 민족주의라는 두 개의 가치를 손에 넣게 되었다. 청년문화세대는 강력한 민주주의적 동기 이면에 서구문화를 동경하면서 최초로 한국의 세대혁명을 이끌고 있었던 것이다.

음악계에서는 1971년 김민기의 〈아침이슬〉이 발표된 후 단 3년 만에 김정호, 이장희, 송창식, 양희은 등이 대활약하며 트로트와 스탠다드팝이 주도하던 대중음악 시장의 판도를 뒤흔들었다. 그리고 영화계에서는 1974년 이장호의 〈별들의 고향〉을 시작으로 〈겨울여자〉가 등장할 때까지 3년 만에 고무신 관객이 주도하던 신파적 멜로드라마 시장의 주도권을 빼앗아 젊은 관객에게 자리를 내주었다. 이로써 청년문화는 대중문화의 주류로 완전히 진입했다.

김병익, 「오늘날의 젊은 우상들」, 「동아일보」 1974.3.29. 5면.

　우리의 20대는 외국인이 아닌, 우리 스스로 청년문화의 젊은 우상을 창조한다는 기사로, 최인호, 양희은, 김민기, 이장호, 서봉수, 이상룡 등 6명의 청년을 우상으로 선정하여 설명한다.

　"거짓 안일, 상투성, 침묵을 슬퍼하는 블루진, 통기타, 생맥주의 청년문화. 블루진과 통기타와 생맥주, 그것은 확실히 염색한 군복과 두툼한 사상계와 바라크의 막걸리가 상징하는 반세대전과 다른 풍경이다. 그들은 경쾌함을 지나쳐 경박하게 보이고 신선하다 못해 외설스럽게 느껴지며 비문화적이라기보다 반문화적으로까지 생각된다. (중략) 단절되었던 가면의 부통극으로부터 고고춤에 이르기까지 마르쿠제로부터 안인숙에 이르기까지 이십대의 감성의 편차는 극히 다양하지만 그들의 문화가 퇴폐적인 발산이나 이유 없는 반항으로 그치지 않는 것은 분명하다. 이들은 무기력한 선배와 폐쇄적인 현실을 야유하면서 순진한 야성의 힘을 발휘한다. 그리고 그 야성은 정치적 좌절과 사회적 패배주의를 우회 극복하는 새 부대에 담길 새 포도주."

이장호 감독은 신상옥 감독의 연출부에 있었지만 제2조수였으며, 직접 촬영을 하던 신상옥 감독으로부터 연출 수업을 받은 일이 없어 실질적으로 연출을 어떻게 하는지 잘 몰랐다고 한다. 그는 우여곡절 끝에 〈별들의 고향〉을 계약하고 난 후 겁이 나서 일본영화잡지 《아사히 카메라》에서 뜯은 쇼트 장면들을 들고 촬영장에서 영화를 찍었으며, 편집실에서야 이야기를 완성했다고 말한다. 아이러니하게도 이러한 무모함과 아마추어리즘이 영화를 이전 세대 영화와 단절하고 새로운 것으로 만든 원동력이 되었다.

준비되지 않은 채 돌진한 〈별들의 고향〉이 실질적으로 청년문화를 정점으로 끌어올리며 정치적 암흑기의 돌파구가 되었다는 것은 재미있는 사건이다. 청년문화가 기층민중운동과 결합되지 않은 채 엘리트주의로 일관한 면을 비판하는 목소리가 있지만, 대학생과 청년이 중심이 되어 기성세대 문화를 공격하고 새로움과 자유로움으로 무장하여 스스로 프레임을 만들면서 정치적 좌절을 이겨낸 역사는 놀랍기만 하다. 홍익대 출신 이장호 감독, 연세대 출신 최인호 원작자, 연세대 출신 이장희 음악, 중앙대 재학 중인 안인숙 주연 등 영화의 주요 창작자가 대학 출신으로 이루어진 젊은 청년문화 세대다.

이장호는 여배우를 크게 세 부류로 나누고 있다.[11] 첫째, 최은희, 김지미, 문희, 고은아, 나영희 등 전형적인 비극의 이미지를 가지고 있는 눈물의 심볼, 둘째, 도금봉, 최지희, 김혜정, 방희, 안소영 등이 포진한 관능적 여배우, 셋째, 조미령, 엄앵란, 윤정희, 남정임, 안인숙, 정윤희, 장미희, 이보희 등의 애완형 여배우. 민망한 네이밍이지만 세 번째 유형인 애완형 여배우에 대해 이장호는 어떤 역할도 넘나들 수 있을 만큼 폭넓은 미모와 성격으로 강력한 연기력보다는 한국적인 스타로 각광받을 수 있는 여건을 가지고 있다고 표현한다. 실제로 이들은 소녀적인 귀염성을 무기로 현대적 이미지인 오락적이며 스피디한 쾌락을 만족시키는 상업적인 감각을 갖추었고, TV와 광고에서도 맹활약했다.

〈겨울여자〉의 장미희 (한국영상자료원 제공)

〈별들의 고향〉의 안인숙 (한국영상자료원 제공)

〈바보들의 행진〉의 이영옥 (한국영상자료원 제공)

〈어제 내린 비〉의 안인숙 (한국영상자료원 제공)

이영미는 〈별들의 고향〉의 경아에 대해 "요염하고 거만한 팜므파탈형과 얌전하고 불쌍한 청순가련형으로 양분되는 기존 화류계 여성인물에 속하지 않는, 어린애 같은 순진함과 성적 개방성을 지난 여성"[12]이라고 서술하면서, 슬픔의 절제와 거리두기가 이전 신파 멜로드라마와 다른 성격의 인물을 만들어냄으로써 신파성을 벗어난다고 분석한다. 확실히 영상시대 영화의 여성들은 다른 행동 양상을 보여준다. 신파적 자학에 빠지지 않고, 자기표현에 적극적이며 명랑하고, 사랑하는 남자와의 성관계를 주저하지 않고 받아들인다. 개방적이면서도 천진난만하다. 소녀성과 성적 개방성은 충돌을 일으킬 것 같지만, 오히려 도발적이고 긍정적이어서 더 소녀다운 분위기가 유지되는지도 모르겠다.

〈별들의 고향〉의 안인숙은 아역 탤런트 출신으로 이 영화가 그녀의 첫 성인연기 데뷔작이다. 연기력은 보장하지만, 첫사랑의 상처와 결혼 실패의 상처를 안고 호스티스로 전락하여 여러 남자를 거치는 주인공 역할이니 만큼 노출연기를 감행할 수 있는지, 산전수전 겪은 비련의 여인으로 현실감을 줄 것인지 하는 리스크를 안고 가는 캐스팅이었다. 그러나 노개런티로 출연을 감행할 만큼 안인숙의 의지를 확고했고, 영화의 성공으로 안인숙은 '경아 신드롬'을 만들며 스타덤에 올랐다.

〈별들의 고향〉의 성공에 힘입어 제작된 〈어제 내린 비〉는 안인숙의 스타성을 활용한 캐스팅이다. 안인숙은 김희라와 이영호가 연기하는 이복형제 사이에서 동시에 사랑받으며 갈등하는 인물이다. 상류층 가정의 딸이지만 도덕과 욕망 사이에서 갈등하는 역할이므로 이 역시 과감한 스킨십 장면이 요구된다. 〈바보들의 행진〉의 이영옥이 맡은 영자는 대학생으로 과감한 스킨십이나 노출신은 없지만 안인숙이 연기했던 캐릭터처럼 순진무구하고 천진하며 발랄하다. 〈겨울여자〉에서 장미희가 연기한 이화는 양가집 규수로써 자신을 사모하던 이웃 남자의 죽음과 처음으로 사랑하게 된 남자의 의문사로 추정되는 죽음을 겪으면서 성숙하게 되는 인물이다. 그녀는 마음이야말로 진실한 자신이며 육체는 껍데기이므로 자신을 원하는 남성을 위해 몸을 내어줌으로써 세상의 불행한 자들을 위로한다는 생각을 한다. 성윤리 의식의 시험대 같은 이 영화 역시 과감한 노출과 스킨십 장면이 필수적이다.

　대학 캠퍼스를 중심 배경으로 전개되는 〈바보들의 행진〉은 예외적이지만, 〈별들의 고향〉, 〈어제 내린 비〉, 〈너 또한 별이 되어〉, 〈겨울여자〉, 〈별들의 고향(속)〉, 〈영자의 전성시대〉는 여성의 성의식 문제를 본격적으로 다룬다. 〈별들의 고향〉과 〈영자의 전성시대〉는 이후 범람할 호스티스물의 전조가 되었다. 소녀에 가까운 어린아이 같은 여성과 호스티스는 결합하기 힘든 대척되는 요소처럼 보이지만, '순수와 타락'이라는 대립 요소는 군부독재와 유신이라는 남성으로 젠더화된 국가에서 속도전을 따라가지 못하는 자들에게 남겨진 잉여라는 의미의 유사성을 획득한다. 즉 기성세대의 강력함과 청년들의 감상성 대결에서 순수함은 지켜지기 어려우므로 현실적으로 타락과 모순으로 귀결되고 만다. 영화의 소녀성은 청년세대의 미성숙성이자 감상적 도피처라서 순수할수록 그 타락이 더 안타깝게 다가오므로 현실이 주는 비관주의가 더 실감나게 다가온다.

　영상시대 감독들의 활약으로 젊은 관객층이 부상하고, 관객이 젊어진 만큼 스크린의 인물들도 또래 세대를 보고자 하는 열망이 강해지면서 여성 캐릭터의 소녀성이 부각되는 것은 자연스러웠다. 그러나 성장을 멈춘 듯한 천진한 캐릭터는 남성적 가부장적 질서의 강력한 사회적 분위기에서 퇴행하는 세대에 대한 은유라는 점을 상기해볼 필요가 있다. 오영숙이 표현하듯이 "미성숙하고 천진한 아이 같은 성인이 1970년대 영화의 지배적인 표상"[13]이 되어버린 특별한 시대다.

영상시대 영화와 함께 공존하던 하이틴 영화의 유행까지 아우르면 1970년대 소녀 열풍이 괜한 말이 아니라 그 시대는 정말 '소녀의 시대'로 보인다. 〈별들의 고향〉의 삽입곡인 〈한 소녀가 울고 있네〉와 윤시내의 〈나는 열일곱 살이예요〉, 진미령의 〈소녀와 가로등〉(1974), 정윤희의 〈목마른 소녀〉(1977), 김세화의 〈나비소녀〉(1978) 등 소녀 화자가 노래를 했다. 1975년에 데뷔한 가수 혜은이는 맑고 깨끗한 소녀성을 가진 스타이며, 10대 남매 듀엣 '현이와 덕이', 그리고 영화배우 임예진은 1974년 같은 해에 데뷔하여 하이틴 스타로 올라섰다.

〈별들의 고향〉의 안인숙은 호스티스가 된 이후 오히려 유아기로 퇴행하여 풍선껌을 씹으며 인형을 안고 다니며 끊임없이 재잘댄다. 〈어제 내린 비〉에서 안인숙은 인형으로 가득한 방에서 지내고, 약혼한 사이인 이영호와 어린아이처럼 손뼉놀이를 하거나 장난 같은 뽀뽀를 한다. 〈영자의 전성시대〉의 염복순은 공장에서 받은 얇은 월급봉투를 보며 깔깔 웃으며 넘어가고, 외팔이 창녀가 되어서도 신파의 주인공처럼 울면서 자신을 비하하는 짓을 하지 않는다. 〈바보들의 행진〉의 이영옥은 교수에게 찾아가 성적을 올려달라고 떼를 쓰고 운다. 〈겨울여자〉의 장미희는 다른 영화의 여주인공들보다는 성숙한 모습을 보이지만, 영화 초반, 세상 물정 모르고 온실 속에서만 살아온 것 같은 천진함 때문에 갑자기 들이닥친 사건에 더 크게 변모하게 된다. 〈별들의 고향(속)〉의 장미희는 중성적인 외모로 거칠게 행동하면서 까르르 웃고 장난을 친다.

영상시대 영화의 주연을 맡은 20대 초반 대학생 배우들은 인내하고 자기연민에 빠지고 피해의식을 가졌으며 충효 중심 가부장 문화의 현모양처형이었던 1960년대 성숙한 여주인공과 완전히 달랐다. 가는 몸매와 어리고 순진한 이미지의 젊은 배우들은 깔깔 웃으면서 아픔을 털어버리고 훌훌 털고서 현실에서 달아났다.

영상시대 영화의 여주인공은 계급적으로 어떤 특정 경향없이, 중산층 여대생, 시골에서 상경한 식모, 소매치기 고아 소녀, 여고생, 호스티스와 창녀 등 다양한 존재로 등장한다. 하지만 영화에서 계급적 배경은 달라도 소녀성이라는 캐릭터성을 공유하는 면이 눈길을 끈다. 순수한 소녀가 타락해 갈수록 영화의 비애감은 점점 커지고, 도저히 뚫고 나갈 수 없는 경직된 사회에서 청년문화 세대의 자유를 향한 열망은 더 자극적으로 표현된다.

1953년생인 중앙대생 안인숙, 1955년생인 서울예대생 이영옥, 1956년생인 중앙대생 한우리(〈그래 그래 오늘은 안녕〉), 1952년생 중앙대 출신 염복순, 1958년생 장미희 등은 20대 초반에 주연으로 발탁되었다. 그러나 장미희를 제외하고 이들은 1980년대에 안정적으로 배우 입지를 끌어가지는 못했다. 영상시대의 쇠퇴 이후, 안인숙은 결혼하면서 은퇴하였고, 다른 배우들은 1970년대 후반의 호스티스물, 1980년대 〈애마부인〉이 끌어간 에로물 시대에 맞지 않아 활동영역을 더 만들어가지 못했다. 영화에서처럼 소녀는 좌절하고 적응하지 못한 채 사라져갔다.

소녀와 죽음

죽음은 영상시대 영화를 지배하는 이미지다. 〈별들의 고향〉에서 경아는 계속되는 이별과 상처로 말미암은 알코올 중독을 이겨내지 못하고 끝내 자살하고 만다. 〈어제 내린 비〉의 민정은 원치 않았지만 동반자살하고, 〈너 또한 별이 되어〉의 미우는 애인에게 당한 배신이 한이 되어 영혼세계로 가지 못하고 떠돈다. 〈그래 그래 오늘은 안녕〉의 선희는 불치병으로 죽고, 〈영자의 전성시대〉의 영자는 사랑하는 사람에게 폐를 끼치지 않기 위해 떠난다. 〈바보들의 행진〉의 영자는 친구의 자살과 남자친구의 군입대를 지켜보며, 〈별들의 고향(속)〉의 수경은 사랑하는 남자가 폐병으로 죽어가는 것을 지켜본다. 〈겨울여자〉의 이화는 자신을 짝사랑한 남자의 자살과 애인의 의문사를 겪은 후 비혼주의자가 되어 정착하기를 거부한다.

〈너 또한 별이 되어〉의 이영옥 (한국영상자료원 제공)

〈그래 그래 오늘은 안녕〉의 한우리 (한국영상자료원 제공)

영상시대 영화의 여자 주인공들은 거의 죽음으로 생을 마감하거나 정착
하기를 거부하고 멀리 떠난다. 자살하거나, 불치병에 걸리거나, 사고사를
당하거나, 살아남아도 사랑하는 이를 떠나고, 복수는 무의미해진다. 그래
서 영화들은 슬픔을 남긴 채 끝이 난다.

소녀들의 좌절과 마찬가지로 유아적인 남자주인공들도 세상을 헤쳐나갈
힘이 없다. 〈어제 내린 비〉에서 영후(김희라)는 20대 중반임에도 새어머니
아래서 양육되고, 영욱(이영호)은 부서질 듯 연약해서 이별의 상처를 감당
하지 못한다. 〈바보들의 행진〉의 영철(하재영)은 사회정치적 탈출구가 없
는 사회에서 자살로 생을 끝낸다. 〈겨울여자〉에서 이화에게 연애편지를 보
내던 요섭은 부모의 과보호 아래 이화의 거부를 감당하지 못하여 자살하
고, 석기(김추련)는 의문을 남긴 채 조용히 제거된다. 이 영화들에서 남자

주인공들은 강력하고 권위있는 아버지를 극복하기가 힘들다. 젊은 남자들은 순응하고, 여자들의 순수함은 타락이나 죽음으로 귀결된다.

영화에서 보이는 소녀와 관능성, 즉 순진함과 성적 개방성은 강력한 가부장적 질서가 기본 바탕인 유신정권 하에서 목소리를 잃어버린 젊은이의 순응성 및 일탈과 조응한다. 어쩌면 이는 소극적 저항의 표현일 수 있다. 영화에는 소녀적 순수의 훼손 과정을 드라마의 극적인 동기로 구성하여 여성의 수난을 시대의 불화로 병치시킴으로써 사회정치적 비판에 대한 검열을 피해갈 수밖에 없는 시대적 한계가 숨겨져 있다.

영상시대 영화들의 여성 캐릭터에 대해 이용철은 "1970년대 대중영화를 통해 관객에게 깊이 기억된 세 여성의 이름, 즉 〈별들의 고향〉의 경아, 〈영자의 전성시대〉의 영자, 〈겨울여자〉의 이화"를 언급한다.[14] 21세기 젊은 세대의 눈에 이 영화들은 한국영화의 암흑기인 1970년대에 나왔고, 이후 여성 육체의 성적 대상화라는 문제를 안고 있는 호스티스물의 원조처럼 여겨지는 탓에 어쩌면 그저 그런 범작으로 보일 수 있지만, 실상은 이 시기 청년문화 세대가 총집결한 작품이라는 점을 잊지 말아야 할 것이다. 이장호, 김호선 감독뿐만 아니라 원작의 최인호와 조해일, 각본의 김승옥, 사운드트랙의 이장희와 강근식, 정성조 등이 함께 한 영화들은 당대 청년문화의 아이콘으로 부상하던 젊은 예술가들의 협업장이었다.

이용철은 〈겨울여자〉의 이화가 거치는 세 명의 남성, 즉 미성숙한 요섭, 저항정신으로 가득한 활기찬 대학생 석기, 상처를 맛본 중년의 민은 이화의 내적 성숙 단계를 은유한다고 분석한다. 영화는 남자가 중요한 게 아니라 이화 자신이 스스로를 발견하고 성장하는 여성 성장서사로 적극적으로 읽어야 할 것이다. 여성의 수난과 여성으로 인한 구원의 서사가 아니다. 그런 면에서 이화가 남자들의 죽음에 좌절하거나 한탄하지 않고 후퇴하지도 않으며, 또 죽지 않고 다시 길을 떠나는 엔딩은 다른 영상시대 영화들이 보여준 죽음으로 귀결되는 소극적인 저항에서 살짝 나아간다.

"아버지 세대를 존경하면서 동시에 부정하고 자기 식으로 한국영화사를 써내려간 최초의 세대"[15]로서 영상시대 감독들은 짧은 시기에 엄청난 사회적 반향을 불러일으켰다. 하지만 그들의 활동은 대마초 파동이라는 정권의 비겁한 청년문화 파멸 전략과 실질적인 육체적 죽음 앞에 막을 내리고 퇴장할 수밖에 없었다. 그렇지만 몇 년 후 〈바람불어 좋은 날〉(1980)로 재기에 성공한 이장호의 활약, 도시하층민의 고통을 그린 조세희 원작을 영화화한 〈난장이가 쏘아 올린 작은 공〉(이원세, 1981)의 개봉, 〈꼬방동네 사람들〉(1982)을 들고 한국영화의 희망을 불씨를 쏘아올린 배창호의 등장과 함께 청년문화에서 더 나아가 민중적 서사가 한국영화에 적극적으로 결합되었다. 이로써 한국영화는 더 풍성하게 되었으며, 이들은 한국영화 뉴웨이브의 출발점이 되었다.

소녀들은 죽었지만, 이제 억척스럽게 삶을 개척하는 여성들이 그 자리에 등장하고 있었다. 그녀들은 산업화와 도시화의 급속한 진전에 따른 빈부격차가 불러온 비인간화된 사회의 단면을 보여주기 위해 무던히도 애쓰고 있었다.

3.

1970 청년문화와
영화 음악

조일동

들어가며: 청년을 앞세운 새로운 영화

1960년대는 한국영화 전성기라 일컬어진다. 양적인 측면에서 부정할 수 없는 사실이나. 1960년내 내내 서의 내년 200편을 님나드는 숫자의 영화가 만들어졌고, 분수령을 이뤘던 1969년에는 무려 229편의 작품이 제작되었다. 영화배우는 연예 장르를 통틀어 최고의 인기를 누리는 스타였다. 하지만 1970년대 텔레비전의 빠른 보급과 함께 한국영화는 급격한 관객 감소를 경험한다. 영화 집객 하락의 직접적인 원인으로 꼽히는 것은 텔레비전의 보급이다. 텔레비전에 영화 관객을 뺏겼다는 건 당시까지 한국 영화계가 (모두는 아니었지만) 기존의 관행을 반복할 뿐, 스크린만의 독창적 미학이나 서사 구조 탐색, 완성도 같은 문제에 크게 관심을 기울이지 않았다는 걸 방증하는 것이기도 하다. 물론 1971년 한국 최초의 70밀리 대형영화 〈춘향전〉(이성구)이 제작된 사실은 텔레비전에 맞서는 영화계의 고민이 존재했음을 보여준다. 하지만 70밀리 필름 작업 과정에 일반영화 다섯 배가 넘는 제작비를 투입하고, 스카라 극장에 입체음향 장비까지 설치하며 야심차게 개봉한 〈춘향전〉은 10만 명을 조금 넘는 관객이 찾는 수준에 그치고 말았다. 〈춘향전〉 사례가 보여주는 바는 자명하다. 1970년대 초반 한국영화 불황은 영상기술 문제가 아니라 새로운 세대의 관객과 공명하는 영화 문법, 시선이 부재했다는 데 원인이 있었다.

불황을 타개한 이는 일군의 젊은 감독들이었다. 개봉 당시 만 29세였던 이장호 감독의 〈별들의 고향〉(1974)을 필두로, 〈어제 내린 비〉(이장호, 1975), 〈영자의 전성시대〉(김호선, 1975), 〈바보들의 행진〉(하길종, 1975), 〈겨울여자〉(김호선, 1977) 등 30대 감독들이 연이어 한국영화 흥행사를 다시 쓰는 작품을 선보였다. 1970년대 한국영화를 휩쓴 '호스티스 영화' 양산의 시작이라는 지적에도 불구하고(부정할 수 없는 부분이기도 하다), 젊은 감독들은 끝없는 검열의 가위질 속에서도 유신독재에 짓눌린 당대 청년들의 좌절과 방황, 급속한 산업화와 도시화 과정에서 섹스 산업으로까지 떠밀려야 했던 빈곤층 여성의 삶을 영상에 녹여냈다. 검열의 영향[16]이기도 하고 1970년대 한국 영화계를 지배한 정서이기도 한데, '문예 영화'로 통했던 '청년영화' 다수는 원작 소설과 비교해 다소 밝은 결말로 각색되어 연출되곤 했다. 검열 통과를 위한 방편이었더라도, 1970년대 청년영화 감독들은 "민중적 낙관성을 긍정"하며 미래에 대한 희망을 찾고자 하는 태도를 보인 다.[17] 1975년 '영상시대'라는 동인으로 발전하기도 하는 이들 젊은 감독의 작품은 기성 한국영화와 비교해 보다 날카롭고 비판적이면서도, 낭만적인 시선을 견지하며 도시 청년의 삶을 그려낸다.[18] 소위 청년영화는 기성세대 의 영화와 서사 측면에서 구분되기보다 영상 문법이나 속도감, 색채, 사운 드 등 감각적인 면에서 달랐다고 보는 게 옳을 것이다.[19] 반드시 다름이 더 뛰어난 완성도를 보증하는 것은 아닐지라도 말이다.

위에서 언급한 영화들과 깊이 연결된 소설가 최인호, 김승옥, 감독 하길 종, 이장호, 김호선, 가수 이장희, 송창식, 윤형주, 김세환 등은 1970년대 초중반 청바지, 통기타, 생맥주로 대변되는 '청년문화'의 아이콘으로 자리 매김 한다. 그렇게 보면 시나리오를 통해 문학을, 사운드를 통해 음악을, 미장센을 통해 미술을, 배우의 연기를 통해 연극을 담아낸 이 영화들은 당 대 청년문화의 본질이 무엇인지 총체적이면서 심도 있게 반영한 텍스트라 볼 수 있을 것이다.[20] 물론 청년영화가 청년문화의 위세를 이용하여 불황 탈출을 꿈꾼 연예산업의 상술이었는지, 기성과 차별화되는 완전히 새로운 대중문화 언어에 대한 몸부림이었는지는 여기서 단정 짓긴 어렵다. 1975년 12월 벌어진 '대마초파동'으로 이징호부터 이징희, 윤형주 등 청년문화의 주역 다수가 활동 금지를 당하게 되거나, 활동을 이어가더라도 이전과 다 른 결의 작품 세계를 보여주며 청년문화는 확연히 사그라들었기 때문에 더 욱 판단을 내리기 모호하다.

이 글은 1970년대 시도된 청춘영화 현상의 일부로, 이전까지의 비슷한 시도와 구분되는 중요한 새로움 중 하나였던 파격적인 영화 음악과 그 음악을 전면에 내세운 음반 발매가 함의하는 바를 살펴보고자 한다. 청년영화 등장 이전에도 영화 주제가는 영화흥행에 중요한 요소였다. 〈맨발의 청춘〉(김기덕, 1964), 〈동백아가씨〉(김기, 1964), 〈푸른 사과〉(김응천, 1969) 등은 주제가의 히트와 영화의 관객몰이가 시너지를 발휘한 대표적인 사례라 할 수 있다.

1960년대에도 영화가 큰 성공을 거두면, 영화 포스터를 커버아트로 삼은 음반 또한 발매되곤 했다. 그러나 '영화 주제가'를 표지에 크게 적어놓은 이 음반들에는 영화 속에 내내 흘렀던 스코어 트랙이 실려 있지 않았다. 영화에 삽입된 주제가를 작곡한 이가 만든, 대부분 영화에는 등장하지도 않은 노래들이 'ㅇㅇㅇ 작곡집' 형태로 담겨 있는 형식을 취하곤 했다. '신중현 작편곡집'이라는 당대의 히트 보증서를 달고 발매된 뮤지컬 스타일 영화 〈푸른 사과〉 영화 음악 음반을 한 번 살펴보자. 영화 속에 스코어로 삽입된 신중현과 덩키스가 연주한 〈푸른 사과〉와 〈하얀집〉 연주곡 버전이 수록되어 있긴 하지만, 음반은 조영남이 부른 〈푸른 사과〉과 최영희의 〈하얀집〉 외에도 트윈폴리오, 신중현 등이 가창한 곡이 주를 이루고 있다. 신중현이 음악을 맡고, 장르마저 뮤지컬을 내세웠던 영화의 영화 음악 음반조차도 가수가 부른 주제곡이 수록된 형태이지, 영화 속에서 관객의 감정을 이끌어내기도 하고, 반전을 꾀하기도 했던 영화 삽입 목적으로 새롭게 작곡된 연주곡—스코어 트랙들을 영화 화면과 떼어내 음악적으로 감상할 기회를 제공하는 음반은 아니었다.

그러나 청년영화로 꼽히는 작품과 함께 발매된 영화 음악 음반은 수록곡의 성격부터 판이했다. 무엇보다 청년문화의 핵심 세력 중 하나였던 통기타 문화의 주역, 포크 가수가 스스로 작곡하고 노래한 주제가가 실려 있다. 1970년대에도 주제가의 히트 여부는 영화 음악 음반의 판매에 결정적인 요소였다. 하지만 필자가 더 중요하게 의미를 부여하는 지점은 영화를 위해 작곡, 편곡, 연주된 스코어 트랙들이 하나의 완결성을 갖춘 연주곡 형태로 음반에 수록되어 있었다는 사실이다. 그리고 이런 연주곡으로 내용을 채운 음반을 출시하는 음반사 역시 존재했다는 사실이다. 청년영화에 삽입된 음악을 작업한 음악가들이 영화 삽입곡이라는 목적성이 분명한 스코어 트랙조차도 음악적 완성도를 자부했다는 의미이기도 하고, 가창곡보다 연주음악이 주를 이루는 음반을 발매해도 상업적 성공을 거둘 수 있으리라는 음반사와 영화사의 자신감도 엿볼 수 있는 장면이다. 청년영화와 그 영화 음악 음반 현상 이전까지, 한국 영화계에는 다른 영화에 사용했던 스코어를 재활용하는 일이 종종 일어났을 정도로 스코어를 중요하게 생각하지 않고 있었다.

이런 관행은 1970년대까지도 비일비재했다고 전해진다.[21] 그 같은 상황에 비춰보면 한 편의 영화만을 위해 작곡, 편곡, 연주한 스코어 트랙을 모아 한 장의 음반으로 내놓겠다는 발상은 영화 음악을 맡은 음악가부터, 영화감독, 영화사, 음반사 모두의 사고방식이 달라졌음을 보여준다. 여기에 연주음악을 평가하고 구매할 수 있을 만큼 취향과 감식안이 발달하게 된 대중음악 향유자의 변화 또한 감지할 수 있다. 이 모든 변화의 시작은 이장호 감독의 영화 〈별들의 고향〉과 동명의 영화 음악 음반이었다.

'청년영화' 음악의 파격, 강근식

 1974년 무렵에 발매되었던 이장희, 김세환, 송창식의 음반은 발매된 음반사는 달라도 하나같이 'Golden Folk Album'이라는 문구가 새겨져 있다. 이 음반들이 모두 나현구라는 인물이 기획한, 정확히는 '오리엔트 프로덕션'에서 기획·제작했음을 알리는 표지였다. 포크를 내세우곤 있지만, 여기에 수록된 노래는 바로 몇 년 전 김민기, 양희은, 윤형주, 송창식 등이 포크라는 이름으로 한국 대중음악에 새바람을 일으켰던 노래와는 사운드 측면에서 상당히 다른 결을 가지고 있다. 한국 포크 음악 역사에서 기념비적인 사건인 1971년 8월 17일부터 6일간 열렸던 '청평 페스티벌'을 떠올려보자. 이 무대에서 새로운 노래의 힘을 과시했던 김민기, 윤형주, 조영남, 송창식, 김세환, 서유석 등은 모두 어쿠스틱 기타 하나만을 둘러매고 노래하고 있었다. 어쿠스틱 기타와 목소리(가사)를 강조한 음악, 그것이 초기 한국 포크였다. 몇 년 후 거의 같은 가수들이 여전히 포크를 내세운 채 발표한 음악에는 전기 베이스와 드럼이 둔탁한 리듬으로 사운드를 받치고, 전기기타 연주가 치고 들어오며, 특이한 음색으로 윙윙대며 신비로운 분위기를 자아내는 신시사이저 소리가 울리고 있다. 그것도 일회성 실험이 아니라 지속해서 연주자와 가수가 손발을 맞추면서 만들어진, 당시 표현으로는 '그룹사운드'에 가까운 모습으로 구현되고 있다.

 나현구와 오리엔트 프로덕션이 발매한 음반에 담긴 뛰어난 전기/전자악기 연주는 '동방의 빛'이라는 팀의 작품이다. 동방의 빛은 리더인 기타리스트 강근식을 중심으로 이전에 '정성조 콰르텟'에서 활동하면서 정성조가 편곡을 맡았던 김민기와 양희은의 데뷔 음반에 연주자로 참여했던 베이시스트 조원익, 정성조와 강근식을 오가며 연주 기량을 뽐내던 베테랑 드러머 유영수, 무그 신시사이저 외에도 다양한 건반악기를 다루었고 훗날 '조용필과 위대한 탄생'의 멤버로 오랫동안 활동하는 이호준으로 구성되어 있다. 정성조의 존재는 뒤에서 다시 다루기로 한다. 강근식은 당시 전기기타를 다루던 음악인 다수가 미8군 무대 출신이었던 것과 달리 '홍익캄보'라는 홍익대학교 재학생 재즈 밴드 출신이다. 홍익캄보를 이끌던 시절 '전국 남녀대학생 재즈 페스티벌'에서 2연속 대상을 수상하며 연주력을 인정받게 된, 다소 특이한 이력의 음악인이었다. 홍익캄보 시절 강근식은 이상벽의 소개로 이장희를 만나게 되는데, 서로의 음악에 큰 호감을 느끼며 우정을 쌓게 된다. 강근식이 제대한 1973년부터 두 사람은 본격적으로 공동 작업을 시작하는데, 〈그건 너〉가 수록된 이장희의 세 번째 음반은 강근식이 동방의 빛을 결성해 선보인 첫 결실이었다. 〈그건 너〉의 엄청난 성공으로 동방의 빛은 이장희뿐 아니라 그가 소속되어 있던 오리엔트에서 기획한 송창식, 윤형주, 김세환, 4월과 5월, 투 코리언즈 등의 음반부터 〈별들의 고향〉, 〈바보들의 행진〉, 〈너 또한 별이 되어〉(이장호, 1975)같은 영화 음악 작업도 도맡아 진행하게 된다.

동방의 빛은 이장희나 송창식의 리사이틀(단독 공연) 무대에만 이주 드물게 올랐을 뿐, 당시 음악인의 절대적 수입원이었던 '밤무대'나 미8군 활동을 하지 않았다. 오로지 새로운 전기/전자악기를 실험하고, 녹음실에서 오리엔트 소속 가수의 음악 작업을 돕는 일만 했다. 상대적으로 영세했던 오리엔트 프로덕션은 비용절감을 위해 강근식에게 외부 연주자를 초빙해야 하는 현악기나 관악기 사용을 최소화하고 높은 출력을 낼 수 있는 전기/전자악기 중심으로 편곡하여 동방의 빛 멤버만으로 연주를 소화해줄 것을 요청했다. 전기악기의 적극적인 사용은 AFKN 라디오와 해적음반[22]을 통해 서양 록과 팝 음악에 익숙해 있던 젊은 청자들의 취향과 접점을 형성하게 했다. 나현구는 동방의 빛 멤버들에게 다양한 전기/전자악기와 앰프, 이펙터 등을 실험할 수 있게 후원했고, 새로운 악기 사용법을 익히기 위해 멤버들과 여관에서 합숙을 했을 정도로 열의를 가지고 있었다.[23]

오리엔트 프로덕션이 가진 음악적 능력을 쏟아부은 영화 〈별들의 고향〉은 1945년생인 원작자 최인호와 감독 이장호, 1946년생인 강근식과 1947년생인 이장희가 힘을 합친 결과물이다. 이장희의 데뷔곡 〈겨울이야기〉 중간에는 〈별들의 고향〉 주인공인 경아에 대한 독백 부분이 나오는데, 이 노래의 가사를 최인호가 썼기 때문이다. 〈별들의 고향〉 신드롬 주인공들은 영화 작업 이전부터 감성과 태도라는 면에서 이미 서로에게 이끌린 인적 네트워크로 연결되어 있던 셈이다. 문호(신성일)와 경아(안인숙)의 정사 장면이 앞면에, 동혁(백일섭)이 경아의 허벅지에 문신을 새기는 장면을 뒷면 커버아트로 삼은 영화 음악 음반은 1974년 발매 직후 10만 장이 넘게 판매된다. 발매 즉시 시작된 외설 논란은 얼마지 않아 판매 금지 처분으로 이어지고, 음반사는 다른 사진으로 커버를 바꿔 재발매 한다. 덕분에 이 음반은 '빽판'이라 불리는 해적음반으로 제작되어 유통되기도 했다.[24] 커버아트부터 파격적이었던 음반 속에는 이장희가 부른 〈나 그대에게 모두 드리리〉, 〈한잔의 추억〉, 〈이젠 잊기로 해요〉 나 부드러운 전기기타 연주 위에서 경아와 문호의 대사가 덧입혀진 〈나는 19살이에요〉 같은 히트곡이 수록되어 있다. 영화의 흥행과 별도로 큰 사랑을 받았던 노래들이다.

그러나 이 음반에서 가장 중요한 시도는 강근식이 작업한 A, B, C, D로 나뉘어 있는 〈별들의 고향〉 연작이다. 특히 A는 〈Prologue〉, 〈사랑의 테마〉, 〈한 소녀가 울고 있네〉로 구성된 13분짜리 연주곡이다. 〈Prologue〉에서 들을 수 있는 독특한 질감의 노이즈 연주는 나현구 사장이 오리엔트 프로덕션에 처음 들여온 무그 신시사이저 음색이다. 〈별들의 고향〉은 동방의 빛이 무그 신시사이저로 녹음한 첫 작품이기도 하다. 탄력 넘치는 베이스와 섬세한 드럼 연주 위로 퍼즈 페달과 아밍을 이용해 찢어질 듯 날카로운 소리의 전기기타 연주가 끊길 듯 끊길 듯 이어지는 개성 넘치는 사운드를 자랑한다. 〈별들의 고향 A〉 뒷부분은 마일스 데이비스(Miles Davis)의 1960년대 후반 음악이 연상될 만큼 실험적인 연주로 점철되어 있다. 재즈—록 스타일의 파격은 〈별들의 고향 B〉에서, 당대의 프로그레시브 록을 연상시키는 공격적인 사운드와 편곡은 〈별들의 고향 D〉에서 들을 수 있다. 이 연주곡들은 영화 속에서 경아가 겪는 시련과 엮여 등장한다. 이전까지 한국 멜로영화에서 시련의 장면은 주로 현악기와 관악기 연주로 표현되었던 사실을 생각해보면 퍼즈 전기기타 연주로 슬픔의 감정을 표현한 것은 기존 한국영화 속 음악문법과 크게 대치되는 파격이라 할 수 있다. 이 파격에 대한 자신감 때문인지 영화 속에서 선기/전사 악기의 사운드가 다소 과잉처럼 느껴질만큼 자주 등장한다.[25] 기존 영화 음악 문법에 충실한 듯 느껴지는 〈사랑의 테마〉조차 진짜 현악기를 사용하지 않고 현악기 소리를 흉내낸 기계장치인 엘카社의 신시사이저로 녹음했다. 전자악기로 현악을 표현했다는 사실 역시 당대의 관행에 비춰 실험적인 시도라 할 수 있다. 그러나 그

선율 구조는 상당히 익숙한 형태를 가지고 있다. 영화 〈별들의 고향〉이 기존 한국영화 관객에게 익숙한 멜로 서사에서 벗어나지 않으면서도 이를 기성 영화와 비교할 때 파격적인 영상과 사운드로 젊은 세대의 감수성에 희구했다는 설명과 연결 지어보면, 진부해 보이기까지 한 〈사랑의 테마〉가 영화 속에 등장하는 순간이야말로 파격과 익숙함을 공존시키는 이장호 감독과 강근식의 전략이 어떤 것이었는지 잘 보여주는 장면이라 평가할 수 있다.

송창식이 불러 널리 알려진 〈왜 불러〉와 〈고래사냥〉, 〈날이 갈수록〉이 수록된 영화 〈바보들의 행진〉은 최인호 소설 원작을 하길종 감독이 영화화한 작품이다. 이 작품 속에 등장하는 모든 스코어 역시 동방의 빛이 작업했다. 〈날이 갈수록〉은 김상태의 곡을 송창식이 다시 부른 것이다. 이 노래는 실제 청년들의 현실감 넘치는 일상을 그려내기 위해 대학가 주점을 전전하며 청년들이 즐겨 부르는 노래를 찾아내, 영화에 맞게 편곡해 재녹음한 것이다.[26] 당시 영화 음악은 러시 필름을 보면서 작업하는 게 아니라 시나리오를 작곡가에게 미리 보내 음악을 만드는 방식이었다. 거칠게 편집된 영상이나마 보면서 작업할 수 있는 기회는 1980년대가 되어서야 가능해진다. 따라서 당시 한국영화에서 영화 커트의 리듬과 삽입곡의 리듬이 조우하기란 요원한 일이었다. 그 같은 작업 환경에서 병태(윤문섭)와 영철(하재영)이 장발 단속을 피하려 도망가는 장면에 똑 떨어지는 리듬의 〈왜 불러〉가 삽입될 수 있었을까. 이는 하길종 감독이 송창식에게 영화 시나리오 작업을 하던 1974년 11월에 미리 노래를 만들어달라 요청했기 때문이다. 예외적인 사례가 아닐 수 없다. 송창식은 〈왜 불러〉를 시나리오 속 군입대를 위해 병태와 영자(이옥순)가 헤어지는 장면을 생각하며 곡을 썼다고 한다.

하길종 감독과 강근식은 이 노래가 이별 장면에 썩 어울리지 않는다고 생각했고, 영화 속 장발 단속 장면에 맞춤곡처럼 집어넣는 기지를 발휘했다. 〈고래사냥〉과 〈왜 불러〉는 1975년 뚜렷한 이유 없이 금지곡이 되었다. 이 노래의 노랫말이 마치 반체제적 항변처럼 들렸기 때문이 아니었을까 추측될 뿐이다.[27]

아역배우 윤유선의 귀신 들린 연기가 놀라웠던, 호러영화를 표방한 〈너 또한 별이 되어〉도 강근식과 동방의 빛이 음악을 맡았다. 장르가 장르였던 만큼 당시 강근식은 자신이 좋아했던 킹 크림슨(King Crimson)이나 핑크 플로이드(Pink Floyd) 같은 프로그레시브 록 스타일의 전위적인 사운드를 시도하기도 한다. 실험적인 시도를 담은 록 스타일 연주 음반을 발표하기 어려웠던 당대 한국 대중음악 현실 속에서 영화 삽입곡을 소품이 아닌 하나의 완결된 음악으로 만들고, 이를 음반으로 발표할 수 있는 기회는 소중했다. 강근식은 이 귀한 기회를 퍼즈 페달이나 무그 신시사이저 같은 한국 대중음악계에 흔치 않았던 전기/전자악기와 장비를 적극적으로 사용하여 새로운 음악 세계를 창조하고, 발표할 기회로 삼았다. 이는 청년영화의 파격성과 상업적 성공이 아니었다면 불가능했을 시도이기도 하다.

'청년영화' 음악의 숨은 실세, 정성조

이장호 감독의 두 번째 영화 〈어제 내린 비〉와 김호선 감독의 〈영자의 전성시대〉 역시 영화 음악을 담은 음반이 발매되었다. 〈장군의 아들〉(임권택, 1990) 이전까지 한국 최다 관객동원 기록을 가지고 있던 김호선 감독의

〈겨울여자〉 영화 음악까지 세 작품은 모두 같은 인물이 작곡과 연주를 이끌었는데, 주인공은 바로 정성조다. 정성조는 자신이 이끌던 연주팀 메신저스[28]와 함께 이 영화들에 삽입된 스코어를 작곡, 편곡, 연주했다. 강근식이 1970년대 한국영화의 새로운 흐름에 파격의 사운드를 입혔다면, 정성조는 이 흐름에 기성 한국영화가 갖지 못한 음악적 세련미와 정교함을 선사했다.

강근식과 마찬가지로 1946년생인 정성조는 고등학생이던 1964년 무렵부터 미8군 무대에서 색소폰 주자로 일하며 연주자로 이름을 얻기 시작했다. 1966년 서울대학교 작곡과에 진학하여 결성한 '정성조 모던 콰르텟'은 홍익 캄보가 대상을 거머쥔 '전국 남녀대학생 재즈 페스티벌'에 참가해 2위를 차지하기도 했다. 당시 누가 들어도 1위였지만 '너무 프로 같다'는 이유로 2위에 머물렀다는 이야기가 전설처럼 남았을 정도로 정성조는 이때부터 뛰어난 연주와 편곡 실력을 갖추고 있었다.[29] 대학 입학 이전부터 다양한 무대에서 활동하고 있던 정성조는 끝내 서울대를 중퇴하고는 1970년대 대중음악 판에 본격적으로 뛰어든다. 이 시기 정성조의 천재성을 잘 보여주는 사례는 한대수 데뷔 음반에 수록된 〈물 좀 주소〉 편곡이다. 다소 단순하게 반복되는 포크 음악 구조를 유지하면서도 록과 사이키델릭 스타일 연주를 집어넣어 정중동의 정서를 절묘하게 살려냈다.

정성조는 미8군 무대에서 시작했던 비밥 재즈를 음악적 기반으로 삼고 있지만, 당대 해외 음악의 다양한 흐름에 민감하게 반응하면서 시카고(Chicago), 스틸리 댄(Steely Dan)과 같은 재즈 브라스와 록 음악을 접목한 음악을 펼치며 대중성을 확보해나갔다. 〈물 좀 주소〉뿐 아니라 김민기, 양희은 등과도 작업하면서 재즈만 고집하기보다 재즈의 감수성을 다양한 장르에 녹여낼 수 있는 유연함과 적응력을 보여줬다. 이러한 음악적 유연성은 오랫동안 정성조라는 음악가를 한국 영화 음악계의 거장으로 자리하게 만든 힘이기도 하다. 비밥 재즈에 대한 그의 애정은 정성조가 편곡자로 참여한 유복성과 신호등의 데뷔 음반(1978)에 실린 〈째즈의 혼이여 내게로〉라는 연주곡에서 폭발적으로 느낄 수 있다. 다르게 말하면 1970년대 한국 대중음악의 얕고 비좁은 장르적 저변은 정성조가 자신이 좋아하는 재즈에 맘껏 몰입하여 작업하기 어려운 환경이었다.

색소폰과 플루트를 포함해 다양한 목관악기를 다룰 수 있고, 작곡과 편곡에 비상한 능력을 지닌 젊은 음악인에게 다가온 첫 번째 영화 음악 작업은 이장호 감독의 두 번째 작품 〈어제 내린 비〉였다. 최인호 원작을 김승옥이 각색한 이 작품에는 〈별들의 고향〉보다 은유적인 상징이 다양하게 등장한다. 짧은 시간이었지만 감독 이장호의 성장이 느껴지는 작품이다. 이장호 감독이나 영화사 입장에서 이복형제가 한 여성과 사랑에 빠지면서 파국에 이르게 되는 내용의 멜로드라마에 〈별들의 고향〉에서 강근식과 이장희가 선보였던 강렬함은 다소 과하다고 여겼을지 모르겠다. 덕분에 섬세하고 미려한 정성조의 음악 세계가 영화와 만나는 길이 열렸다. 정성조가 작곡한 동명의 주제가 역시 미성을 가진 가수 윤형주가 부른다. 타악기인 봉고를 내세운 〈달려서 가네(경음악 Bongo)〉나 플루트가 주역을 맡고 있는 〈어제 내린 비(경음악 Flute)〉, 무그 신시사이저가 떨리는 음색을 자랑하는 〈달려서 가네(경음악 Moog)〉 등은 정성조 특유의 재즈-록 감성이 묻어난다. 영화 전반에 걸쳐 흐르는 음악은 재즈-록이라곤 하지만, 록적인 면모는 최대한 줄이고 차분한 사운드를 이어나가는 방식으로 구성되었다.

강근식과 비교해서 압도적일만큼 다작을 했던 정성조의 1970년대 영화음악 이력에서 가장 중요한 순간은 김호선 감독과의 만남이다. 〈영자의 전성시대〉(1975)를 시작으로 〈겨울여자〉(1977), 〈밤의 찬가〉(1979)까지 김호선 감독의 1970년대 주요 작품은 정성조의 음악으로 채워져 있다. 그중에서 메신저스와 함께 작업한 〈영자의 전성시대〉와 〈겨울여자〉는 특히 1970년대 한국영화 음악을 이야기할 때 중요한 위치를 차지한다. 영화 포스터에도 실려 있는 의자에 앉은 영자(염복순)의 사진을 핑크색 (영자의 얼굴 클로즈업) 배경 위에 얹어 한층 퇴폐적인 분위기를 강조한 커버아트의 〈영자의 전성시대〉 음반에는, 작품 속에도 삽입된 허스키한 중저음 가수 임희숙이 부른 블루스 스타일의 단조곡 〈너무 많아요〉, 〈그림자〉가 주제가로 실려 있다. 그러나 더 주목할 부분은 메신저스 멤버들이 연주한 곡들이다. 메신저스 멤버이기도 한 최병걸이 부른 〈이젠 가야지〉를 필두로 색소폰, 하모니카 등을 내세우며 쓸쓸한 분위기를 강조한 연주가 음반 가득 실려 있다. 정성조는 영자의 슬픈 캐릭터를 살리기 위해 블루스 스타일로 노래를 만들었다고 밝히기도 했다.[30]

〈겨울여자〉 음반에는 〈겨울여자〉와 〈겨울사랑〉, 〈겨울 이야기〉까지 겨울을 내세운 곡들로 영화 음악을 모두 채우고 있다. 무그 신시사이저와 드럼으로 이화(장미희)의 험난한 사랑을 암시하는 〈겨울여자 주제 A〉, 색소폰으로 통속성을 강조한 〈주제 B〉와 〈주제 H〉, 플루트로 투명하고 싱그러운 감성을 담은 〈주제 C〉, 베이스와 드럼, 브라스를 통해 펑크(funk) 스타일로 통통 튀는 〈주제 D〉와 〈주제 E〉 등 A부터 H에 이르는 〈겨울여자〉 연작은 다양한 음악 스타일로 이화가 만난 여러 남성의 사랑과 폭력을 그린다. 허민(신성일)과 윤희(박원숙)가 다시 만나는 쇼트의 패닝과 떠나는 이화의 모습이 풀샷으로 담긴 쇼트, 이 둘을 하나로 엮어주는 〈겨울사랑 A〉는 전기피아노 연주 위에 김세화의 허밍과 정성조의 플루트 연주가 더해진다. 영화에서는 〈겨울사랑 A〉가 흐르던 도중 이화의 타이트한 바스트 쇼트 클로즈업 스틸로 전환되면서 이영재와 김세화가 함께 부른 밝은 분위기의 노래 〈겨울 이야기〉로 음악이 전환되며 엔딩 크레딧이 등장한다. 하지만 음반에 수록된 〈겨울사랑 A〉에는 영화에 등장하지 않는 진한 색소폰 연주를 거쳐 다시 허밍으로 마무리되는 탄탄한 기승전결이 돋보이는 빼어난 연주가 담겨 있다.

영화에 삽입될 테마만 연주하고 그치는 게 아니라 스틸리 댄과 같은 재즈 퓨전 연주곡을 선보일 수 있는 음악 집단이라는 사실을 세상에 천명하고 싶었던 정성조와 메신저스 멤버들의 열망이 느껴지는 대목이다. 1970년대 한국에서 재즈를 선보인 연주 음반은 손에 꼽을 정도다. 정성조 또한 이 소수의 음반들에 직간접으로 관여한 바 있다. 하지만 정성조에게도 재즈에서 재즈-록, 펑크를 넘나드는 실험적인 퓨전 연주곡만으로 채워진 단독 음반 발표의 기회는 요원했다. 정성조와 메신저스에게 영화 음악 작업은 영화에 종속된 음악이라는 한계에도 불구하고, 연주만으로 구성된 곡을 만들고, 자신들이 성취한 연주력을 공식적으로 발표할 수 있는 기회였다.

나오며: '청년' 밖에서 본 1970년대 영화 음악

정성조, 강근식 외에도 〈병태와 영자〉(하길종, 1979) 음악작업에 참여하는 최종혁이나 하길종 영화에 영화 음악가로 참여했던 송창식 등도 청년영화와 함께 거론할 수 있는 영화 음악가들이다. 하지만 1970년대 가장 많은 영화 음악 작업을 담당한 이는 사극부터 반공영화, 액션극, 만화영화까지 가리지 않고 거의 매년 30여 편 이상의 작품에 음악을 제공한 정민섭이나 고교물과 무협영화에서 활약하며 매년 최소 20편 이상 작업을 했던 이철혁 같은 인물이다.[31] 이철혁이 음악을 담당한 〈미스양의 모험〉(김응천, 1977)과 동명의 영화 음악 음반을 살펴보면, 커버아트에는 〈미스양의 모험〉 포스터를 사용하고 있지만 정작 수록곡은 자신이 참여했던 9편의 영화 주제가를 모아놓은 편집앨범에 가깝다. 청년영화 영화 음악 음반이 보여준 완결성을 지닌 단독적 음반의 분위기와는 거리가 멀다.

청년영화 감독과 호흡을 맞춘 음악가들은 가장 활발한 활동을 보여준 정성조조차 경력 초기를 제외하면, 한 해에 서너 편 정도의 영화 음악 작업을 하는 수준이다. 특히 버클리음악학교 유학 후인 1980년대 중반부터는 소화해내는 작품 편수는 더 줄어든다. 기성 영화 음악가들이 경력이 쌓이면 쌓일수록 한 해 동안 소화하는 작품 숫자가 늘어나던 상황과 대조적이다. 청년영화에 참여한 이들은 '영화'음악가보다 영화'음악가'로 스스로 정체성을 세우고 있었음을 짐작해볼 수 있는 대목이다. 이는 다작을 했던 기성 영화 음악가에 대한 비난의 의미가 아니다. 1970년대까지 한국영화판에서 음악 작업은 개봉을 며칠 앞두고 하루이틀 만에 뚝딱 만들어내는 걸 당연하게 여기는 분위기였다. 1978년 대형 녹음실 3개와 음악 믹싱 편집실을 따로 갖춘 영화진흥공사 녹음실이 개관하기 전까지, 한국의 모든 영화는 두세 군데 녹음실에서 대사부터 음악 녹음과 효과음에 이르는 소리 작업 모두를 하루이틀 만에 끝내야 했다.[32] 빠른 속도로 다작을 소화할 수 있는 능력을 갖춘 음악가에 대한 산업계의 선호는 자연스러운 일이었다.

당연하다고 여겨온 작업 방식을 거스르는 일은 용기와 실력 모두를 요한다. 강근식과 정성조로 대표되는 청년영화 세대 영화 음악가는 주제가에만 신경 쓰는 기성 영화 풍토를 거스르며 완결성을 가진 파격적 연주곡으로 스코어를 만드는 일에 심혈을 기울였다. 덕분에 작곡, 편곡, 연주 모두에 있어 당대 한국 영화 음악은 물론 대중음악의 그것을 뛰어넘는 성과물을 만들어냈다. 이 성과에 대한 음악가의 자부심, 음반사의 자신감은 지금까지도 연주음악 시장이 척박한 한국 대중음악계에서 영화 음악 음반을 빙자한 연주음반을 발표하는 기회를 마련했다. 1970년대의 시공간이 만든 새로운 감각이 소리로 표현되는 특별한 순간을 청년영화 속에서 발견한다.

4.

시대의 감각에 접속하다
- 김승옥과 최인호의 1960-1980년대 각색 작업에 대하여

이수향

각색의 오래된 논점들

김승옥이 1960년대의 새로운 시대 정신을 가장 잘 묘파했다는 점에서 유종호의 명명처럼 '감수성의 혁명'이라는 수사 그 자체였다면, 최인호는 1970-1980년대를 아우르는 작가들 중에서도 가장 감각적이고 세련된 감성을 드러냈으며 이를 바탕으로 대중적 호명을 받았던 작가였다고 할 수 있다.

이 두 작가에게는 몇 가지 공통점이 있는데, 먼저 주로 창작 활동 초반기에 단편 소설을 중심으로 문단의 고평을 받았다는 점, 그리고 창작 활동이 원숙해질 무렵 영화 작업에 투신하여 당대 주요 영화들의 원작자 혹은 각색자로 활동했다는 사실이다. 그리고 일정 시기를 지나 이들은 시나리오 작가 혹은 각색자로서의 활동을 멈추게 되며, 작품 활동의 말기에는 신앙에 귀의하게 되는 수순을 거친다는 점이다.[33] 두 사람은 각각 1960년대와 1970년대를 상징하는 소설들로도 대표되었는데, 김승옥이 「생명연습」, 「환상수첩」, 「누이를 이해하기 위하여」, 「서울, 1964년 겨울」, 「무진기행」 등의 작품에서 위악과 냉소를 일삼는 청년 주체를 그려내었다면, 최인호는 「견습환자」, 「술꾼」, 「모범동화」, 「예행 연습」, 「처세술 개론」, 「무서운 복수」와 같은 단편에서는 날카로운 현실 인식을 보여주면서도, 「별들의 고향」, 「바보들의 행진」, 「고래사냥」, 「깊고 푸른 밤」 등의 중·장편에서는 호스테스, 대학생, 이민자 등 다양한 삶의 양태들을 핍진하게 그려내어 지명도를 높였다. 그러니까 시대성의 답보라는 점에서 김승옥의 '1960년대식' 주체는 최인호의 '1970년대식' 주체들로 교체된다고 볼 수 있다.

등단 과정이나 이후의 문학상 수상 경력에서 보이듯, 이미 문단에서 일군의 작가로 인정받은 이 두 작가가 시나리오의 창작과 각색에 몰두한 것은 당시로서는 상당히 이채로운 편이었다고 볼 수 있다. 당시는 문학/영화의 장르적 '위계'가 어느 정도 잔존해 있는 상태로,[34] 불황의 타개와 딩국의 수입 영화 쿼터를 따내기 위해 영화계에서는 명망 있는 소설 원작을 개직힌 문예 영화에 의존하는 실정이었다. 다만, 기존의 소설 작가들은 원작만 제공할 뿐 특별히 영화 작업에 적극적으로 참여하지는 않았다. 그런데 1960년대의 문예영화는 단순히 소설을 각색한 영화가 아니라 시나리오 창작자들에게도 좀 더 고양된 수준의 예술적 성취를 요구하는 과정에서 생겨났기 때문에 문학인들의 유입에 대한 필요성이 요청되었다. 한편 이러한 '위계'는 '각색' 작업이 가지는 본질적인 특성에 이미 내재된 것이기도 하다.

'각색(adaptation)'이라는 용어는 범위 규정이 확고하지 않다는 점에서 상당히 '불안정'하다.[35] 좁게는 내용상의 상동성을 취하는 것부터 넓게는 각색자의 적극적인 전유까지 상당히 폭넓게 펼쳐져 있는 것이다. 정전적 문학 작품들에 대한 영화, 텔레비전, 또는 연극 각색들은 선구적 정전에 대한 하나의 해석 또는 다시-읽기(re-reading)이며, 이러한 상황에서 '원작'(original) 또는 '원천'(source)이라는 개념에 대한 재공식화가 네트워크화된 분배와 집합적 해석의 논의로 시작된다.[36] 이러한 관점에서 볼 때 각색에 대한 논의는 원천 텍스트에 대한 복기 및 해석이라는 점에서 필연적으로 상호텍스트성(intertextuality)의 문제를 제기한다. 원천 텍스트가 존재한다는 것은 영향-수용의 관계망 속에서 각색을 봐야 함을 의미하기 때문에 원작 소설을 필연적으로 상위 위계의 구도에 놓이게 하는 것이다.

각색에 있어 가장 중요한 부분을 차지하는 것은 '충실도(fidelity)'의 문제로, 이는 초기부터 각색 연구를 억제하고 불분명하게 했으며, 이 문제에 대한 부정적 설명을 가속화 시켰다고 볼 수 있다.[37] 원천으로서의 우월성과 그 텍스트에 대한 복제의 열망이 양자 간의 차이점과 열등감을 더욱 강조시킨 것이다. 또한 각색 연구가 평가 기준으로서의 '충실도'에 집착하는 주된 이유는 각색이 충실도의 보루 없이는 답하기 어려운 저자의 본질에 대한 질문을 제기하기 때문이다.[38] 즉, 어디까지가 원저자의 것인지 또 각색본의 저자는 어느 정도까지 창작의 소유권을 주장할 수 있는지에 대한 질문이다. 그런 의미에서 그간의 각색 연구에서는 원본에 대한, 그리고 각색자의 창작 범위에 대한 위계에 있어 다소 수세적인 입장을 띄는 방식으로 설명되어 온 것이다.

각색 연구에서는 원작의 구성과 각색본의 구성을 비교하는 것이 가장 기본적인 방식이다. 홍재범에 따르면 관객들이 원작과 각색 영화 사이의 상동성 또는 원작에 대한 각색의 충실성을 인식하게 되는 층위는 크게 세 가지로 이루어진다. 가장 단순한 것은 대사가 원작에 기술된 인물의 말을 차용하는 빈도이다. 두 번째는 원작이 제시하고 있는 서사의 배경인 '주어진 상황(given circumstance)', 즉 서사가 시작되기 전 주인공의 현재 삶을 구성한 환경과 그 안에서 행위를 통해 형상화되는 인물의 성격, 그리고 주제의식에 근거한 둘 사이의 유사성이다. 마지막에 파악되는 것이 서사의 추동력과 서사구조이다.[39]

원작과의 비교 연구는 단순히 내용상의 차이를 변별하기 위한 것이 아니라, 각색본이 일정한 형식적인 스타일을 담지하고 있지는 않은지 확인하기 위한 것이다. 나아가 강조된 특정 부분과 삭제된 부분들을 면밀히 대조해 봄으로써 원작의 핵심적인 모티프와 주제론적인 측면을 계승하는 것인지 혹은 변별력을 가지려는 목적의 각색물인지가 뚜렷해지기 때문이다. 특히, 인물의 변형은 미묘하게 원작의 주제론적 층위에 균열을 가져온다. 나아가 결말의 차이는 주제론적인 핵심을 완전히 뒤바꾸는 성질의 것이 될 수 있기 때문에 주목을 요한다고 볼 수 있다. 각색 연구는 이러한 지점들에 대한 면밀한 비교 분석을 기본으로 하며 '충실도'의 측면을 의식하면서도 각색본이 가지는 새로운 성취 지점을 변별해 내어야 한다.

한편 원작에서 과거의 회상이나 기억의 편린 등이 영화에서는 주로 플래시백으로 드러난다. 영화적인 표현 방식으로는 디졸브나 청각적인 사운드의 변형, 화면 색감의 변화 등 다양한 방식으로 나타나는데 이러한 고려가 얼마나 각색본에서 창조적으로 이뤄졌는지를 확인하는 것도 각색 연구에 있어 중요하다. 시간상의 문제에 있어서도 단순히 과거의 회상을 드러내는 플래시백이냐 아니면 현재와 과거를 끊임없이 교차 편집하면서 편집 체계 내에서 각각의 시간대에 부여하는 균형감각을 유지하려 하느냐도 중요한 분기점이다. 때로는 영화 전체의 구조가 현재-과거-다시 현재의 액자형 구조로 이뤄지기도 하고, '미장아빔(mise en abyme)'의 트릭을 취해 원본을 일종의 알레고리화 하는 방식으로 영화에 새겨 넣기도 한다. 원천 소설의 각 모티프들을 포착해 배우의 표정이나 행위를 통해 상징적인 의미를 증폭시켜서 '셔레이드(charade)'로 색다름을 구하기도 한다. 그러므로 각색 연구는 원천을 의식하면서도 원작과 각색의 결과물로서의 시나리오가 동등한 위상의 상호텍스트적인 관계를 형성하여 각자의 미학적 성과에 의해 평가받아야 하는 것이며, 각색 시나리오에 대한 예술적 가치는 원작과의 관련성과 무관하고 극 텍스트 자체로서 독자적 기준에 의해 판단되어야 한다고 볼 수 있다.[40]

그런 의미에서 김승옥과 최인호라는 안정된 소설적 성취도를 지닌 작가들이 영화의 각색 작업을 시도했을 때 그들에게 요구된 것은 원작 작품에 대한 충실성의 각색자를 넘어선 예술적 수준의 향상이라는 측면이었을 것이다. 두 작가는 이러한 영화계의 요청에 부응하면서도 시대적 분기에 의해 또 작가의식의 변별점에 따라 다른 방향의 각색의 성격을 드러낸다.

김승옥, 감수성을 내파한 스타일리스트적 성취

김승옥은 1962년 한국일보 신춘문예에 「생명연습」이 당선되며 소설가로 활동하기 시작하는데, 「무진기행」(1964)으로 단기간에 주목을 받은 이후, 「서울, 1964년 겨울」로 1965년 동인문학상을, 「서울의 달빛 0장」으로 1976년 이상문학상을 받는다. 김승옥이 등단 이후 전후 문인들이던 문단 원로들과 변별될 수 있었던 것은 세대론적 자의식과 엘리트주의적 동류의식 때문이었다. 이는 서울대 문리대 그룹의 외국문학부 전공자들, 즉, '산문시대' 동인들로부터 시작되어 이후, '문학과 지성' 그룹으로 이어지는 김현을 위시한 문지 4인방 중심의 이른바 '4.19세대'의 변별성이기도 했다. 이들은 '한글 세대'로 자신들을 명명했는데, 1960년대 비평의 자장에서 김승옥의 소설이 제일 자주 환기되는 방향은 스타일, 감수성, 문체의 혁신성이었다.[41] 이는 가장 1960년대적인 감수성의 최전선에 김승옥이 있었음을 의미하는 것으로, 스스로도 "1960년대를 고려하지 않는다면 내가 써낸 소설들은 한낱 지독한 염세주의자의 기괴한 독백일 수밖에 없을 것"[42]이라고 고백하기도 했다. 이들의 비평에서는 1960년대적 삶의 형상화에 있어 김승옥 소설이 '허무주의', '뻥 뚫린 공허감', '불안의식' 등을 그리고 있다는 점을 주목한다. 김승옥 소설의 주인공들이 보여주는 이러한 행태는 1960년대의 '소시민' 논의와 연결된다는 점에서 당시 그의 시대 인식을 보여주는 것이라고 할 수 있다. 또한 앞선 세대인 장용학 등이 일제 식민지 교육의 영향으로 한국어 구사의 어려움을 토로하던 상황과 비교해볼 때, 새롭게 요청된 모국어에 대한 인식을 바탕으로 '한글 세대'로서 자유자재로 사상과 감정을 표현할 수 있었다.

당시 김승옥이 지닌 작가로서의 인식이 이 불안과 허무에 휩싸인 소시민적 의식의 형상화에 놓여 있었고, 이것을 재현하는 방법으로서 문체의 혁신을 꾀했다는 점은 그가 각색 작업에 돌입했을 때도 일정하게 영향을 미칠 수밖에 없는 것이었다. 매체가 달라지더라도 작가가 지니는 취향과 의식의 일관성의 측면에서 근본적인 부분이 완전히 도외시될 수는 없기 때문이다. 김승옥은 1966년에 「무진기행」을 〈안개〉(김수용, 1967)로 각색하면서 영화 작업을 시작하며, 다음해인 1967년 김동인의 「감자」를 각색해 영화 〈감자〉의 연출까지 맡는다. 1968년에는 이어령 원작의 소설 「장군의 수염」을 동명의 영화로 각색하는데 이 작품으로 대종상 각본상을 수상하기도 한다. 김승옥의 영화 관련 작업들은 원작 제공, 각본 작업, 각색 작업 등 다양한 형태였다.[43)]

소설 원작이 영화화됨에 있어, 원작→시나리오→각색→영화의 과정을 거친다고 할 때 영화에 대한 창작적 주체로서 즉, 영화의 최종 완성태에 대한 작가의 의도라는 측면에 있어 원작자의 역할은 단계를 거치면서 줄어들 수밖에 없는 구조를 가지고 있다. 그런 의미에서 각색 연구는 섬세한 독법을 요하는데, 완성된 영화를 기준으로 볼 때 원작보다는 각본이나 각색이 좀 더 영화 창작자로서의 의도에 가까워진다. 주의할 것은 이때 각색의 판형이 반드시 최종 완성태의 영화와 겹치지 않는다는 점이다. 주지하다시피 영화의 촬영과 제작에는 많은 주체들이 등장하고, 감독, 카메라 감독, 연기자들이 협업에 의한 것이므로 각색본은 최종 완성태인 영화에 수용된 것이어야 창작적 유의미성을 논의할 수 있을 것이다. 즉, 각색본에 제시되고 영화에 구현된 형태여야 창작의 주체에 대한 문제에서 각색자의 창작의 성과를 추출할 수 있는 것이다. 김승옥의 각색작 중에서 초창기부터 많은 관심을 받은 작품이자 제일 예술적 성과가 두드러지는 작품이 〈안개〉이다. 이 작품은 원작자인 김승옥이 직접 각본과 각색을 맡았다는 점에서 원작의 성취와 영화로의 변형에 대한 해석 및 각색에 대한 창작 주체의 의도를 추출하기에 다소 용이한 지점이 있다. 원작자가 각색 과정에 참여했다는 특이점은 소설과 영화라는 다른 특성을 가진 매체를 통해서 서사를 전달하는 작가와 각색자의 작품을 비교 분석할 수 있기 때문에 분석의 객관성을 높여주는데, 원작 서사에 충실하면서도 매체적인 특성에 맞게 영화를 연출할 각색자를 중심으로 이야기를 새롭게 재구성하는 과정을 거치기 때문이다.[44]

이 작품은 자신이 쓴 원작을 각색했기 때문에 내용상의 차이가 거의 없다. 「무진기행」의 윤희중이 윤기준으로 이름이 바뀌거나 부분적인 대사의 변형, 시작 부분에서 윤희중의 사무실 풍경과 세무사 조한수의 직원들이 보인 우스꽝스런 행태 등 지엽적인 부분들이 조금 추가되었을 뿐이다. 이 작품은 원작처럼 서울/무진의 이중적 공간의 분리가 핵심이다. 생활계/과거 회귀적 여로 사이에서 무진이라는 공간이 주는 정서적 감응과 하인숙이라는 여성이 접촉하는 윤기준의 내면적 빈 공간에 대한 인식이 맞물려 강력한 파토스를 일으킨다. 다만, 이러한 구도는 싱딩 부분 원작에 빚지고 있는데 영화로 전환되면서도 때때로 소설의 독백을 끌어와서 다소 긴 내레이션을 그대로 처리하는 부분들이 눈에 띈다. 영화가 전체적으로 내레이터의 보이스 음향으로 진행되는 것이 아니라, 무진으로 내려가는 기차에서 차창을 보며 무진의 명산물인 안개에 대해 말하거나 인숙과 바다를 걸으면서 몇 해

전 바닷가에서 머무를 때 느꼈던 쓸쓸함에 대해서 길게 서술하는 부분들에서만 부분적으로 내레이션이 삽입된다. 이런 방식은 여전히 '보여주기' 보다는 '말하기'에 더 익숙한 소설적 서술처럼 보인다는 점에서 한계가 있다.

차창에 비친 자신의 젊은 날과 마주하는 윤기준 〈안개〉

원작에 없으나 각색에서 추가된 장면 중에 가장 영화적으로 잘 표현된 부분은 무진으로 내려가는 밤 기차에서의 회상 씬이다. 윤기준이 젊은 날에 대한 나레이션[45]을 하며 차창을 보면, 어둠 속 차창이 마치 검은 스크린처럼 표현되면서 젊은 날의 윤기준(신성일)이 비춰져 마치 배우가 마임 연기를 하는 것처럼 보이는데, 고민에 휩싸이거나 담배를 피거나 웃거나 주먹을 쥐고 항변을 하는 듯한 모습들이 몽타주처럼 구성된다.

이외에도 첫 장면에서 피로한 회사 생활을 묘사하기 위해 장부 안 숫자가 개미 떼로 변하는 모습이라든지, 속물들처럼 웃고 떠드는 조한수(이낙훈)의 방에서 술 마시는 사람들에 대해 윤기준이 속물성을 느끼고 그들을 프리즈 프레임으로 포착하는 부분은 각색 시나리오에 구성된 그대로 영화에 표현되었다. 또 결말부에 아내로부터 온 전보를 처리하는 방식 역시 흥미로운데, 인서트로 삽입된 전보에는 간략한 내용만이 써 있지만 화면에 겹쳐진 전보 내용을 읽는 아내의 보이스 오버는 더 길어서 화면에 드러난 정보와 음향이 일치하지 않는다. 무엇보다, 전보에는 없는 '당신의 주인인 아내가'라는 발화가 등장한다. 전보의 시각적 정보를 초과한 이 보이스는 대타자(the Other)의 목소리처럼 그를 압박하는데, 윤기준의 내면을 억압하는 현실계의 논리가 스토리의 서사적 일관성을 뚫고 돌출된 영화적인 연출 장면이라 볼 수 있다.

김승옥이 유일하게 각색 뿐 아니라 연출까지 맡은 작품이 〈감자〉이다. 김승옥은 자신이 영화 작업으로 활동 영역을 옮긴 경위를 설명하면서 작가와 영화감독을 겸하는 '장 콕토'나 '미시마 유키오'와 같은 문인들의 영향을 밝히고 있는데, 특히 해외 영화제에서 수상할 수 있는 작품으로 택한 것이 김동인 원작의 「감자」였다고 설명한다.[46]

요컨대 김승옥의 유일한 영화 연출작의 원작 선별 논리를 추동하는 것이 '해외'에서의 '인정'이라는 점에서 '예술성'에 대한 의도가 가장 중요했음을 드러내고 있는 것이다. 또 이 영화는 전작인 〈안개〉를 같이했던 황혜미가 기획한[47] 작품인데 그녀는 김승옥의 불문과 후배로 「무진기행」을 읽고 이를 영화화하기 위해 영화계로 진입한 인물이었다. 이러한 사실들은 〈안개〉에 이어 〈감자〉의 제작이 기획의 측면에서 연결되며, 연출 의도의 차원에서도 대중적 고려로서의 환영성보다는 작가적인 자기반영성의 원리가 우세했음을 보여준다.

〈감자〉는 문학 정전을 선택했다는 점, 향토적인 소재, 극 초반부의 외화면에서 등장하는 설명조의 긴 내레이션[48] 등에서 볼 때 이전까지의 문예영화의 틀에서 완전히 벗어나지 못한 작품이었다. 다만, 이 작품에는 원작에 없는 몇 가지 추가된 장면이 있는데 서사적 기능에는 그다지 관여하지 않는 영화적인 표현 층위에서의 시도가 눈에 띈다. 첫 장면은 강가에서 물에 잠겨 상반신을 드러낸 채 머리를 감고 있는 복녀로부터 시작하는데, 어두운 흑백 화면과 동시에 뜨는 오프닝 크레딧의 자막들 그리고 조명의 각도로 인해 나신의 윤곽만 언뜻 보이도록 환상적인 분위기로 표현된다. 그녀의 풀어헤친 머리와 깨끗하고 맑은 이미지는 물에 의한 정화 작용에서 오는 것으로 반짝이는 물과 애수 어린 음악을 더해 복녀가 가난하지만 도덕과 윤리를 알고 살아온 순수한 처녀임을 드러낸다. 그러나 복녀는 혼인 이후, 무능하고 가부장적인 남편과 생계를 유지하기 어려운 고통스러운 현실에서 원치 않은 상황으로 내몰리다가 결국 점점 도덕적 파멸의 길로 가게 된다. 특히 극 후반부에 분노한 마을 여인들이 복녀에게 몰려와 그녀를 문밖으로 끌어내려 할 때 복녀가 천천히 길고 긴 머리를 풀어 단정히 묶어 올려 비녀를 꽂고 초연히 밖으로 나가는 모습은 첫 씬과 연결되며 인물의 전락을 상대화하기 위한 장면 구성이라 볼 수 있다.

머리를 빗어 단단히 틀어올리는 복녀 〈감자〉

이 작품이 원작과 가장 다른 지점은 결말 부분이다. 원작 소설은 마지막 장면에서 복녀의 죽음을 둘러싸고 남편, 왕서방, 의사 사이에 거래가 오가는 것으로 짧게 서술되고 마는데, 물질적 교환 가치만이 중시되는 현실의 모습을 냉담하게 강조하기 위한 것이다. 그런데 영화에서는 복녀가 매음 행위에 내몰리면서도 끝내 원작의 복녀처럼 도덕적으로 완전히 무너지지 않는다. 왕서방에 대해서도 혼인에 대한 질투로 그에게 표독스럽게 덤벼든 것이 아니라 빚을 갚지 못하면 남편을 감옥에 넣게 되는 현실에 절망했기 때문이다. 또 원작에서처럼 남편 장서방이 게으름과 회피로 무위도식하는 인물로 나오면서도 몇 가지 서사를 추가해서 성격화를 꾀한다. 장서방은 말끝마다 '젠장-'이라는 욕을 덧붙이며 자신은 '양반가의 후손'이기 때문에 일을 하지 않겠다고 하면서 생계를 위해 복녀를 밖으로 내모는 추악한 인물로 입체화된다. 그런데 소설과는 달리 영화의 결말에서는 복녀가 죽은 후 장서방이 슬퍼하며 무덤 위에 복녀의 옷을 덮어주는 장면이 추가되는데, 내내 비도덕적이던 인물이 갑작스럽게 동정의 눈물을 흘린다는 점에서 이는 캐릭터의 일관성을 해치는 상당히 작위적인 설정이다. 원작의 비정한 결말은 단편소설로서의 감각이었기 때문에 가능했지만, 장편영화로 만들어지면서 극장의 관객들에게는 불쌍한 복녀에 대한 감정의 소여를 제공할 필요성을 느꼈기 때문에 각색의 과정에서 변형된 결말이라 할 수 있다.

김승옥의 또 다른 작품인 〈영자의 전성시대〉(김호선, 1975)는 오프닝 시퀀스에서 경찰의 단속에 걸린 윤락가의 정신없는 모습들이 등장하는데, 주인공인 영자의 얼굴을 마치 카메라에 찍힌 듯이 '프리즈 프레임'으로 처리한 부분이 이색적이다. 1970년대에 성공을 꿈꾸며 고향을 떠나 서울로 올라온 가난하고 의지할 데 없는 청춘들이 어떻게 끊임없이 하류 계층으로 밀려나게 되는지를 보여주기 위해 유곽 골목뿐 아니라 여인숙, 공장, 도로, 버스, 아파트, 식당, 백화점, 철공소 등 다양한 세태적 풍경을 묘사한다. 이 작품은 원작의 불행한 결말을 바꿔 영자가 결혼으로 안정을 되찾은 모습으로 마무리 되는데 〈감자〉와 비슷하게 관객들의 감정적 공명을 위해 다소 불행의 수위를 낮춘 결말이라 할 수 있다.

자신 때문에 갇힌 창수를 위해 떠나기로 결심한 영자 〈영자의 전성시대〉

이렇듯 김승옥의 각색작들은 대부분 선형적인 서사의 큰 줄기를 무난하게 이어가면서도 작품의 배면으로 깔리는 감응을 일으키는 쓸쓸함의 정서, 현실 상황에 대한 날카롭고 명민한 포착을 통해 당대 소시민들의 감수성에 접속할 수 있었다. 또한 관객층의 정서를 고려해 지나치게 관객의 기대에 저항하는 결말로 무리하게 나아가지 않는 대중영화로서의 특성을 잘 인지한 작법을 보여준다. 김승옥은 장면에 대한 구상이나 편집 효과 등까지 섬세하게 고려된 각색을 통해 원작의 성취에 손쉽게 기대거나 스토리만을 전달하는 데 머무르지 않고 자신만의 영화적인 표현법에 대해 고려했다는 점에서 스타일리스트적인 각색자로서의 성취를 이뤄냈다고 볼 수 있다.

최인호, 시대적 표지를 드러내는 인물들을 통한 대중과의 조우

최인호는 1963년 단편 「벽구멍으로」가 〈한국일보〉 신춘문예에 입선하고, 1967년 〈조선일보〉 신춘문예에 단편 「견습환자」으로 등단했으며, 작품 활동의 초반기부터 문단의 주목을 받았고 '현대문학상 신인상'(1972년, 「타인의 방」)과 '이상문학상'(1982년, 「깊고 푸른 밤」)등을 수상하며 문학적 성과를 인정받기도 했다. 엄청난 작품 산출량에서 보이듯 그는 문필활동으로 생계를 유지했던 우리 문학사의 몇 안 되는 전업 작가이자 1970·1980년대에 가장 대중의 선택을 많이 받은 베스트셀러 작가, 또 엄청난 흥행성을 지닌 영화의 원작 제공자이자 각본가로 활동했다. 최인호는 문단에서 인정을 받는 한편으로 대중적 감성의 최전선에서 창작 활동을 지속했으며 큰 호응을 얻었다는 점에서 순수문학과 대중문학 양쪽의 호명을 모두 받은 작가였다. 이는 역으로 최인호에 대한 당대의 평가가 양분되게 만든 원인이 되기도 했는데 초기의 단편소설의 뛰어남에 대해 인정하면서도, 장편소설의 상업성에 대해서는 비판적 논조가 일반적이라고 할 수 있었다.

최인호가 영화 작업에 본격적으로 뛰어들게 된 계기는 장편 소설『별들의 고향』(예문관, 1973)의 선풍적인 인기와 이를 영화화한 〈별들의 고향〉(이장호, 1974)이 가져온 엄청난 흥행 스코어 때문이었다. 그는 당시 자신을 향한 순문학 위주의 문단 체제 즉, 문단 권력의 주류였던《창작과 비평》,《문학과 지성》양자로부터 받은 공격에 염증을 느꼈음을 고백하며, 자신은 '선천적으로 비체제주의자'라고 술회한다. 당시 최인호에게는 진영에의 이탈 방안으로서 매체 변용이 대두되었던 것이다. 또한 최인호 본인이 여러 차례 밝히고 있듯이 학창 시절에 소설보다도 영화를 더 좋아하던 개인적 경험과 취향도 영화 작업의 결심에 영향을 미쳤던 것으로 보인다.[49]

최인호가 원작이나 각본 작업에 참여한 영화는 27편이다. 그중에서 소설 원작만을 제공한 작품이 7편이고, 영화를 위해 오리지널 창작 시나리오로 만들어진 작품은 8편이며, 원작 소설을 각색해서 시나리오로 변형한 작품이 12편이다.[50] 다만, 창작 시나리오의 경우에도 전작의 인기에 기대 만들어진 속편들인 경우가 많아 창작 시나리오의 독자성이 낮은 편이었음을 알 수 있다. 즉, 최인호의 경우에는 각본의 오리지널리티에 대한 의미부여보다는 원작의 변형, 즉 각색 연구로 보는 것이 적절하다고 볼 수 있다. 또한 그 각본들은 대개 본인의 원작 소설을 각본으로 변형했거나 그렇게 만들어진 영화의 아류작들인 경우가 많기 때문에 최인호에게 있어 각본과 각색의 구분이 크게 변별점을 가지지 않는다는 특징도 있다.

린다 허천은 각색이 지닌 원작에 대한 여전한 피해의식에도 불구하고 여전히 각색자를 추동하는 동기는 무엇인가라는 질문을 던지고 이에 대한 답을 크게 '경제적 유인', '법적 제약', '개인적 동기와 정치적 동기'의 3가지로 구분했다.[51] 최인호의 경우에는 경제적 유인의 측면에서 각색 작업이 진행된 것이다. 최인호의 엄청난 영화 산출량은 근본적으로 자신이 쓴 원작 소설을 바탕으로 했기 때문에 가능한 것이었다. 장편소설 『별들의 고향』은 세 편의 〈별들의 고향〉 영화 시리즈뿐만 아니라 최인호가 각본을 쓴 다양한 멜로 영화로 전유되었다. 840매가 넘는 긴 장편소설이었기 때문에 경아의 핵심 서사 외에도 여러 인물에 관련된 이야기들이 위성 서사로 기능하고 있었는데 이 위성 서사들을 독립시켜 하나의 이야기처럼 영화로 만들었던 것이다.

〈병태와 영자〉(하길종, 1979)나 〈최인호의 병태만세〉(김수형, 1980)는 인물들의 이름이나 대학생 설정 등이 이어져 있어 〈바보들의 행진〉(하길종, 1975)의 속편으로 봐도 무방하다. 〈고래사냥2〉(배창호, 1985)는 〈고래사냥〉(배창호, 1984)의 속편으로 형식적인 유사성이 두드러지는데, 〈바보들의 행진〉과도 구도상 이어진 작품이다. 문공부에 냈던 제작과정의 자료들을 살펴보면, 〈병태와 영자〉의 원제는 '바보들의 행진2'이었는데 중간에 '고래사냥'으로 이름이 변경되었다가 다시 '병태와 영자'로 개정된다. 즉, 엇비슷한 설정들과 인물 구도, 대학생 인물이나 어로형 시사 등이 반복되고 있다는 점에서 같은 계열로 볼 수 있다. 각색의 즐거움은 부분적으로 변형을 동반한 반복, 즉 놀람의 짜릿함을 겸비한 의례의 안정감에서 비롯된다는 점에서 인식과 기억이 각색의 즐거움(과 위험 요인)을 이루는데, 재료의 변형에 기인해서 주제와 서사가 지속된다.[52] 요컨대 원작에 대해 가지는 정보가 반복되는 데서 오는 친숙함과 친근함, 그 변주에서 오는 긴장감과 흥미로움, 그리고 새로운 부분에 대한 기대로 각색은 즐거움을 주는 것이다. 각색이 가진 이러한 장점은 원작의 '프랜차이즈화'[53]를 만들어낼 수도 있는 강력한 힘을 가지고 있다. 그런 의미에서 김승옥이 다른 작가의 작품을 가져와 각색자라는 역할에 비교적 충실한 작업물을 생산했음에 비해, 최인호는 자신의 작품을 시리즈화하면서 영화 작업을 지속했다는 점에서 큰 차이가 있다. 요컨대 최인호에게는 소설의 인기와 명성이 영화의 수용에 혜택을 주었으며 다시 그 인기에 힘입어 최인호식 작품들을 아류작으로 만들어냈던 것이다. 그런 의미에서 최인호의 각색에 대한 연구는 원작의 변형을 확인하는 작업보다는 원작 소설이 가진 언어적 한계를 영상화를 통해 보충하고 극대화한 부분을 살펴보는 것이 유의미하다고 볼 수 있다.

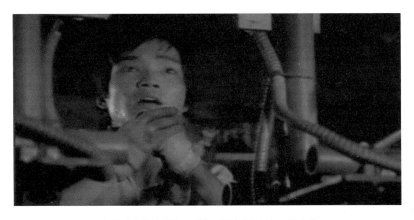

기계 사이에 끼어 압도당하는 상민 〈걷지 말고 뛰어라〉

〈걷지 말고 뛰어라〉(1976)는 최인호가 직접 각본과 연출을 모두 맡은 유일한 작품이다. 이 작품은 단편 「즐거운 우리들의 천국」과 「침묵의 소리」, 「무서운 복수」의 몇몇 장면을 차용해 오리지널 시나리오를 써서 연출한 작품인데 젊은 하층민 남성들의 구직난, 분노, 절망 등의 내용이 두드러진다. 이 영화는 상민이 불안과 위압감을 느끼는 장면에서 거대한 쇠구슬이 굴러오게 한다든가, 기계 사이에 상민을 위치시켜 슬로우 모션으로 속도를 조절하고 사일런트로 음향이 빠진 진공 상태를 연출하며, 볼링을 치는 여성을 이중 노출로 드러내는 등 영화적 표현법을 구현하려 애쓴 흔적들이 눈에 띈다. 결말에서 길영이 아무도 보지 않는 거리에서 장님 행세를 하며 영화에서 프레임 아웃되고 있기 때문에 이후의 향배를 추측하기 어렵게 한다는 점에서 열린 결말이기도 하다. 또 이때 길영의 몸 위로 어두운 도시의 차창 불빛들이 겹쳐지면서 디졸브 화면으로 연출되거나 성탄절을 맞은 도시 곳곳의 흥청거리는 분위기에 더해 '새마을 운동'에 대한 구호가 적힌 현수막이 생경하게 등장하는 등 세태와 풍속에 대한 날카로운 시선도 드러난다. 최인호가 직접 연출한 영화에서 쉽고 흥미로운 대중적 서사 대신 다소 무거운 주제와 표현주의적 작가의식을 드러내는 요소들을 적극적으로 활용했다는 점은 최인호가 대중추수적인 목적의 상업영화에만 복무한다는 평가와는 일정한 거리가 있으며 도리어 작가로서의 자기반영성에 몰두했음을 보여준다.

최인호의 영화에서 젊은 대학생 남성이 주로 '병태'라는 이름으로 계열화되는 한 축의 영화가 있다면, 반대쪽에는 도시의 하층 계급으로 전락하는 젊은 여성에 대한 서사가 있다. 젊은 남성은 대학에 적응하지 못하고 연애에도 실패하며 불우한 시대와 무능력한 자신을 탓하는 인물들로 우연한 여행에 동참하게 되면서 좌충우돌을 벌이는데 비교적 주체적인 선택에 의해 행동한다는 특징을 지닌다. 그러나 젊은 여성들은 대개 연애에 실패하여 장애를 갖고 있거나 남성에 의해 버림받아 윤락녀로 전락하는데,[54] 이들을 관조하는 시선의 주체는 남성들(male gaze)이다. 최인호 영화 속에서 유독 이러한 여성 인물이 두드러지는 것은 남성인물의 시선에서 포획되어야 하는 존재들이기 때문이다. 1970년대 산업화의 자본주의적 질서가 빛나는 서울 거리의 한편에서 술에 취해 있는 이 남성 인물들에게 정서적—성적 위로를 해줄 것이 요청된 존재가 바로 밤거리에서 만날 수 있는 여성들이었다.

수면제를 눈과 함께 삼키는 경아 〈별들의 고향〉

시모어 채트먼은 언어적 서사물이 영화적 서사물보다 쉽게 시간의 요약을 표현하며 영화적 서사는 공간적 관계를 더 쉽게 표현한다고 보고, 매체가 무엇이든지 담화는 순서(order)와 선별(selection)을 지닌 이야기 표현의 집합이라고 본다.[55] 최인호의 소설에서 반복적으로 드러나는 인물 유형은 작가의 의식을 표현하기 위해 선별의 과정을 거친 것들이며 이러한 인물들은 주로 당대의 핍진성을 그려내는 데에 치중하고 있다고 볼 때 각색 작업에서 가장 강조되는 것은 1970년대 도시 공간의 거리에 놓인 그/그녀를 생생하게 되살려내는 것에 있을 것이다. 근대 도시의 남성 산보자와 달리 가부장제의 젠더 위계 때문에 거리를 활보할 수 없었던 여성들은 이 시기 상품 물신적인 이미지를 띠고 거리의 한복판에 등장한다. 이들은 네온사인이 빛나는 불야성의 서울 거리, 끝나지 않는 접대들, 성적 위무를 필요로 하는 남성들 그리고 육체를 재화와 바꾸는 자본주의의 논리가 최첨단화된 공간 아래서 남성들에게 포착되는 것이다. 로라 멀비가 설명했듯이 여성들을 향한 응시를 통해 여성은 남성의 시선 아래 놓이고 '거기에 맞게 꾸며진다'[56]는 점에서 이들은 도시를 이루는 정물적인 요소처럼 기능한다. 최인호의 영화들에서는 여성 인물들이 남성 인물로 인한 전락에 떨어지게 함으로써 강렬한 신파성을 만들어낸다. 이렇게 성적인 표지를 드러내는 여성 인물들이 남성과의 관계에서 버림받거나 가부장적인 울타리 안에 들어가지 못할 때 겪는 고통과 비탄을 과시적으로 보여줌으로써 관음증의 외설적인 욕망에 복무하면서도 또 한편으로는 애수와 최루로 대중들의 감정 정화에 기여했다고 볼 수 있을 것이다.

〈별들의 고향〉, 〈고래사냥〉, 〈바보들의 행진〉, 〈깊고 푸른 밤〉과 같이 잘 만들어진 영화들은 원작 소설 이상으로 당시의 대중에게 매우 적극적인 호응을 받았다. 또 1970년대 청년문화의 첨병으로 최인호가 인식되고 논쟁의 대상이 되었다는 점에서 그가 당대의 공통감각에 매우 근접해 있었음을 알 수 있다. 최인호가 각색한 이 영화들은 1970~1980년대 한국 영화들뿐만이 아니라 한국영화사 전체의 층위에서도 가장 높은 성취를 꼽는 자리에서 늘 호명되는 작품들이라는 점에서 그 작품성을 인정받고 있다. 이후에도 최인호가 보여주는 엄청난 양의 영화 작업량은 앞서 제시한 몇 가지 계열의 원천적 구조물들을 프랜차이즈화해서 전유하는 방식으로 작품을 지속해나갔기 때문에 가능한 것이기도 했다. 다만, 이는 그 계열화의 하위 층위에서 작가의 명성에만 기대 새로운 시도와 재해석이 없는 다소 나태한 방식의 답습이었기 때문에 오래 지속되기는 어려운 것이었다. 〈깊고 푸른 밤〉(배창호, 1985)이라는 정점 이후, '병태'류의 인물이 다시 등장해 여로형 구조를 취한 〈안녕하세요 하나님〉(배창호, 1987)에 이어, '경아'류의 여성 인물이 겪는 멜로드라마적 수난사가 반복되는 〈천국의 계단〉(배창호, 1991)이 더 이상 대중들의 관심을 불러모으지 못했던 것은 이미 최인호식의 감각적 세련됨이 그 시효를 다해가는 상황임을 보여주었던 것이다.

1960~1980년대의 시기에 김승옥이나 최인호 같은 당대 일군의 작가들의 조력으로 영화 각색 작업이 이뤄지면서 극작의 질적 수준을 높였고 그 영화의 이미지들이 한 시대의 표지가 되었다는 점에서 시대의 감각에 접속해 영화 예술의 경지를 올린 성과라고 볼 수 있을 것이다. 또 이들의 작품이 엄청난 대중적 공명을 일으키며 관객들을 극장으로 동원한 점은 '영화 관람'이라는 새로운 문화적 향유 경험을 창출해냈다는 점에서 매우 중요한 가치를 지닌다고 할 수 있다.

5.

더럽혀진 처녀에서 성불구 가장까지
- 1970년대 한국 멜로영화 속 여성과 남성

이현경

처녀들의 행로, 경아와 이화의 끝

1970년대는 한국영화사에서 어두운 시기로 서술되어 왔다. 마치 서구에서 중세를 암흑기로 오래 동안 규정했던 것과 비슷한 양상이다. 그러나 중세시대도 결코 암흑기만은 아니었다는 연구 결과가 많이 나왔다. 어떤 시대이든 그 시대와 사건의 소용돌이 속에 있는 인간들은 항상 치열하게 살아가기 마련이다. 반공영화, 우수영화, 외화 수입 쿼터제, 검열 제도, 호스티스 멜로물 등이 1970년대 한국영화를 환기하는 키워드일 것이다. 물론 빼놓을 수 없는 중요한 쟁점들이지만, 이런 프레임으로 거칠게 평가했던 영화들의 속살은 생각보다 다채롭고 매혹적이다. 1970년대 한국 멜로영화에 대한 우리의 경직된 시선도 이제 바꿀 필요가 있다.

1970년대 한국영화, 특히 멜로영화를 생각할 때 가장 먼저 떠올릴 수 있는 이미지는 무엇일까? 아마도 경아와 이화라는 두 명의 여성 캐릭터가 제일 먼저 떠오를 것 같다. 그녀들과 관련된 대사는 영화를 한 번도 본 적이 없는 사람들의 뇌리에도 각인이 되어 있다. "오랜만에 함께 누워보는군.", "꼭 안아주세요." 〈별들의 고향〉(이장호, 1974)의 경아(안인숙)는 오랜만에 재회한 화가 문호(신성일)와 이런 대화를 나눈다. 코미디 프로에서 패러디될 정도로 유명한 대사지만, 이 장면이 어떤 맥락에서 나온 것인지 아는 사람은 별로 없다. 이 장면의 실상은 매우 비극적이다. 여러 남자를 거치면서 지쳐버린 경아가 몸과 마음이 허약한 상태에서 문호와 재회한 후 하룻밤을 보내는 장면이다. 에로틱한 느낌보다는 쓸쓸하고 처연한 분위기 속에서 둘은 초라한 여관방에 함께 눕고, 새벽녘에 문호는 잠든 경아를 두고 여관방을 나선다.

〈별들의 고향〉은 1970년대 한국 멜로영화 속 여성 캐릭터의 원형을 창조했다. 순진한 회사원 경아는 같은 회사 동료 영석(하용수)에게 순결을 내주고 그와 결혼을 꿈꾸지만 영석은 경아를 배신하고 다른 여자와 결혼식을 올린다. 이후 유흥가에 흘러든 경아는 상처한 중년 남성 이만준(윤일봉)의 구애를 받아들여 그의 후처가 된다. 부유한 사모님이 된 경아는 모든 것이 만족스러워 보이고 자신이 갖게 된 행복을 지키기 위해 최선을 다한다. 그러나 알프레드 히치콕 영화 〈레베카〉(1940)처럼 경아는 만준의 전처의 그림자에서 벗어나지 못한다. 남편의 학대에 지친 경아는 결혼 생활을 청산하고 동혁(백일섭)이라는 건달에게 마음을 주지만 그 역시 가학적인 소유욕을 가진 무능한 남자였다. 우여곡절 끝에 경아는 화가이자 대학 시간강사인 문호를 만나 잠깐 평화와 행복을 누리는 듯 보인다. 그러나 이마저도 파탄이 난다. 〈별들의 고향〉의 경아는 주체적인 결정을 한 적이 없는 여자다. 그녀는 무책임하거나 이기적인 남자들의 삶을 구원하려 했으나 잠시 위로해주고 떠날 수밖에 없는 희생양의 현현이다.

〈겨울여자〉, '이화'라는 신선한 캐릭터의 출현

"육체란 게 어쩐지 우스워요."라는 당찬 대사를 내뱉는 〈겨울여자〉(긴호선, 1976)의 이화(장미희)는 언뜻 보면 〈별들의 고향〉의 경아와 대척점에 있는 것처럼 보인다. 〈별들의 고향〉의 흥행 기록을 갱신한 〈겨울여자〉의 이화는 부서지기 쉬운 경아의 한계를 뛰어넘는 여성 같아 보인다. 이화는 자신을 거쳐간 남자들에게 죄책감을 갖고 있다. 우연이든 운명이든 만난 남자에게 최선을 다한 경아와 달리 이화는 자신이 남성을 선택하는 것처럼 보인다. 하지만 돌아보면 경아와 이화는 본질적으로 같은 유형의 '여성-희생양' 캐릭터이다. 이화는 중산층의 유복한 가정에서 성장했다. 이화의 순탄한 인생에 남자가 개입되는 건 고등학교 시절 받은 연애편지 사건부터이다. 얼굴도 모르는 요섭(신광일)의 고백으로 채워진 연애편지를 받은 이화는 가장 먼저 자신을 자책한다. 자신이 무엇을 잘못했기에 남자로부터 이런 편지를 받는 걸까 생각한다. 결국 연애편지를 보냈던 앞집 청년 요섭과 대학시절 만난 운동권 학생 석기(김추련) 둘 다 사고로 죽게 되고 이화는 자신이 그들을 죽음으로 몰아갔다는 근원적인 죄책감에 빠진다. 이화는 그들의 죽음에 책임이 없지만, 신경증은 더욱 깊어져서 자신은 결혼을 할 수 없는 사람이라고 단정하기에 이른다. 우연히 재회한 옛날 은사 허민(신성일)과 다시 사랑에 빠지는데 이번에는 허민이 이화에게 결혼을 간청한다. 허민의 청혼을 계속 거절한 이화는 뜬금없게도 허민과 전처(박원숙)의 재회를 주선하고 자신은 홀연히 떠난다. 경아는 남자에게 걸맞은 여자가 되려고 노력하고, 이화는 스스로를 남자에게 걸맞지 않은 여자로 규정한다는 면에서는 둘 다 피학적인 존재들이다.

경아와 이화의 자책과 열등감이 특이하게 극복된 인물은 〈삼포 가는 길〉(이만희, 1975)의 싸구려 창부 백화(문숙)이다. 처음에는 천방지축 당돌해 보이는 모습으로 등장한 백화지만 영화 말미 그녀가 보여주는 행동과 대사는 평범한 가정을 이루고 살아 보고 싶은 간절한 소망을 간직한 평범한 아가씨임을 알려 준다. 길에서 만난 영달(백일섭)과 헤어지게 된 기차역사에서 백화는 "나 사실은 몇 남자 안 거쳤어. 나 애도 낳을 수 있을 텐데…."라며 마지막 호소를 한다. 그런데 역설적이게도 백화는 경아와 이화보다 강인한 모습을 보여준다. 눈밭에서 수면제를 먹고 죽어간 경아, 자신이 무얼 원하는지 끝내 모르는 채 해맑은 웃음으로 한강변을 걷던 이화, 이 둘에 비해 백화는 자신의 갈 길이 어디인지 정확히 파악하고 있다. 기차를 타지 않고 남은 백화는 기차역 대합실 유리창 너머로 보이는 선술집을 또렷이 바라보며 영달이 건넨 빵을 우적우적 씹는다. 경아와 이화라는 연약하고 낭만적인 '여성−희생양' 캐릭터와는 결이 다른, 초라하지만 강인하고 현실적인 하층민 여성 캐릭터 백화도 공존했던 것이 1970년대 한국 멜로영화다.

상처받은 남자, 사생아와 성불구자

그동안 크게 주목받지 못했던 1970년대 한국 멜로영화 속 남자의 특성을 한마디로 정의하면, 상처받은 남자들이라고 할 수 있을 것 같다. 1970년대 한국 멜로영화에서 남성은 여자와 마찬가지로 상처받은 존재들이라는 점이 주목할 만하다. 이 시대를 대표하는 상처받은 남자의 전형을 보여준 영화는 〈어제 내린 비〉(이장호, 1976)라고 할 수 있겠다. 영화는 대학생이 된 아들 영후(김희라)를 이제 본집으로 데려가 키우기로 합의하는 아버지(최불암)와 엄마(도금봉)의 대화로부터 시작된다. 20년 동안 첩으로 살아온 엄마에 대한 영후의 태도는 사실 좀 복잡하다. "우리 엄마 섹시하지?"라는 대사를 비롯해 영후는 오이디푸스 콤플렉스를 벗어나지 못한 모습을 종종 보인다. 육상 선수인 영후는 실력이 있음에도 불구하고 항상 결승선 직전에 경기를 포기하는 이상한 버릇이 있다. 이 시기 멜로영화 속 남자들은 여성의 순결을 빼앗고 여자의 순정을 짓밟는 그런 파렴치한 인간들처럼 보이지만 그것만이 그들의 정체성은 아니다. 그들이야말로 세상과 불화 속에서 자신의 억압된 분노를 여성에게 가학적으로 표출하는 또 다른 안타까운 인간형일 수 있다. 〈어제 내린 비〉는 인상적이고 의미심장한 남성 캐릭터들이 등장하는 영화로, 이장호 감독 영화 중 균질적인 해명이 불가한 가장 매력적인 작품이라 생각된다.

〈어제 내린 비〉에서 처첩 갈등이나 사생아가 차별받는 그런 서사는 전혀 전개되지 않는다. 오히려 큰어머니(전영주)는 유약한 자신의 친아들 영욱(이영호)이 남자다워질 수 있도록 잘 이끌어달라고 영후에게 당부한다. 영화에서 아버지의 역할은 가장으로서 생계를 책임지는 것 이상은 없어 보인다. 영후는 동생 영욱을 강한 남자로 거듭 나게 해준다는 생각에 사창가에 데려가기도 하는 등 지금 시각으로 보면 껄끄러운 면이 있지만 여하튼 허물없이 지낸다. 문제는 영욱의 약혼녀 민정(안인숙)과 영후의 관계인데, 동생과의 관계를 모르는 채 영후는 민정을 알게 되고 둘은 급속도로 가까워진다. 영욱이 형과 민정의 관계를 알게 된 후 카페에서 기타를 치며 '사랑의 찬가'(박인희, 윤형주 노래 더빙)를 부르는 장면은 애절함의 절정을 보여준다.

이 영화의 비극은 형과 약혼녀의 관계를 수용해야 하는 영욱의 갈등에서 비롯된다. 영욱은 민정에게 친구로서 마지막 여행 다녀오자고 제안한다. 신혼여행지로 꼭 가고 싶었던 남도에 같이 가자는 영욱의 간절한 요청을 민정은 미안한 마음에 받아들인다. 그리고 이 일은 불행의 단초가 되어버린다. 아무 일도 없이 여행을 다녀왔지만 영후는 질투와 불신의 마음을 거둘 수가 없어 폭발한다. 형의 의심에 화가 난 영욱은 민정과 타고 있던 차를 낭떠러지로 몰아가 동반 자살을 선택한다. 급박하고 비논리적인 결말처럼 보인다. 이런 참사가 있은 후 영후가 우는지 웃는지 모를 표정을 지은 채 달리면서 영화는 마무리된다. 봉합할 수 없는 것들을 그대로 보여주는 방식의 마무리가 아닐까 생각된다.

〈충녀〉, 처첩 사이에서 사육당하는 가부장

경제적 무능을 넘어 성적 불구까지 된 남성은 〈충녀〉(1972, 김기영)의 남편 동식(남궁원)이다. 노이로제 때문에 정신병원에 입원하려는 남편 동식은 성불구와 경제적 무능력 때문에 아내 정숙(진계현)에게 무시당하고 살다 술집에서 명자(윤여정)를 만난다. 명자는 첩 생활을 하던 엄마의 강요로 술집에 나오게 된 아가씨다. 명자의 엄마는 아들은 대학에 다녀야 하니 일을 할 수 없고, 딸은 대학을 나와 봐야 첩의 자식이라는 꼬리표가 붙어 다닐 테니 돈을 버는 게 제일 낫다는 논리를 펼친다. 술집 마담과 선배 호스티스들의 작전에 휘말린 명자는 동식과 동침을 하게 된다. 동식은 평소 "난 처녀가 필요해. 내 처는 처녀가 아니었기에 복수를 하겠다."라는 말을 공공연히 하는 인물이다. 김기영 감독 영화답게 동식은 매우 엽기적인 언행을 보여준다. 명자의 속옷을 면도칼로 찢고 "넌 내 처와 대결해야 한다."라는 이상한 논리를 편다. 동식의 아내 정숙은 50세가 된 남편의 건강을 걱정해서 매일 체중계에 몸무게를 달게 하고 철저하게 식단 관리를 해준다. 정숙은 남편과 살림을 차렸다는 명자에게 협상을 시도한다. 밤 12시 전에는 본가로 귀가해야 하며, 체중과 혈압 관리, 운동을 체크하라는 것이다. 그 대가로 매달 10만 원의 생활비를 주되 계산서와 영수증을 첨부해야 하며 매일 전화로 보고를 해야 한다는 조건이다. 본처가 총감독이라면 첩은 현장 감독쯤 되고 동식은 꼭두각시같이 두 집을 오가며 사육당하는 인물로 그려진다.

〈밤은 무서워〉, 알리바이를 위한 성불구 인증

성불구 남성이 1970년대에 처음 출현한 것은 아니지만, 〈충녀〉의 경우는 1960년대 혹은 1980년대 성불구 남성과 다른 면이 있어 보인다. 가령, 〈밤은 무서워〉(이형표, 1968) 같은 영화에서 남성의 성불구는 살인 사건 누명에서 벗어나기 위한 알리바이로 등장한다. 〈애마부인〉(정인엽, 1982)에 이르면 남편의 성적 무능은 여성을 밤거리로 뛰쳐나가게 하는 구실로 작용한다. 이에 비해 〈충녀〉의 동식은 여전한 가부장적 가정에서 처첩을 거느리되 실상은 그들의 관리하에 있다는 점에서 흥미롭다.

〈야행〉(1977, 김수용)의 박진국(신성일)도 무책임한 남성 계열에 포함시킬 수 있는 인물이다. 사내 연애를 오래 해온 현주(윤정희)와 사실혼 관계에 있으면서 결혼에 대한 생각은 없다. '결혼식은 시시하다'는 진국은 현주가 회사에서 공공연히 노처녀 취급을 받는 것을 뻔히 보면서도 양심의 가책을 느끼지 않는다. 현주에게 무책임한 남자는 진국 이전에도 있었다. 그는 고등학교 시절 담임선생님으로 월남으로 파병가기 전 바닷가에서 그녀의 순결을 가져간다. 이 일로 동네에 소문이 나고 현주는 행실이 단정하지 못하다는 낙인이 찍혀버린다. 결국 선생님은 월남에서 사망하고 현주는 고향을 떠나야 했다. 진국과의 관계에 지친 현주가 오랜 만에 고향으로 휴가를 오자 상처한 동네 건달이 수작을 부리고 동네 사람들은 끼리끼리 어울리는 한 쌍이라며 비웃는다. 고등학생 제자에게 시키지도 못할 약속을 한 선생님이든 결혼을 회피하는 회사 동료든 현주에게 그들은 모두 무책임한 유아적인 남자들일 뿐이다. 둘은 아무런 현실적인 계획 없이 여자의 성을 탐닉한다.

〈꽃순이를 아시나요〉, 1970년대 불운한 여성의 전형

1970년대 한국 멜로영화에서 책임을 지려는 남자가 없는 것은 아니다. 〈꽃순이를 아시나요〉(정인엽, 1979)는 〈영자의 전성시대〉(김호선, 1975), 〈나는 77번 아가씨〉(박호태, 1978)나 〈O양의 아파트〉(변장호, 1978)보다는 늦게 나왔지만 이들 영화의 주인공들이 겪었을 법한 전사를 보여주는 영화다.

1970년대 끝자락에 나온 이 영화는 순진한 시골 처녀가 도시에서 겪는 수난사의 전범을 보여준다고 할 수 있다. 〈꽃순이를 아시나요〉에서 꽃순이(정윤희)는 불우한 남성 편력 끝에 자신의 모든 허물을 덮어주고 무한한 사랑을 주는 윤노인(김길우)을 만나게 된다. 자살하려는 꽃순이를 구해준 윤노인은 꽃순이의 룸살롱 빚을 흔쾌히 갚아주고 꽃순이와 살림을 차린다. 처음에는 한몫 잡으려던 사심에서 시작한 관계이나 꽃순이는 윤노인의 진심을 알게 될수록 그에게 깊은 감사와 애정을 느낀다. 비록 나이 차이가 많이 나는 결혼이지만 꽃순이는 행복해서 더 바랄 것이 없어 보인다. 그러나 꽃순이의 행복을 하늘이 허락하지 않는 듯 윤노인이 뇌종양에 걸려 시한부 인생을 살고 있다는 사실이 밝혀진다.

〈눈물의 웨딩드레스〉(변장호, 1973)는 대학생과 호스티스의 순애보를 그린 영화로 흥행에 성공해서 속편까지 만들어지고 1990년대 리메이크되기도 했다. 고등학생 영(신영일)은 우연히 알게 된 경희(오유경)의 헌신적인 뒷바라지 덕에 대학에 합격하고 전도유망한 청년으로 성장한다. 경희는 자신이 영의 장래에 걸림돌이 될까 봐 스스로 자취를 감춘다. 유흥업소 종사자 대상 여성 교화원에서 힘든 시간을 보낸 경희는 몇 년째 자신을 포기하지 않고 찾아다닌 영과 재회하고 교화원 동료들의 축복 속에 마침내 결혼식을 올리게 된다.

이 영화에서 경희는 이례적으로 결혼에 성공하지만 그녀가 치러야 했던 몇 년의 시간은 혹독했다. 〈꽃순이를 아시나요〉의 윤노인과 〈눈물의 웨딩드레스〉의 영은 1970년대 영화에서 드물게 볼 수 있는 따뜻하고 건강한 남성들이지만 허물 있는 여성들은 이들과 쉽게 결합하진 못한다.

실재계의 틈입, 정신병원과 동성애

1970년대 한국영화에서 주목할 만한 공간이라면 아파트와 정신병원을 꼽을 수 있을 것 같다. 한강변 아파트, 산업화를 상징하는 청계고가, 룸싸롱, 청춘들의 아지트 레스토랑 등 1970년대 한국영화를 특징짓는 여러 장소를 떠올릴 수 있지만 아파트와 정신병원은 확실히 한국영화에 새로 편입된 공간적 배경이다. 1970년대 한국 멜로영화에서 아파트는 다소 특이한 공간적 의미를 갖는다. 1970년대 한국 멜로영화에서 아파트는 보편적인 가족 구성원이 거주하는 공간이라기보다 여기서 벗어나는 가정 공간을 상징하는 경우가 많다. 〈어제 내린 비〉에서 첩은 아들과 함께 아파트에 살고, 아버지와 본처가 사는 공간은 널찍한 양옥집이다. 〈겨울여자〉의 이화도 현대적인 문호의 아파트에서 살림을 살고, 〈야행〉의 현주도 혼자 한강변 아파트에서 살면서 회사 동료 진국과 밀회를 한다. 〈충녀〉의 첩 명자가 살림을 차리는 곳도 아파트로 본처가 사는 양옥집과 비교되는 트렌디한 공간으로 묘사된다.

정신병원은 아파트에 사는 소외되고 버림받은 인물이 자신의 문제를 알기 위해 찾아가는 공간이다. 정신병원은 1980년대 한국영화에서는 주인공의 이상 행동을 설명하는 상투적인 공간으로 등장한다. 〈무릎과 무릎 사이〉(이장호, 1984)가 대표적인 영화일 것이다. 1970년대 한국영화에 등장하는 정신과 의사와 환자의 관계는 상담자자─내담자의 라포 같은 것은 거의 느껴지지 않고 의사가 일방적이고 권위적으로 설명하고 지시하는 식으로 그려진다. 정신병원을 찾게 된 이유는 주로 성적인 문제인데, 주목할 점은 성적인 문제를 개인적인 과오로 귀결시키는 결론이다. 신경증의 주요 원인이 성적인 문제라는 것은 설득력 있는 가설로 받아들여지고 있지만, 문제는 이를 화면에서 구현하는 방식이 매우 그로테스크하다는 점이다. 성적인 문제로 인해 괴로운 사람의 증후를 치료하는 방식이 너무 위압적이다.

1970년대 정신병원에 대한 통념을 생각해보면 이해할 수도 있다. 미치광

이를 수용하는 곳이 정신병원이라는 선입견과 정신분열 환자를 강제로 입원시키는 일이 횡행한 시대였다. 이런 인식을 바탕에 두고 전개되는 1970년대 한국 멜로영화 속 정신병원을 보는 관객의 마음은 편하지만은 않다.

정신병원은 주인공의 이상 심리를 설명하거나 증명되지 않는 행동 요법을 처방하는 장소로 등장한다. 특히 평범하지 않은 성적 취향을 갖고 있거나 성적인 문제로 트라우마를 갖고 있는 사람들이 의지하는 인물로 정신과 의사가 등장한다. 지금 관점으로 보면 그들의 설명은 거의 설득력이 없다. 정신병원 장면에서 정신의학적인 근거는 어설퍼 보이고 영화의 서사를 전개시키기 위한 장치 정도로 보인다.

1970년대 한국 영화에서 상상한 이상한 성적 취향의 극단은 아마도 동성애일 것 같다. 현재의 관점으로는 이해하기 어렵지만 당대의 시각에서 보면 그렇다. 〈내일로 흐르는 강〉(박재호, 1996)부터 우회적으로 동성애를 수용한 〈번지점프를 하다〉(김대승, 2001), 독립영화계 흥행작 〈후회하지 않아〉(이송희일, 2006)까지 한국영화에서 동성애 계보는 이어져왔다. 그런데 이들을 훌쩍 앞서는 영화들이 1970년대 출현한 사실은 잘 알려지지 않았다. 〈화분〉(하길종, 1972)과 〈금욕〉(김수형, 1976)이 거기 해당된다. 신혼 3개월째 남편이 미군을 따라 미국으로 가출한 뒤 17년이 지나서 가족을 찾아온다는 파격적인 1960년내 영화 〈장미의 성〉(이봉래, 1968) 같은 작품이 있었지만 이 시기 동성애는 한국 멜로영화에서 일찍 도착한 이례적인 작품들일 수밖에 없었다.

〈장미의 성〉, 시대를 앞서 간 성도착 소재 영화

〈화분〉, 동성애 소재의 노골적인 수용

이효석의 장편소설『화분』을 각색한 〈화분〉은 하길종 감독이 외국에서 돌아와 처음으로 연출한 작품이다. 성공한 사업가 현마(남궁원)가 첩과 살림을 살고 있는 '푸른 집'으로 새로운 비서 단주(하명중)를 데려오면서 이야기가 시작된다. 이 집에는 현마의 첩 애란(최지희)과 그녀의 동생인 10대 소녀 미란(윤소라), 가정부 옥녀(여운계)가 있다. 플래시백 장면을 통해 현마와 단주는 동성애를 나누는 관계라는 것을 알 수 있다. 둘 다 옷을 벗은 채 안마를 해주는 모습이나 "너는 나 하나로 만족해야 해."라는 대사 등을 통해 둘의 관계는 구체적으로 제시된다. 현마는 단주의 스폰서이자 애인으로 동성애자의 정체성이 확고하지만, 단주는 가난한 환경에서 성공하기 위한 야망을 갖고 있는 청년으로 그의 성정체성은 모호하게 그려진다. 단주가 현마의 처제 미란과 하룻밤을 보내면서 이들 사이의 갈등은 파국으로 치닫게 되고 이야기는 매우 그로테스크하게 전개된다. 단주와 처제의 관계를 질투하는 현마가 단주를 감금하고 학대하면서 이야기는 종잡을 수 없는 점입가경의 지경에 이르게 된다. 결국 현마는 부도를 내고 사망하고 '푸른 집'에는 애란, 미란, 옥녀와 단주만 남게 된다. 실험적이고 표현주의적 특징이 있는 〈화분〉을 정치적 알레고리로 읽는 시각이 있는데, 그런 관점보다는 원작과 외국영화의 상관관계 속에서 바라보는 것이 필요할 것 같다.

〈금욕〉, 여성의 상처와 레즈비언 커플

　〈금욕〉은 당시로는 드물게 레즈비언의 소재를 다루고 있다. 〈화분〉보다
는 성 정체성을 애매하게 표현하고 있으나 레즈비언 관계라는 것은 명확하
다. 단지 1970년대라는 시대적 배경을 고려하면 애매하게 그릴 수밖에 없
는 것을 이해할 수 있다. 하지만 지금의 관점으로 다시 풀어 보면 너무나
명백한 레즈비언 관계가 구성된다. 집단 성폭행을 당한 영희(이영옥)는 그
트라우마에서 벗어나지 못한다. "전 더럽혀진 여자예요.", "전 이미 죽어버
린 여자예요. 여자로서 모든 꿈과 가치를 상실 당한 여자예요." 영희의 이
대사는 그녀가 스스로를 규정하고 행동하는 방식을 알려준다. 1970년대 한

국 멜로영화에서 '더럽혀진'이라는 수사는 다른 것에 앞서는 여성의 본질을 지시한다. 트라우마로 괴로워하던 영희는 우연히 패션 디자이너 노미애(한문정)을 알게 되고 그녀를 통해 자신의 문제를 해결해보고자 한다. 하지만 노미애는 '새도-매저키즘' 환자라는 정신과 의사의 진단을 받은 여자다. 정신과 의사의 말을 빌리자면, 결혼하자마자 시작된 남편(신성일)의 가학적 성적 취향에 괴로워하면서도 스스로 자기를 학대해버리는 그런 이름의 정신병에 걸린 특이한 여성이다. 이를 알려주는 정신과 의사의 말은 에코 효과와 함께 반복된다. "그런 이름의 정신병"이란 의사의 대사는 영화에서 계속 반복된다. 즉, 노미애도 정상은 아니라는 걸 거듭 상기시킨다. 레즈비언 성향의 여자를 정상으로 보지 않는 시대에 맞춘 연출, 혹은 퇴로였을 것 같다. 노미애는 영희를 만나고 구원의 실마리를 찾는다. 노미애와 영희의 성적 관계에 대한 이미지는 여러 번 화면에 노출된다. 노미애가 영희에게 마사지를 해주는 장면에서 영희는 성적 쾌감을 연상시키는 표정을 짓고 카메라는 이를 클로즈업한다. 1970년대 멜로영화에서 성적 장면을 표현하는 전형적인 방식이 여성의 얼굴을 클로즈업하고 신음소리 같은 사운드를 곁들이는 몇 개의 숏을 연결하는 것이다. 이런 컨벤션에 비추어볼 때 이 장면은 노골적인 성행위 묘사와 같다. 노미애가 영희의 몸에 바디 페인팅을 하는 것이나 심리 행동 치료를 한다면서 침대에 손발을 묶어놓은 모습 등은 내용을 떠나서 시각적으로 성적 행위 장면의 등가물로 보인다.

결론적으로 1970년대 한국영화, 혹은 멜로영화는 편견처럼 빈약하지도 않았고 충분히 다재롭고 매력적이며 이전 영화들이 보여준 가능성을 잇고 이후의 경향을 예비하는 나름대로 풍성한 서사를 펼치고 있다.

Chapter 2.
_____

1980
이장호 영화와
코리안 뉴웨이브

6.

집을 떠난 자, 길의 기억으로 남다
– 이장호의 1980년대 영화

이용철

떠도는 청춘들

이장호의 1980년대를 여는 〈바람불어 좋은 날〉은 세 명의 청년이 시골에서 상경하는 풍경, 그리고 서울에서 온갖 고생을 하는 노릇을 압축해 보여주는 것으로 시작한다. 거대한 빌딩 숲 아래 그늘에서 그들은 얻어터지고 소리를 지르는 와중에도 죽을힘을 다해 애쓴다. 그런데 오프닝 크레디트가 끝나고 나오는 첫 쇼트는 서울 변두리의 개발구역 사이에 자리한 작지 않은 크기의 교회이며, 이어지는 쇼트는 딱 봐도 100평이 넘어 보이는 2층

짜리 양옥이다. 이건 좀 이상하다. 그 집은 영화의 주요한 공간이 아니며, 세 주인공의 삶과도 별 상관이 없는 곳이기 때문이다. 김도향의 경쾌한 음악이 배경으로 흐르고 있지만, 당시 이장호는 준엄한 선언을 하는 중이다. '망치를 휘두르느라 손이 부르트더라도 은총은 너희에게 내리지 않을 것이며, 돌 사이로 물이 졸졸 흐르는 천국은 너희 보금자리가 아니다.' 그 선언을 증명이라도 하듯, 이어지는 장면에서 덕배(안성기)는 개만도 못한 취급을 받는다. 중국집 배달원인 그가 그릇을 회수해 가려고 하자, 그릇의 밥을 해치우던 셰퍼드가 으르렁거리며 막아선다. 그 집 아낙은 좋은 구경거리라도 난 양 웃으며 바라보다 "설거지 안 해도 되겠네."라며 야유를 보낸다. 덕배는 철문을 닫고 나오다 하늘을 향해 어설픈 개소리로 짖는다.

그는 집 안으로 들어가지 못한다. 〈바람불어 좋은 날〉

바야흐로 부동산 붐을 타고 전국의 땅이 파헤쳐지기 전, 세 주인공이 사는 주변에는 개발의 흔적들이 여기저기 널려 있다. 마을 곳곳에는 미래의 새집들을 짓기 위한 공터가 넘쳐난다. 길남(김성찬)이 좋아하는 미장원 시다를 보러 매일 찾아가는 지희 미용실 옆이 그러하고, 배달하던 덕배가 자동차를 피하려다 쓰러지는 곳도 그런 공터 중 하나다. 세 청년이 포장마차에서 술을 마신 뒤 어김없이 오줌을 갈기는 곳은 공사가 한창인 도로 옆 도랑이다. 언덕 위에서 보면 곳곳의 땅을 파헤친 풍경이 더 확연하게 드러나고, 사람들은 시멘트 하수관과 육중한 건설 장비가 골목 곳곳에 쌓여 있는 공터 곁을 아무렇지 않다는 듯이 지나다닌다. 그 와중에 연립 주택 분양을 광고하는 포니가 툴툴거리며 지나가는 모습은 왠지 우스꽝스럽다. 영화가 시작하고 끝나기 전까지 계속 이런 광경을 보노라면, 온 세상이 곧 집으로 채워질 것 같은 느낌이 든다. 기실 그 느낌은 시간이 흐르면서 느낌이 아니라 현실로 이루어졌다. 2020년을 기준으로, 전국 주택보급률은 103.6%이며, 서울과 수도권을 제외하면 대개 110%를 넘나든다. 모든 가구가 주택을 소유하진 못했어도 국토 전체를 집으로 채우는 데는 성공한 셈이다.

1970년대와 1980년대는 그런 세상을 향해 돌진하던 시기의 초입에 해당한다. 그런 시기에 개발을 서두르는 동네에 살면서도 춘식(이영호)과 덕배, 길남은 집 한 채를 갖겠다는 말을 한 번도 입 밖으로 꺼내지 않는다. 일하는 여관, 중국집, 이발소의 한 귀퉁이에서 숙식을 해결하는 그들은 집이 우선적으로 소유해야 할 대상이 아닌 것처럼 군다. 그들은 집보다 미래에 이룰 소박한 꿈을 더 자주 이야기한다. 영혼을 끌어모아 집을 산다는 요즘 젊은 세대가 보면 이상하다고 여길지도 모르겠다. 변두리 집이라면 천만 원이 안 되는 돈으로 사고도 남을 시기인데, 왜 돈을 모아 집을 안 산단 말인가. 〈바람불어 좋은 날〉의 세 청년이 집이라는 단어를 말하지 않는 이유로 대략 몇 가지를 들 수 있다.

첫째는, 실제로 그 시기의 20대는 주택을 소유하기엔 이른 나이라고 여기며 살았다. 결혼할 때 집을 소유한다는 건 아주 특별한 경우라고 생각할 때였다. 집을 각별히 생각하지 않으니 욕망하지 않고, 당연히 행동으로 이어질 일은 없다. 즉, 당장 필요한 일도 없는데 집을 희망하거나 마련하는 일에 신경을 쓸 겨를이 없었다.

둘째, 〈바람불어 좋은 날〉은 사회와 계급에 관한 신랄한 풍자극이면서 동시에 쓰라린 로맨스에 관한 영화이기도 하다. 순진한 시골 청년들은 각기 좋아하는 여자가 있는데 셋 다 여지없이 실패를 맛본다. 부잣집 여자는 풋내기 사랑을 놀잇감으로 대하다 버리고, 가난한 여자들은 눈앞의 급박한 형편을 챙기느라 사랑에 한눈을 팔 겨를이 없다. 그러니 가난한 청춘들의 사랑 이야기에 집 문제는 언감생심 호사일 뿐이다.

세 번째, 가장 중요한 이유는 젊은이의 순수성에서 찾아야 할 것이다. 국책(國策)으로 경제개발이 이십 년 가까이 진행되고, 돈을 밝히는 사람들이 부지기수로 생겨났을 때지만, 다수의 가난한 자들이 인심으로 서로를 도닥이던 시기였다. 그런 시기에 남의 재산을 착취해서 돈을 버는 행위는 '악한' 것으로 판단됐다. 적어도 젊은이의 시선이나 태도는 그러할 때였으니, 영화의 태도 또한 그들의 편에 선다.

〈바람불어 좋은 날〉에는 부동산 붐을 타고 돈을 버는 계층과 재산을 갈취당한 계층을 상징하는 두 인물이 등장한다. 김회장(최불암)은 밑바닥에서 시작해 부동산 경기를 등에 업고 마을의 큰손이 된 인물이다. 그는 남들이 뒤에서 손가락질하는 것쯤은 신경 쓰지 않는다. 어차피 누군가 해야 하는 일을 자기가 한다는 말은 사실 변명에 불과하다. 김회장의 반대편으로,

동네 사람들에게 미친 영감 취급을 받는 노인이 있다. 그의 가족은 한때 그 땅에서 농사를 지었는데, 김회장이 노인의 아들에게 사기를 쳐서 땅을 빼앗았던 것. 때때로 노인은 마을을 찾아와 "내 땅을 내놔라."라고 고함을 쳐보지만 헛일이다. 노인의 이웃이었던 남자는 '불과 몇 년 전엔 농촌이던 그 지역의 인심 좋았던 시절'을 회고한다. 결국 자살을 선택한 노인의 쓸쓸한 죽음과 장례를 뒤따르는 건 세 청년이다. 그들은 거들먹거리는 김회장에게 잘 보여 부동산 하나 마련해보려는 사람들과 거리가 멀다. 얼핏 보기에 부동산에 대한 욕망이 없는 것 같은 그들은 덜 오염된 인물일 따름이다.

가혹한 상황은, 세 청년이 떠나온 시골의 집으로 돌아가지 못한다는 데 있다. 춘식을 따라 서울로 온 동생(임예진)은 "이제 촌엔 젊은 것들은 하나도 없다."라고도 푸념한다. 그런 시골집으로 유일하게 돌아가는 건 길남인데, 그것도 입대 전 어머니에게 인사를 드리기 위함이다. 태어난 터를 떠난 청춘들에게 막상 시골집을 대체할 만한 공간은 부여되지 않는다. 그들이 길 위를 떠도는 배경에는 그런 상황과 정서가 놓여 있다.

이장호의 다음 작품 〈어둠의 자식들〉(1981)에서 안성기가 맡은 태봉의 신세는 더 열악해졌다. 원래 도둑질을 특기 삼아 감방을 들락거렸던 그는 근래 감방을 나온 후로는 창녀촌에 빌붙어 사소한 일거리를 처리해주며 산다.

〈바람불어 좋은 날〉의 결말에서 덕배는 권투선수의 꿈을 꾸며 새벽 도로를 달리는데, 태봉의 처지는 덕배에게 그런 일이 일어날 리가 없다고 말하는 듯하다. 두 영화 외에도 1980년내 초반에 안성기는 출연한 여러 영화에서 계속 집 바깥을 떠돈다. 〈만다라〉(임권택, 1981), 〈꼬방동네 사람들〉(배창호, 1982), 〈안개마을〉(임권택, 1982), 〈고래사냥〉(배창호, 1984)이 그러한 작품들이며, 〈난장이가 쏘아올린 작은 공〉(이원세, 1981), 〈오염된 자식들〉(임권택, 1982), 〈적도의 꽃〉(배창호, 1983)에서는 설령 집이 있더라도 행복한 처지를 누리진 못한다. 슬프게도, 이러한 형세(形勢)는 이장호가 1980년대에 만든 영화의 인물에게 반복되곤 했다.

뜨거운 지붕 아래 집

1960년대에 김승호가 아버지 역할로 나오던 가족 멜로드라마는 1970년대를 지나면서 점점 영역을 잃어버렸다. 이것은, 경제적으로 풍요하지 못하던 시절에도 애정과 믿음으로 지탱되던 가족이라는 공동체가 점차 가치를 상실했음을 뜻한다. 아버지는 직장과 술자리로 집에 있을 겨를이 없고, 어머니는 부동산 활황 틈을 타 바람을 몰고 다니고, 아이들조차 공부를 이유로 귀가하는 시간이 뒤로 늦어졌다. 가족의 해체라는 말이 흔히 사용되었으며, 시간이 흐르면서 결혼과 출산의 필요성이 낮아졌다. 〈팔도강산〉(배석인, 1967) 같은 영화가 가족영화를 유지하던 시기를 지나, 1970년대와 1980년대의 가족영화가 온기를 잃게 된 것은 당연한 일이다. 그 가운데 이장호의 〈무릎과 무릎 사이〉(1984)가 있다.

동시대에는 성애영화로 받아들여졌고, 지금도 가족영화의 측면에서 읽히는 작품은 아니다. 그런데 이 영화에서 제일 흥미로운 인물은 주인공 자영(이보희)이 아니라 그의 어머니(태현실)다. 그의 어둡고 불안한 성격은 이 영화를, 마르코 벨로키오나 피에르 파올로 파솔리니가 연출한 불편한 가족영화의 일족으로 만든다. 벨로키오나 파솔리니처럼 가족이 악마라는 듯이 묘사하는 데까지 도달하지는 않았지만, 〈무릎과 무릎 사이〉의 음습한 에너지는 생각보다 강렬하다. 몸 안에 도사린 이물감으로서의 가족, 그게 이장호에게 악마였을까.

심리학이 그리 발전하지 않았던 시대의 유물은 영화에 오랫동안 흔적을 남겼다. 인물의 심리에 조금이라도 이상이 있으면 과거의 특정 사건에서 명쾌한 원인을 찾아낸다는 식이 대표적인 예다. 〈무릎과 무릎 사이〉는 자영의 성욕을 화두로 삼는다. 그의 성욕을 치료되어야 할 일종의 정신 질환처럼 다루는 영화에서 주로 거론되는 과거사로는, 어릴 적 외국인 음악 선생과의 비밀스러운 관계와, 어머니가 성장기의 딸을 대하던 유별난 방식이 주목된다. 기실 원인이 무엇이든 중요한 발견은 아니며, 여성의 성적 행동에 무언가를 찾아내면 이상하다고 판단하는 행태는 요즘 영화에서도 여전하다.

예를 들어, 야마자키 유타카의 〈토르소〉(2009)에서 여성이 남성의 토르소에 집착하면 그걸 또 심리적으로 접근한다. 〈무릎과 무릎 사이〉에서 제기되어야 할 유일한 문제점이 있다면 자영을 연속적으로 겁탈하는 한국 남성의 폭력성인데, 영화의 시선은 성적 충동을 억누르지 못한 자영이 유혹했다는 쪽으로 연결된다. 영화의 끄트머리에서 이런 왜곡된 부분에 대해 의사(이장호)의 언어를 빌려 설명하고 있으나, 자영이 줄곧 육체와 정신에 상처를 입은 후라 의사의 위로는 그리 동의를 구하지 못한다.

신경쇠약 직후의 여자 〈무릎과 무릎 사이〉

다시 말하거니와, 이 영화에서 불화(不和)하는 주체는 어머니, 그리고 그가 만들어내는 상(像)이다. 자영은 어머니의 결벽성이 자신의 타락을 기다리는 것 같다고 대들면서 "어머니에게 반항하고 싶어 겁탈에 저항하지 않았다"고 외친다. 자영이 겁탈을 당할 때마다 찾는 건 가족과 집이 아니라 남자 친구(안성기)다. 물론 이전의 한국영화에서 문제적 어머니상이 없었던 것은 아니기에, 태현실이 연기한 어머니는 그런 인물들의 전형적인 특징들을 집결해놓은 인물 정도로 파악될 수 있다. 단, 시간적으로, 한국영화속 고전적인 혹은 한국적인 어머니상이 형성된 이후에 등장했다고 해서 자영의 모를 모던한 인물로 취급할 수는 없다. 그는 고전적 인물에 반(反)하거나 맞서는 인물이라기보다, 이전에 잘 드러나지 않았던, 혹은 표현되지 않았던 또 하나의 인물상이라고 보는 게 맞다.

굳이 비교하자면 〈사랑방 손님과 어머니〉(신상옥, 1961)에서 최은희가 연기했던 어머니와 정반대의 성격을 지닌 인물인데, 전자를 선한 어머니상의 대표격으로 본다면, 후자는 독한 어떤 것, 악한 어떤 것으로서의 어머니의 느낌에 가깝다. 근래 드라마나 영화에 와서는 흔해진 어머니상인데, 이장호의 다른 1980년대 영화에서도 자영 모의 영향 아래 놓인 인물을 여럿 발견하게 된다.

이장호의 영화를 포함해 이 시기의 한국영화에서 여성은 두 가지의 부류로 나뉜다. '결혼해 남편에게 의존하는 여자'와 '뚜쟁이에게 걸려 몸을 파는 여자' 어느 경우에도 한 여성의 존재는 남자와의 관계에 따라 규정된다. 자영 모는 딸이 평범한 아내로 살기만을 바라는 것처럼 보인다. 그가 지나친 결벽성으로 딸을 대하는 데는 이유가 있다. 그 자신이 첩의 딸이며, 자기 남편 역시 첩과 딸을 두었다. 자연스레 성과 가족에 대한 불편한 인식을 지닌 그는 미래의 해결책으로 딸의 일거수일투족을 단속한다. 〈무릎과 무릎 사이〉는 치료를 마친 자영이 남자 친구와 걸어가는 모습으로 끝난다. 영화는 평안을 얻은 자영을 희망하겠으나, 자영이 자기 어머니와 다른 삶을 살 수 있을지는 의문이다. 〈바보선언〉(이장호, 1984)에서 가짜 여대생 혜영(이보희) 곁을 맴돌던 똥칠(김명곤)은 어느 날 그를 납치하고 만다. 똥칠의 실수로, 둘은 택시 뒷좌석에서 정신을 잃고 잠에 빠진다. 꿈에서 똥칠은 부잣집 딸인 혜영의 집으로 입성한다. 모두 그에게 굽신거리고, 그는 처가의 극진한 대접 아래 경영자로 행세한다. 혜영의 꿈은 반대다. 결혼해서 아이를 낳고 평범하게 살던 그는 교회에서 나오다 거지 똥칠을 바라본다. 현실의 혜영은 반대의 삶을 산다. 그는 창녀촌에서 몸을 판다. 그는 〈어둠의 자식들〉의 영애(나영희)와 같은 처지다. 한국영화는 더럽혀진 그들에게 아이와 가족을 절대 허락하지 않는다.

구원을 구하는 자에게 길은 멀다. 〈과부춤〉

　반대로, 결혼해 아이를 둔 여성의 삶의 비전이라고 해서 밝은 건 못 된다. 그게 〈과부춤〉(1984)에서 이장호와 작가 이동철이 내놓은 대답이다. 말숙(이보희)에게 결혼은 빈곤한 현실에서 벗어나게 해줄 수단이다. 그는 결혼이라는 수단과 계속 관계를 맺는다. 일본인 유부남과 사귀었으나, 그는 아이만 남겨두고 일본으로 떠났다. 아이는 오빠 가족에게 내팽개친 채, 그는 남자를 찾으려 일본으로 가기 위해 위장 결혼이라는 방법을 택한다. 원하는 걸 얻지 못하고 돌아온 그는 결혼상담소장과 짜고 부유한 재일교포 미망인 노릇을 하다 철창신세를 지게 된다. 말숙은 가난한 현실을 버려야 할 대상으로 파악하는 인물로서, 결혼을 통해 가난에서 탈피해 근대적인 삶을 꿈꾸는 여성이다. 그의 그러한 태도가 그 시대의 특징적 언어인 '가족의 해체'를 초래하는 과정이 영화 내내 다뤄진다. 출옥 후 또 다른 남자와 살림을 차렸으나, 종교에 빠져 광신도가 되어버린 그에게 가족과 집은 뒷전이다. 말숙과 반대로, 힘겨운 가난 속에서 성실하게 사는 올케(박원숙)에게도 가족은 무거운 짐이다. 새벽 4시30분에 일어나 청소부로 일하는 남편의 아침밥을 해 먹이고, 쪽방을 세놓아 푼돈을 마련해보지만, 돌아온 것은 남편의 죽음이다. 〈과부춤〉은 가난한 아낙네들의 소박한 공동체를 비추는 것으로 끝나는데, 그 공동체의 힘은 미약하다. 판자촌 너머로 이미 진행되고 있는 재개발의 열풍이 그들의 집 앞으로 밀어닥치면, 그들은 살 곳을 찾아 터전을 떠나야 할 것이다.

길에는 끝이 없다

집을 떠난 자들, 떠나야 했던 자들에게 주어지는 건 길밖에 없다. 그것을 일찌감치 알려준 작품이 〈삼포 가는 길〉(이만희, 1975)이다. 같이 살던 여자가 쥐약을 먹고 죽은 뒤, 영달(백일섭)은 공사판을 전전하며 산다. 일감은 떨어졌는데 돈은 바닥나고, 사고를 친 뒤 도망친 그는 눈 쌓인 벌판에서 정씨(김진규)를 만난다. 집을 떠난 지 10년, 감옥에서 나온 그는 고향 바닷가 마을 – 삼포로 가는 길이다. 그들은 술집에서 도망친 백화(문숙)와 추운 겨울길에 동행하게 된다. 정씨는 고향에 간다지만, 막상 그들에게 정해진 목적지는 없다. 영달 말대로 "어디로 갈 것이냐?"가 문제다. 실제 눈이 겹겹이 쌓인 벌판과 길에서 찍은 영화를 보노라면 이가 시리다. 그들의 형편은 백화의 가방에 든 물건들이 다 말해준다. '돈은 한 푼도 없고, 색 바랜 만화책, 짝 잃은 화투, 헌 속치마, 고무줄이 떨어진 속옷'. 〈삼포 가는 길〉은 초라한 존재들의 이야기이고 배경은 차디찬 겨울이지만, 길 위에 동행하는 자가 있어 정서는 훈훈하다. 티격태격하던 그들이 서로 길동무가 되어가고, 애틋하면서 따뜻한 이야기를 토해낸다. 그러나 가야 하는 길은 하나가 아니기에, 동행은 끝을 맞는다. 팔도 유랑을 해보자던 백화의 말은 공허한 약속으로 끝난다. 그들의 운명을 말해주는 장면이 있다. 셋은 빈집에 들렀다 건너편 마을을 본다. 초저녁 연기를 피우는 집들 몇 채를 바라보던 그들의 표정이 갑자기 변한다. 그것은 슬픔도 아니고 그리움도 아니다. 가질 수 없는 대상이라도 되는 양 그것을 빈속으로 하염없이 바라본다. 집은 그들의 몫이 아니다.

길은 우리의 것. 〈삼포 가는 길〉

1970년대 세계 영화의 풍경에서 길은 낯익은 대상이다. 뉴아메리칸시네마는 작정하고 길의 영화를 찍은 경우다. 밥 라펠슨, 제리 샤츠버그, 마이클 치미노, 할 애쉬비, 테렌스 맬릭 등의 영화에서 (특히) 남자들은 길 위를 하염없이 걷는다. 그들은 집을 떠났거나 집이라는 존재 없이 사는 떠돌이들이다. 뉴저먼시네마의 빔 벤더스는 1980년대를 지나면서까지 길 위를 방황했다. 그러다 1980년대 들어 주류 할리우드의 풍경은 변화를 맞이한다. 〈크레이머 대 크레이머〉(로버트 벤튼, 1979), 〈보통 사람들〉(로버트 레드포드, 1980), 〈애정의 조건〉(제임스 L. 브룩스, 1982)이 줄줄이 미국 아카데미에서 작품상을 받았다. 그러한 경향에 대한 비평과는 별개로, 다시 가족과 가족의 문제로 돌아와 이야기해야 한다는 분위기가 형성되었다. 그런 분위기는 1990년대 이후 할리우드 가족 드라마와 코미디의 부흥으로 이어졌다. 하지만 한국의 주류 영화가 가족으로 되돌아가는 일은 드물었다. 이장호에게 〈삼포 가는 길〉은 1970년대의 마감이 아니라 1980년대로 이어진 길처럼 보였던 것일까. 집을 떠나 헤매던 남자, 집에서 비극을 통과했던 여자가 이윽고 만나는 영화로, 이장호의 길의 영화는 정점을 맞는다. 1980년대 한국사회가 분수령에 올랐던 1987년, 이장호는 이제하의 원작을 바탕으로 한 〈나그네는 길에서도 쉬지 않는다〉를 찍는다.

눈이 내린 겨울, 길을 떠난 남자와 여자가 만난다는 이야기는 같지만 〈나그네는 길에서도 쉬지 않는다〉는 〈삼포 가는 길〉이 아니다. 훈훈한 온기가 녹은 자리에 건조한 정서가 자리 잡은 것쯤은 큰 차이랄 것도 못 된다. 두 영화의 가장 큰 차이는 리얼리즘의 거취에 있다. 정확하게 말하면, 〈나그네는 길에서도 쉬지 않는다〉는 대다수 한국영화의 리얼리즘에서 벗어난 작품이다. 이제하 원작의 환상성을 어떻게 표현해내느냐가 이장호에겐 큰 숙제였을 터. 그는 그간 자기 영화에서 환상성을 표현하던 방식과도 작별을 고했다. 리얼리즘 계열의 영화를 만들어온 이장호가 이야기 도중에 간혹 환상 신을 보여줄 때가 있나. 〈어둠의 자식들〉에서 영애가 아픈 아기를 곁에 두고 잠을 자다 꿈을 꾼다. 조명이 붉게 변하고, 비몽사몽 간에 그의 눈앞으로 남편이 등장한다. 죄를 지어 끌려간 뒤로 보지 못했던 남편은 죽은 모양 하얀 복장으로 나오는데, 그의 손에 아기가 안겨 있다. 아기의 죽음을 예감한 영애는 소리를 지르다 꿈에서 깨어난다. 이어 곁에서 폐렴으로 죽은 딸을 발견하고 오열한다. 〈과부춤〉에서 말숙의 올케가 남편의 죽음을 예감하는 꿈 장면도 다르지 않다. 앞서서 멀찍이 걸어가던 남편이 낭떠러지 아래로 떨어진다. 현실에 깊숙이 뿌리 박은 환상의 표현인데, 장르로 치면 호러적인 환상성이다. 이장호에게 환상성이란 그런 것이었으며, 현실을 벗어나거나 포장하는 그런 환상성은 그의 영화에 없었다.

그런 측면에서 〈나그네는 길에서도 쉬지 않는다〉의 환상성은 이전 작품의 그것과 완전히 다르다. 이 작품에서 이장호는 현재는 세피아 톤, 플래시백은 푸른 톤의 모노크롬으로 처리했다. 환상 신에서 붉은색 필터 정도를 사용했던 앞선 방식과 비교해보면, 영화 내내 모노크롬을 끌어들인 이 영화 전체가 환상성을 띤 게 아닌가 싶다. 전편 모노크롬의 톤 자체로 몽환적인 분위기를 제공하는 것이다. 순석(김명곤)은 3년 전에 죽은 아내의 뼛가루를 바다에 뿌리려 속초에 도착한다. 마뜩잖은 이유로 그 또한 길 위에 서는데, 이상하게 길을 쉬려고 할 때마다 어김없이 죽음과 맞닥뜨린다. 그와 몸을 가까이한 여자들이 하나씩 세상을 떠나고, 그는 며칠 전 본 간호사 미세스 최(이보희)와 재회한다. 일찍이 최는 무당으로부터 전생의 남편에 대해 들었는데, 그는 관(棺) 셋을 짊어진 남자라고 했다. 기이한 이야기, 의식의 흐름과 시간의 흐름 사이에서, 인물들이 죽음의 꿈에 휩싸여 머무는(혹은 방황하는) 듯한 인상을 준다. 그렇다면 모노크롬은 죽음을 짓는 컬러인가.

관 셋을 짊어진 남자. 〈나그네는 길에서도 쉬지 않는다〉

장 뤽 고다르의 〈알파빌〉(1965)에서 형사 레미 코숑(에디 콘스탄틴)은 알파60의 지배를 받는 알파빌에 파견된다. 알파60의 설계자이자 알파빌의 지배자인 폰 브라운 교수의 딸 나타샤(안나 카리나)와 만난 코숑은, 알파빌 사람들의 표정이 우울하다고 말한다. 감성적이고 인간적인 행동을 하면 사형을 당하는 곳 알파빌. 이장호의 눈에 진보와 개발의 명목 아래 인간성을 상실한 체제인 알파빌과 1980년대의 한국은 별반 다르지 않았을 것 같다. 그의 1980년대 영화에 등장하는 인물들의 표정이 하나같이 우울한 것이 한 방증이다. 그 시간에, 그 세계에 살던 자들은 자신의 얼굴이 그렇게 보인다는 것을 알지 못했지만, 이장호는 그것을 알고 있었다. 폐쇄 사회였던 한국에서 이장호는 영화를 빌려, 강요당한 정상성에 기억하는 인물들을 그렸다. 무엇이 어둠을 빛으로 바꾸는지 아느냐는 질문에 코숑은 시(詩)라고 답한다. 1980년대를 통과하며 암울한 사회에 대한 자신의 대답을 전했던 이장호는 마침내 도착한 것 - 〈나그네는 길에서도 쉬지 않는다〉에서 시를 썼다. 원작이 소설이라는 게 아이러니하지만, 독특한 서사를 지닌 원작처럼, 평범한 서사와 이야기하기의 방식을 따르지 않은 영화는 시의 길을 걷는다.

영화는 도입부의 장면을 후반부에 똑같이 반복한다. 미세스 최는 전생의 남편인 순석과 어느새 함께 살기로 한 모양이다. 남자가 집이라도 장만하려면 맞벌이라도 해야 한다고 말하자, 여자는 벌써부터 그런 소리냐고 대꾸한다. 보통의 멜로드라마라면 별 의미 없는 대사일 테지만, 이장호의 영화에서 이건 저주 어린 악마의 대화다. 순석은, 이장호의 1980년대 영화에서 여자와 살림을 꾸릴 집을 꿈꾸고 입 밖으로 내뱉은 첫 남자로 남는다. 마찬가지로, 미세스 최는 이장호 영화의 여자들에게 파멸의 공간인 집으로 감히 돌아가기를 꿈꾼 여자로 남는다. 자, 여기서 질문하자. 그것이 왜 저주이며, 그것이 왜 죄인가. 앞서 나온 장면에서 순석은 미세스 최와 관계를 가지려다 "안 돼, 길에서 이러면 당신도 죽을지 몰라."라며 멈춘 바 있다. 이미 그 사실을 깨달았으면서 그는 왜 잘못을 자기 입으로 저지른 것일까. 아마도 그는 평범한 자의 행복을 꿈꾸었을 것이다. 평범한 영화, 여타의 멜로드라마라면 그와 미세스 최의 행동에는 잘못된 것이 없다. 그러나 이장호의 1980년대 영화의 인물들에게 길 위에서 멈추는 행동은 허용되지 않는다. '길 위에서 멈추는 자, 죽으리라.' 그러니까 이장호의 인물들은 죽지 않으려고 그렇게 떠돌았던 것이다. 또한, 교회와 성경을 매 영화마다 보여주었음에도, 미세스 최가 무당의 짐을 이어받는 순간 종교적 구원마저 실패한다. 결국 무당이 돼 굿판에서 덩실대는 미세스 최를 보며 순석이 내지르는 비명은 자신에게로 향한다. 그는 드디어 알게 된 것이다. 길에는 끝이 없다. 길은 길로 이어질 뿐이다. '집을 떠난 자, 다시는 집으로 돌아가지 못할 것이다.' 그것이야말로 이장호의 1980년대 영화가 보내는 전언(傳言)이다.

7.

사랑과 영화
- 배창호의 멜로드라마와 신승수의 로맨틱코미디

성진수

1980년대 한국 영화는 휴업 중?

드라마 〈응답하라 1988〉(신원호 연출, 이원호 극본, tvN 2015년 11월 6일~2016년 1월 16일) 첫 회는 그 시절 영화에 관한 에피소드로 시작한다. 〈빽 투 더 퓨쳐〉를 시작으로 〈다이하드〉, 〈라밤바〉, 〈인디애나 존스〉, 〈유 콜 잇 러브〉, 〈투 문 정션〉, 〈탑건〉, 〈어른들은 몰라요〉, 〈철수와 미미의 청춘스케치〉 등 총 33편의 영화 포스터가 빠르게 스쳐 지나가는데, 그 끝을 장식하는 영화는 "남녀를 불문하고 그 시절 청춘들이 사랑했던 단 한편의 영화" 〈영웅본색 2〉(오우삼, 1988)이다. 1988년이 배경인 영화 〈서울대 작전〉(문현성, 2022)의 초반부에 정치인 비자금 운반책을 선발하는 '비밀스러운' 테스트가 서울 시내에서 펼쳐진다. 참가자들이 대한극장 앞에 모이자 한 여성이 극장 앞에 나와 영화 제목을 크게 외친다. 〈로보캅〉, 〈탑건〉, 〈더티 댄싱〉, 〈투 문 정션〉, 〈라밤바〉. 영화 제목 하나를 외칠 때마다 해당 영화 표를 가진 참가자가 나와 영화 필름을 담는 커다란 캔을 받고, 곧 참가자들의 차가 목표지점을 향해 달리기 시작한다. 1980년 배경 영화 〈스카우트〉(김현석, 2007)에서 고교야구 최고 투수 선동렬을 스카우트하기 위해 광주에 온 대학 야구부 코치 이호창(임창정)이 짝사랑 하는 후배인 김세영(엄지원)과 오랜만에 만나는 다방에는 성룡의 영화 〈사형도수〉(원화평, 1979)의 포스터가 붙어 있다. 영화 〈써니〉(강형철, 2011)의 그 유명한 시위대와 진압경찰이 충돌하는 장면의 배경에는 피카디리 극장과 거기에 걸린 〈록키 4〉(실베스터 스텔론, 1987)의 그림 간판이 스쳐 지나간다.

복고, 레트로, 뉴트로 무엇으로 불리든 과거를 배경으로 하는 작품들은 그 시절을 지시하는 수단으로 영화, 드라마, 음악 같은 대중문화를 자주 이용한다. 1980년대 배경인 위 네 작품도 예외가 아니다. 이 영화들은 당대를 대표하는 영화를 과거를 불러오는 주문으로 사용한다. 그런데 이는 의도치 않게 당시 유행했던 영화 리스트를 넘어 1980년대 한국 영화의 풍경까지 회고하게 한다.

1988년 한국 사람들이 가장 사랑했던 영화가 〈영웅본색 2〉였을까? 서울 개봉관 기준 26만 여 명의 관객이 관람한 〈영웅본색 2〉는 1988년 개봉한 외국영화 중 흥행 8위였다. 1988년에 한국영화와 외국영화를 통틀어 가장 많은 사람들이 본 영화는 〈다이하드〉(존 맥티어넌, 1988)이고, 두 번째로 많이 본 영화는 〈로보캅〉(폴 버호벤, 1987)이었다. 서울 개봉관 기준이기는 하지만, 〈영웅본색 2〉는 가장 많은 사람이 본 영화는 아니었다. 그렇지만 1988년 한국영화연감은 이렇게 기록하고 있다. "1988년에는 〈영웅본색〉의 주윤발이나 장국영, 〈천녀유혼〉의 왕조현 등이 미국이나 유럽배우들의 인기를 앞지르며 국내에서 인기스타의 자리를 차지할 만큼 홍콩영화의 인기가 치솟았다."[57] 1988년 대중문화를 상징하는 영화로 〈영웅본색〉을 선택한 드라마 제작팀의 결정은 상당히 객관적인 근거가 뒷받침 된 선택이었던 셈이다. 〈서울대작전〉에서 명백하게 요란스러운 그 테스트 방법은 왜 비밀스러울 수 있었을까? 필름을 극장에서 극장으로 긴급하게 배달하는 일이 당시에는 특별한 일이 아니었기 때문이다. 지금과 비교하면 당시 영화의 상황은 상상 이상으로 열악했다. "전국에 프린트 여섯 벌을 떠서 배급하는"[58] 시대였다. 영화 〈스카우트〉의 다방 장면에서 임창정이 연기한 이호창이 〈사형도수〉의 포스터를 보고 "저거 이제 하는 거야, 여기서? 늦네. 서울에서는 벌써 했는데."라고 말했던 이유도 이 때문이다. 겨우 몇 벌의 상영 필름으로 전국 극장을 돌며 상영하고 있으니 지방에서는 서울보다 몇 개월 혹은 1년 늦게 영화를 볼 수밖에.

영화 〈써니〉가 정확하게 밝히고 있지 않지만 〈록키 4〉의 간판 덕에 우리는 그 영화가 회상하는 과거의 연도를 추정할 수 있다. 〈록키 4〉는 한국에서 1987년에 개봉한 영화다. 1987년 한 해 동안 실베스터 스텔론이 출연한 영화가 무려 세 편이나 개봉했다. 〈록키 4〉, 〈코브라〉(조지 P. 코스마토스), 〈오버 더 톱〉(메나헴 골란). 실베스터 스텔론과 함께 1980년대 액션 스타로 군림했던 아놀드 슈왈제네거의 영화 〈프레데터〉(존 맥티어넌), 〈러닝 맨〉(폴 마이클 글레이저), 〈고릴라〉(존 어빈)도 모두 1987년 한 해에 개봉한 영화들이다. 1980년대 할리우드가 근육질의 강건한 육체를 가진 '하드 바디' 스타들의 전성시대였다는 영화학자 수잔 제퍼드의 주장[59]이 태평양 건너 한국에서도 증명되고 있는 셈이다. 이처럼 1980년대 배경인 영화와 드라마는 표면적으로 재현한 것보다 더 많은 시대의 진실을 부지불식간에 드러낸다. 네 편의 작품 속에 재현된 영화의 풍경이 은밀히 말하고 있는 마지막 현실이 하나 더 있다. 〈응답하라 1988〉, 〈서울대작전〉, 〈스카우트〉, 〈써니〉가 재현한 1980년대 한국의 영화 풍경에는 한 가지 공통점이 있는데, 그것은 이 작품들이 중요하게 소환한 그 시절의 영화 중에 한국 영화가 없다는 것이다.

가장 직관적인 방법, 통계를 통해 당시 한국 영화의 상황을 살펴보자.

'12,164,830 vs. 40,065,694' 그리고 '23 vs 77'

이 숫자는 1988년 한국 영화와 외국 영화의 관객 수, 그리고 그 비율이다.[60] 한국 영화를 본 관객은 전체의 23%에 불과했다. 영화 편수에도 큰 차이가 있었는데 1988년 한 해 제작된 한국 영화는 87편(한국영화연감 제작 편수 기준), 수입된 외국 영화는 176편(한국영화연감 공연윤리위원회 수입 허가 기준)이었다. 1987년 영화수입자율화가 실시된 이후 누구나 외국 영화를 들여올 수 있게 되면서 수입 영화의 숫자가 현저하게 증가한 결과였다. 영화 편수의 큰 차이를 고려하면 영화 관객의 비율도 당연해 보인다. 그러나 한국 영화와 외국 영화의 관객 비율이 반드시 영화의 숫자와 비례

하는 것은 아니었다. 영화수입자율화가 실시되기 전, 그러니까 국가가 한 해에 수입할 수 있는 외국 영화의 수를 제한했던 1984년의 통계를 보자.

'58 vs. 26' 그리고 '38 vs. 62'

첫 숫자들은 한 해 상영된 한국 영화와 외국 영화 편수이고, 두 번째 숫자는 그 영화를 본 관객 비율이다. 1984년 한 해 동안 개봉한 한국 영화는 외국 영화의 두 배가 넘는 58편이었지만, 극장을 찾은 관객의 62%는 26편에 불과한 외국 영화에 몰렸다. 1980년대의 한국 대중들은 한국 영화를 그다지 즐겨 보지 않았다. 21세기에 만들어진 위의 네 작품은 한국 영화를 작품 속에 직접 재현하지 않음으로써 아이러니하게도 그 시절 한국 영화의 현실을 사실적으로 재현한 셈이다.

1988년 한국 영화의 현황을 정리하는 글에서 영화 · TV 평론가 임영은 다음과 같이 서술하고 있다.

"한국영화에 대한 관객의 외면은 여전하여 몇몇 영화에 대한 돌연변이적 관객의 쇄도를 제외 하고는 태반의 한국영화가 모두 개점휴업상태로 개봉관에 간판은 걸렸으나 관객이 없는 극장공간으로 화해버려 뜻있는 영화인들에게 깊은 반성을 강요했다."[61]

'개점휴업상태'. 그것이 1980년대 한국 영화의 현실이었다. 그렇지만, 임영도 밝혔듯이 '돌연변이적 관객 쇄도' 현상을 불러온 한국 영화들이 있었고 그 일련의 사건이 질식하기 직전인 한국 영화의 숨통을 틔워주었다.

배창호 : 마지막으로 도착한 멜로드라마

1982년 〈애마부인〉(정인엽), 1984년 〈고래사냥〉(배창호), 1985년 〈깊고 푸른 밤〉(배창호), 1986년 〈어우동〉(이장호), 1988년 〈매춘〉(유진선). 서울 개봉관에서만 30만 명 이상 관객을 동원한 이 영화들이 앞서 말한 '돌연변이적 관객 쇄도'의 주역들이었다. 이 영화의 면면은 1980년대를 왜 '성애영화' 전성시대라 부르는지 알려준다. 그렇다면 이 영화 리스트에서 '성애영화'에서 비껴 있는 두 영화 〈고래사냥〉, 〈깊고 푸른 밤〉은 당시 한국 영화 '돌연변이' 중의 '돌연변이'인 셈이다. 두 영화를 만든 감독 배창호의 출현 또한 어떤 면에서는 1980년대 한국 영화에서 돌연변이 같은 사건이었다고 할 수 있다.

배창호 감독은 1982년 〈꼬방동네 사람들〉로 데뷔했는데 이는 조금은 이례적인 것이었다. 당시의 도제식 시스템을 고려할 때 매우 이른 데뷔였기 때문이다. 배창호 감독은 〈바람불어 좋은 날〉(이장호, 1980)과 〈어둠의 자식들〉(이장호, 1981) 단 두 편에서 조감독을 맡은 것이 실질적인 제작 현장 경험의 전부였다. 그가 대기업의 '상사맨', 드라마 〈미생〉으로 주목받았던 바로 그 '상사맨' 출신 감독이라는 점도 당시 사람들에게는 이색적으로 비춰진 것 같다. 배창호 감독은 1977년 현대종합상사 1기 공채로 입사하여 1978년에는 케냐 1인 지사의 직원이자 지사장으로 일히면서 동아프리카에 첫 선박을 수출하는 실적을 내기도 했다. 그렇게 회사원으로 일하던 배창호 감독이 친분이 있던 이장호 감독의 활동 재개 소식을 듣고 케냐 현지에서 팩스로 한국 본사에 사직서를 제출하고 귀국해버린 것은 많이 알려진 사실이다.[62] 이처럼 드라마틱하게 영화판에 뛰어들었지만 이장호 감독의 복귀가 늦춰지면서 배창호 감독의 영화 경력도 2년 후에나 본격적으로 시작될 수 있었다.

데뷔 이후, 배창호 감독의 영화는 당시 충무로에 놀람과 기대를 몰고 왔다. 1982년 첫 연출작인 〈꼬방동네 사람들〉로 영화평론가협회 최우수작품상과 감독상, 대종상 신인 감독상을 받은 배창호 감독은, 1983년 〈적도의 꽃〉(개봉관 단성사, 관객 155,042명), 1984년 〈고래사냥〉(개봉관 피카디리, 관객 426,221명), 1985년 〈깊고 푸른 밤〉(개봉관 명보극장, 관객 495,573명)으로 3년 연속 한국 영화 흥행 1위를 기록했다. 1980년대 한국 영화가 '개점휴업상태'로 보일만큼 침체를 겪고 있었고 대중들이 한국 영화를 외면하던 상황에서, 한 감독이 만든 세 편의 영화가 연속해서 1위에 오르는 것은 특별한 사건이 아닐 수 없었다. 그것도 40만 명이 넘는 관객 동원을 하면서 말이다. 1984년 〈고래사냥〉과 나란히 흥행 1위를 한 외국 영화는 스티븐 스필버그 감독이 연출한 〈E.T.〉(관객 559,054명)였고 덕분에 배창호는 '한국의 스필버그'라는 별명을 얻었다.[63]

영화잡지 《스크린》 1985년 3월호.
독자 인기투표에서 이장호 감독과 배창호 감독은 1위와 2위에 나란히 선정되었다.

당시 언론이나 영화사에서 배창호 감독은 스승격인 이장호 감독과 나란히 언급되었다. 사수와 조수 관계로 시작한 두 사람은 1980년대 초중반에 걸쳐 인기 감독의 자리를 두고 경쟁 아닌 경쟁을 했다. 1980년대 한국 영화를 대표하고 있지만 두 감독의 영화적 경향은 사뭇 다르다. 사수인 이장호 감독의 필모그래피가 오락과 예술, 상투와 파격의 양극단을 오가는 긴장을 분출한다면, 조수인 배창호 감독의 영화들은 고전적 스타일의 멜로드라마로 수렴된다.

1980년대 한국 영화에서 감지되는 중요한 변화는 1970년대라는 암흑기를 빠져나오려는 발버둥과 관련된다. 이러한 변화는 주로 현실인식, 사회비판, 대안·실험 영화미학, 리얼리즘 등의 키워드와 연결되어 있는데, 이런 관점에서 배창호 영화는 미심쩍어 보이는 영화들이다. 대중적이다, 낭만적이다, 사회인식이 부족하다, 퇴행적이다 등, 배창호 감독 영화를 비판하는 말들은 이러한 미심쩍음에서 발생한다. 그럼에도 불구하고 배창호 감독과 그의 영화가 어느 책의 제목처럼 "1980년대 한국영화의 최전선"[64]이라는 사실에는 변함이 없다. 1996년 1회 부산국제영화제는 1980년대와 1990년대 한국 영화의 새로운 모색을 조명하는 책을 발행했다. '코리안 뉴웨이브' 담론을 태동시킨 이 책에서 이장호와 배창호는 「한국 영화의 새로운 시작」(1980-1987)이라는 제하에 다뤄지는데,[65] 여기서 배창호는 새로운 멜로드라마의 선구적 감독으로 지목된다. 이 글에서 이효인은 1980년대 주류 영화의 세 가지 경향으로 1970년대 연장에 있는 영화, 소프트 포르노그라프, 멜로드라마를 꼽는데, 신파의 잔재를 극복한 "포스트-신파 멜로드라마"이자 "1990년대 멜로드라마의 밑거름"이 된 영화로 배창호 감독의 멜로드라마를 중요하게 언급한다.[66] 이효인은 '포스트-신파 멜로드라마'를 구체적으로 정의하지 않지만, 또 다른 영화학자이자 평론가인 김영진이 말한 배창호 감독 영화의 특징에서 우리는 그 의미를 추측해볼 수 있다. 김영진은 배창호 감독의 영화를 "할리우드식의 깔끔한 멜로드라마 화법은 물론 동시대의 다른 한국영화에 비해 이례적인 이야기의 속도감을 갖고" 있다고 설명한다. 배창호의 멜로드라마, 즉 '포스트-신파 멜로드라마'는 여주인공의 눈물과 비련에 얽매이지 않고도(깔끔한 멜로드라마 화법의) 흥미진진한

(이야기의 속도감을 갖고 있는) 사랑이야기라 설명할 수 있는 것이다. 대중적 멜로드라마를 주로 만들어온 자신과 〈바람불어 좋은 날〉(1980) 이후로 현실 비판 영화의 맥을 이어가는 이장호 감독을 비교하는 시선에 대해, 배창호 감독은 이렇게 말한다.

> "영화가 사회구조를 변혁시키는 목적성을 지니는 것보다는 인간의 고통과 상처를 깊이 껴안는 보편성을 지니기를 바랐습니다. (중략) 표현하는 방법의 차이겠지만, 나는 그런 의식을 내세우지 않고 영화 내용 안에 녹아 있기를 바랐습니다. (중략) 이 감독님은 〈과부춤〉(1983)이라든지, 〈바보선언〉(1983) 같이 사회에 대한 비판의식을 풍자적으로 계속 만드시고, 나는 〈고래사냥〉이나 〈그해 겨울은 따뜻했네〉(1984)처럼 사회의식들을 인물의 삶 속에서 그려나갔습니다."[67]

어떤 영화도 그 영화가 만들어진 사회와 완전하게 분리될 수 없듯이 배창호 영화의 곳곳에도 한국 사회가 녹아 있다. 의식적인 목소리가 드러나지 않더라도, 배창호 감독 영화의 카메라는 한국을 종횡무진 누비면서 현실을 포착하는데 결코 게으르지 않다. 〈꼬방동네 사람들〉에 생생하게 담긴 쪽방촌, 〈적도의 꽃〉의 압구정동 아파트와 현대적인 마트, 〈그해 겨울은 따뜻했네〉의 공장이나 달동네와 탄광촌, 〈고래사냥〉의 대학가와 대기업 빌딩, 그리고 이태원과 사창가 골목, 〈기쁜 우리 젊은 날〉의 서민 시장이나 작은 아파트와 공원, 〈안녕하세요 하나님〉의 탄광촌, 〈젊은 남자〉의 호텔과 바 그리고 고속도로, 〈깊고 푸른 밤〉의 캘리포니아 데스 밸리와 해변까지, 배창호 감독 영화에 등장하는 공간들은 사건을 위한 배경인 것만이 아니라 한국 사회의 실상과 한국 사람들의 욕망을 대변하는 장치로, 더 나아가 갈등의 기제로 기능한다. 배창호 영화의 공간은 인물의 욕망과 한국 사회의 메타포이며 이야기가 충돌하고 흩어지는 기로이자, 만나고 화해하는 마당이다. 그렇기 때문에 대부분의 영화에서 공간들은 상징의 임무를 부여받고 서로 대비되며, 인물은 그 공간들을 이동해가거나 그 사이에서 방황한다.

〈고래사냥〉의 병태(김수철)는 거짓과 위선의 대학을 뛰쳐나와 유치장과 사창가에서 현실을 배우고 동해로 향한다. 〈안녕하세요 하나님〉에서 뇌성마비로 장애를 가진 또 다른 병태(안성기)는 가족 몰래 집을 나와 경주로의 여행을 시작한다. 자신들을 보호해왔던 울타리를 뛰쳐나온 두 병태에게 의미가 비어 있는 목적지에 불과했던 동해와 경주는, 현실을 배우고 사랑을 실천하는 여정을 통해 인색하고 교활한 도시와 대비되는 따뜻한 온기와 사랑의 공간으로 완성된다. 로드 무비인 두 영화에서만 인물들이 이동하는 것이 아니다. 〈꼬방동네 사람들〉에서 검은 장갑(김보연)은 냉혹한 서울 도심에서 쫓겨나 외곽의 꼬방동네에 들어오고, 〈깊고 푸른 밤〉의 백호빈(안성기)은 아메리칸 드림을 쫓아 한국에서 미국으로 건너가 도시에서 도시를 전전하다가 데스 밸리에서 처참하게 부서진다. 〈적도의 꽃〉에서 선영(장미희)을 몰래 쫓아다니며 그녀 주위의 남자와 친구를 위협하던 미스터M(안성기)은 서울 아파트촌을 빠져나와 한적한 강기슭으로 선영을 데려가서야 자신의 사랑이 사실은 추악한 욕망일 뿐이라는 사실을 깨닫는다. 〈기쁜 우리 젊은 날〉에서 명예와 화려한 조건을 가진 남성을 따라 미국으로 떠났던

혜린(황신혜)은 시장의 작은 가게 집 아들이자 평범한 회사원인 영민(안성기)에게 돌아온다.

이처럼 다양한 여정들을 겹쳐 놓으면 배창호 영화 속 공간과 이동의 의미는 보다 선명하게 모습을 드러낸다. 배창호의 영화는 인색한 도시에서 버림받거나 적응하지 못한 사람들이 새로운 안식처를 찾아 떠나거나, 도시를 맴돌며 자신의 자리를 찾으려다 실패하는 이야기이다. 배창호 영화가 멜로드라마라면 그것은 돈과 물질로 채워진 도시와 인정과 온기가 있는 어떤 곳, 그리고 그 기로에 서 있는 인물이 만들어내는 삼각 멜로드라마이다. 이 삼각 멜로드라마에서는 차가운 도시의 죽음과 따뜻한 삶의 공간 대비가 반복되고, 그 반복 속에서 배창호 감독은 자신의 영화세계를 관통하는 주제라고 했던 '사랑'을 되살린다.

배창호 감독 영화 속 차가운 도시와 죽음의 순간들
(왼쪽 위로부터 시계방향으로) 〈꼬방동네 사람들〉, 〈적도의 꽃〉, 〈젊은 남자〉, 〈깊고 푸른 밤〉

배창호 감독의 영화는 벗어날 수 없는 가난(〈꼬방동네 사람들〉), 욕정만 남은 사랑(〈적도의 꽃〉), 성공이라는 허상(〈깊고 푸른 밤〉), 정의 없는 지식인(〈고래사냥〉)이라는 관점에서 한국의 현실을 바라본다. 영화의 인물들은 그러한 현실과 투쟁하여 때로는 성공하고 때로는 실패한다. 멜로드라마의 갈등이 인물의 욕망과 사회의 불협화음에서 발생하고, 인물의 욕망이 사회의 벽 앞에서 좌절할 수밖에 없는 상황에서 솟아나는 파토스가 멜로드라마를 움직이는 중요한 동력이라고 한다면, 멜로드라마는 사회의 진실을 드러내는 리얼리즘의 다른 얼굴이라 말할 수 있을 것이다.

1980년대에서 1990년대로 넘어가면서 배창호 영화가 대중에게 수용되는 모습은, 사회라는 억압 앞에 숨죽여야 하는 인물에게서 만들어지는 정서가 1990년대에는 더 이상 이전과 같은 방식으로 작동하지 않는다는 사실을 드러낸다는 점에서도 리얼리즘적이라 할 수 있다. 1980년대는 민중들의 들끓는 열망이 끊임없이 좌절에 부딪혔던 시대였고, 배창호 감독 영화의 멜로드라마적 파토스는 그러한 시대 정서 속에서 작동되었다. 그러나 1990년대 들어 사람들은 그 동안 억눌렸던 욕망을 마음껏 성취할 수 있는 시대가 도래했다고 생각했다.

아직은 멈추지 않은 경제적 호황과 그 결실인 일상의 풍요, 제도적으로 성취한 민주화, 문화와 언론에서 한 층 넓어진 표현의 자유 등은 1980년대에 그토록 바라던 것이었고, 이제 사회는 개인의 욕망을 더 이상 억누를 수 없는 것처럼 보였다. 〈깊고 푸른 밤〉 백호빈의 'X세대' 버전이라 할 수 있는 〈젊은 남자〉의 이한(이정재)이 꿈을 이루기 바로 전에 죽음을 겪어야 하는 상황은 더 이상 시대의 공감을 얻지 못했다. 소비와 쾌락, 가벼운 재미가 미덕인 시대에 배창호의 멜로드라마는 더 이상 유효하지 않았던 것이다. 1990년대 이후로도 배창호 감독은 꾸준히 사랑을 얘기했고 그의 사랑 이야기는 사적인 정서가 덧붙여지면서 더 울림을 주는 깊이를 가지게 되었지만, 그의 사랑과 멜로드라마는 대중들과 1980년대만큼 널리 만나지 못했다.

신승수 : 코미디에서만 가능한 1990년대의 사랑

소비와 쾌락, 가벼운 재미가 미덕인 시대, 1990년대 새로운 한국 영화의 문을 연 장르는 로맨틱코미디이다. 1990년에 이명세 감독이 연출한 〈나의 사랑 나의 신부〉가 개봉했다. 〈나의 사랑 나의 신부〉는 밝고 경쾌한 분위기로 그린 신혼부부의 갈등과 결혼 후 집이라는 공간에 갇힌 자신을 되돌아보는 여성 인물을 다루면서 이후 로맨틱코미디 유행을 예고했다. 로맨틱코미디의 본격적인 유행은 1992년 김의석 감독이 연출한 〈결혼이야기〉로 시작되었다. 사실 1992년에 개봉한 로맨틱코미디 영화가 〈결혼이야기〉 한 편뿐이었던 것은 아니다. 강우석 감독의 〈미스터 맘마〉와 신승수 감독의 〈아래층 여자 위층 남자〉도 1992년에 개봉한 로맨틱코미디였다. 세 영화는 흥행 면에서 모두 성공했다. 서울 개봉관에서 영화를 본 관객 수가 〈결혼이야기〉 53만 명, 〈미스터 맘마〉 23만 명, 〈아래층 여자 위층 남자〉 7만 명이었는데, 이는 1992년도 한국 영화 중 1위, 2위, 8위에 해당하는 흥행 성과였다.

1992년 개봉한 로맨틱코미디 영화

　　로맨틱코미디는 독신 여자와 남자의 사랑이야기를 가벼운 분위기로 그려내는 장르이다. 두 사람 사이의 가치관이나 계층 차이에서 발생하는 갈등과 오해에서 시작된 시추에이션 코미디를 동반하면서, 궁극적으로는 사랑의 이름으로 남녀가 결합하는 끝맺음을 갖는 것이 로맨틱코미디의 일반적인 공식이다. 이러한 공식하에서 1990년대 초 한국 로맨틱코미디 영화는 한 가지 특징을 보이는데, 주인공이 젊은 부부이거나 사별이나 이혼으로 혼자가 된 젊은 아빠와 독신 여성이라는 점이다. 〈결혼이야기〉와 〈아래층 여자 위층 남자〉는 젊은 부부의 이야기이고, 〈미스터 맘마〉의 주인공은 갑자기 혼자된 아기 아빠와 독신 여성이다. 젊은 부부의 로맨틱코미디에서 그들의 갈등은 종종 아내, 즉 여자가 사회적으로 성공하려고 하거나 자신의 일에 조금 더 적극적으로 참여하려고 할 때 발생한다. 그런 의미에서 볼 때 1990년대 한국 로맨틱코미디는 집 안에 머물러 있기 보다 사회에서 일을 하려는 여성이 많아지는 사회 변화와 명백하게 관계 있다. 1992년 개봉한 세 편의 영화는 모두 신생 영화사에서 제작했다는 공통점이 있다. 〈결혼이야기〉는 신씨네에서 기획하고 익영영화사에서 제작했고, 〈미스터 맘마〉는 신씨네가 기획과 제작을 모두 맡았다. 〈아래층 여자 위층 남자〉는 미도영화사가 제작한 영화다.[68] 종래의 영화 트렌드나 기성의 사회적 가치관에 얽매이지 않는, 자유롭고 개혁적인 관점을 가진 인력이 준비하고 제작했기에 사회의 변화에 민감하게 주목했고 그것이 상당히 큰 흥행으로 이어졌던 것이다.

〈결혼이야기〉로 로맨틱코미디 영화 붐이 일었던 1992년은 대중문화에서 여성과 남성, 그리고 그들의 관계에 관한 새로운 패러다임이 본격적으로 확산된 해였다. 로맨틱코미디의 드라마 버전인 트렌디드라마를 유행시킨 〈질투〉(이승렬 연출, 최연지 극본, MBC)가 방영되었고, 시대의 아이콘 최진실이 연기했던 거침없이 자기 생각을 표현하는 여성 캐릭터는 귀엽고 무해하게 받아들여졌다. 〈파일럿〉(이승렬 연출, 이선미 극본, MBC, 1993)의 항공 전문가, 〈종합병원〉(최윤석 연출, 최완규 극본, MBC, 1994)의 의사와 같이 대학을 졸업하고 남성과 동등한 직장인으로 사회에 진출한 전문직 여성, 사랑을 위해 자기 일을 쉽게 포기하지 않는 여성 캐릭터는 대중문화에서 보편화되었다. 1992년에 방영되어 높은 시청률을 보였던 드라마 〈아들과 딸〉(장수봉, 최종수 연출, 박진숙 극본, MBC)은 한국에 깊이 뿌리 내린 남성 중심 가족주의, 남아선호 문제를 비판하는 관점을 견지하였다. 1991년 드라마 〈사랑이 뭐길래〉(박철 연출, 김수현 극본, MBC)가 유사한 문제를 풍자적으로 비판하였다면 〈아들과 딸〉은 정통 드라마의 문법으로 중장년층 세대의 사적 경험에 호소하는 드라마였다.

로맨틱코미디 영화에는 1990년대 한국 사회의 또 다른 얼굴이 투영되어있다. 자본주의와 소비주의의 중심부로 진입한 한국의 현실이 그것이다. 시집『바람 부는 날이면 압구정동에 가야 한다』(유하, 문학과 지성사, 1991), 장편소설『압구정동엔 비상구가 없다』(이순원, 중앙M&B, 1992), 사회비평서『압구정동 : 유토피아/디스토피아』(강내희 외, 현실문화연구, 1992). 1991년과 1992년에 등장한 이 책들은 모두 '압구정동'이라는 공간을 매개로 한국 자본주의와 소비주의를 다양한 시각으로 조명한다. 1990년대 대중문화는 한국에서 소비문화를 확산시키는 촉매제이기도 했다. 강준만은 드라마 스타의 잦은 광고 출연과 드라마의 간접 광고, 드라마에 재현된 라이프스타일 등을 주목하면서 1990년대 드라마가 광고와 닮아간다고 하였다.[69] 이는 로맨틱코미디 영화도 마찬가지였다. 〈결혼이야기〉는 삼성전자가 자사 가전제품의 간접광고(PPL : Product Placement)를 적극적으로 실시한 사례로도 유명하다.[70] 광고의 목적이 아니더라도 〈결혼이야기〉나 〈질투〉와 같은 대중문화 속 주인공의 일상은 자동차, 피자, 24시간 편의점 등 한국에 막 대중화되기 시작한 새로운 유형의 상품과 서비스, 그리고 그것의 소비에 기반을 둔 라이프스타일을 제안한다.

　이성간의 사랑과 결합으로 마무리되는 장르 공식으로 보수적인 가치관을 재생산한다거나 소비문화를 전시한다는 관점에서 로맨틱코미디를 비판하는 시각이 존재한다. 그럼에도 불구하고 1990년대 한국 로맨틱코미디 영화의 다수가 사회에 진출하고자 하는 여성의 욕망과 그러한 욕망을 억압하는 사회의 갈등이라는, 당대 현실을 기반으로 구축된 이야기라는 점은 주목할 필요가 있다. 이러한 시각에서 볼 때 〈결혼이야기〉와 〈아래층 여자 위층 남자〉는 결이 다른 전개를 보여준다. 〈결혼이야기〉는 결혼, 신혼의 즐거운 시간을 보여주다가 영화 중반에 이르러 갈등과 헤어짐의 사건이 등장하는데, 〈아래층 여자 위층 남자〉는 둘의 별거로부터 이야기가 시작된다. 전자가 새로운 삶과 서로의 차이에 적응해가는 신혼부부의 경험을 두루두루 엮어간다면, 후자의 경우에는 여성의 일과 자아를 찾아가는 이야기가 더 깊이 다루어진다. 신승수 감독이 〈아래층 여자 위층 남자〉에 이어서 연출한 로맨틱코미디 〈가슴달린 남자〉(1993)는 여성을 차별하는 남성중심 사회와 그 사회에 도전하는 여성의 분투를 더욱 본격적으로 다루고 있는 영화다. 회사에서 커피 심부름만 해야 하는 현실에서 벗어나고자 남자로 위장하여 일에서 성공하는 여자의 이야기라니, 낭만적인 판타지가 아닐 수 없다. 그러나 서울 개봉관 기준 15만 명, 당해 연도 개봉한 한국 영화 중 3위의 흥행을 이룬 것을 보면 그 판타지가 당대 여성들의 심정을 대변했던 것 같다. (영화진흥공사에서 발행한 『1994년도판 한국영화연감』에 따르면 서울보다 지방도시에서 더 성공을 거두었다고도 한다.)

〈아래층 여자 위층 남자〉와 〈가슴달린 남자〉를 연출한 신승수 감독은 배창호 감독과 인연이 깊다. 두 감독 모두 이장호 감독의 조감독으로 있었으며, 신승수 감독은 배창호 감독이 연출한 〈꼬방동네 사람들〉과 〈적도의 꽃〉에서 조감독을 맡기도 했다. 실질적인 영화계 입문은 신승수 감독이 조금 빨랐다. 엉상시대의 신인감독 모집에 응모하여 영화계에 입문한 신승수 감독은 1978년 하길종 감독의 〈별들의 고향(속)〉에서는 스태프으로, 1979년 홍파 감독의 〈갑자기 불꽃처럼〉에는 조감독으로 참여했다. 1979년 김수용 감독 〈달려라 만석아〉 연출부에도 참여했던 신승수 감독은 같은 해 장길

수, 이세민, 김창화와 함께 '청년영상연구회'를 발족하여 활동하기도 했다. 이 외에도 1980년 이장호 감독의 〈바람불어 좋은 날〉 세컨드 조감독을 시작으로, 1981년 〈어둠의 자식들〉, 1984년 〈무릎과 무릎 사이〉에서 경험과 실력을 쌓았다.

신승수 감독의 데뷔작인 1985년 영화 〈장사의 꿈〉은 돈을 벌기 위해 상경한 두 젊은 남녀가 도시의 노리개가 될 수밖에 없는 냉정한 현실을 그리면서 문제작으로 주목받았다. 1980년대 동안 〈달빛 사냥꾼〉(1987), 〈수탉〉(1990) 등 사회의 어두운 현실을 외면하지 않았던 신승수 감독의 영화는 1990년대 접어들어 코미디로 방향을 선회했다. 신승수 감독의 필모그래프에는 앞에 소개한 두 영화 외에 로맨틱코미디 〈계약커플〉(1994), 〈아찌아빠〉(1995), 시추에이션 코미디 〈할렐루야〉(1997), 〈엑스트라〉(1998) 등의 코미디 영화가 있다. 목사로 위장해 1억 원을 벌려는 사기꾼이 주인공인 〈할렐루야〉와 검사 행세를 하면서 사기행각을 벌이는 무명배우가 주인공인 〈엑스트라〉는 목사, 검사와 같은 사회 주류 계층과 그 시스템의 부조리, 그리고 돈을 위해 거짓말도 서슴없이 하는 사회를 풍자하는 시각이 담겨 있다. 이러한 관점에서 보면 〈아래층 여자 위층 남자〉나 〈가슴달린 남자〉 또한 남성 중심 연애관과 결혼관에 대한 풍자로서의 코미디인 셈이다. 감독으로서 데뷔한 이후 가려진 사회 현실과 멀어지지 않으면서 그 가운데 사그라져 가는 사랑을 연민으로 담았던 신승수 감독의 영화가 1990년대 들어 코미디로 전환한 것은 필연적인 결과일지도 모른다. 욕망하고 소비하는 쾌락에 너그러운 사회, 대중문화가 욕망의 알리바이가 되어 자본과 공모하는 시대, 그리고 여성이 자기 자신을 더 사랑하는 것에 눈 뜬 시대에 이성

(異性) 간의 로맨스나 타인을 향한 순수한 사랑에 대한 믿음은 코미디일 수밖에 없을 테니까.

로맨틱코미디의 전성기가 저물어가던 1990년대 후반 한국 영화의 사랑 이야기는 순애보적인 남자의 눈물에 기댄 소위 '남성 신파'의 경향으로 향한다. 차가운 현실 앞에 좌절하는 배창호식 멜로드라마의 유통기한 지난 후, 코미디가 아니라면 신파의 눈물, 그것도 격정적인 남자의 눈물로만 사랑 이야기를 말할 수 있는 1990년대가 도래한 것이다.

8.

1980년대를 관통한 이들이 '그때'로 '지금'을 그리는 방법
– 1990년대에 들어선 박광수와 장선우의 시선

송아름

새 시대, 새 세대, 새 인물 : 박광수와 장선우

한국 영화에서 볼 수 없던 광경이 갑작스레 포착될 때의 희열은 이전에는 가려졌던 것이 드러날 수 있는 시대의 변화가 감지되는 데에서 기인할 것이다. 1980년, 〈바람불어 좋은 날〉(이장호)에서 빌딩을 훑던 카메라가 갑작스레 하강하며 자질구레한 시장통의 빈곤을 비춘 것은 1970년대가 끝났다는 것을, 여태까지 숨겨오던 현실이 스크린에 담길 수 있다는 것을 보여주었다.

물론 '서울의 봄'의 훈기는 오래가지 못했지만[72] 적어도 이전과는 분명하게 달라질 한국 영화의 흐름은 쓰레기더미에 파묻혀 일하는 춘식(이영호), 골목에서 불을 피우며 땀을 닦던 길남(김성찬), 쪼그려 앉아 일하다 망치질에 손을 찧는 덕배(안성기)의 추레한 모습과 상경한 이의 고단함 속에 움트고 있었다.

〈바람불어 좋은 날〉(이장호, 1980)

한국영화사에서 〈바람불어 좋은 날〉이 포착한 빈곤은 꽤나 상징적인 것인데 검열을 의식하지 않았을 때, 즉 국가가 가리려던 것을 걷어냈을 때 비로소 실제의 현실이 스크린으로 옮겨질 수 있다는 것이 이 작품을 통해 분명하게 드러났기 때문이다. 물론 모두가 알고 있던 사실이었겠지만 실제로 서울로 상경한 이들의 고단함, 그리고 누구한테인지 왜인지 모르게 늘 얻어맞고 산 것 같았던 날들이 스크린에 새겨진 것은 영화가 무엇을 할 수 있는지를 다시금 확인시켜준 것이었다. 이는 조금씩 순풍이 불어온다면 이 현실도, 그러니까 지금 너와 내가 겪고 있는 〈바람불어 좋은 날〉 이후의 엄혹한 시절도 스크린에 흔적을 남길 수 있을 것이라는 기대를 불러일으킨 것이기도 했다. 그러나 순간처럼 지나간 훈기는 경색될 대로 경색된 1980년대 초중반을 지나 1987년 6월 10일을 넘어섰을 때에야 본격적으로 그 기세를 더할 수 있었다.

그러니까 '87 이후'는 1980년의 광주를 지나, 1984년의 유화 국면, 1985년의 제작 자유화를 거쳐 1987년의 6월 항쟁과 그 직후 시나리오 사전 심의제도의 폐지와 영화 소재의 개방, UIP 직배까지의 경험을 모두 포괄하는 것이었다. 냉각과 해빙을 오가던 1980년대의 영화계는 영화의 소재에 있어서도, 배우의 기용에 있어서도, 배급과 개봉에 있어서도 바로 이러한 사회적 시류에 휩쓸리다 새로운 이야기를 시작할 기회를 얻은 것이라 할 수 있다. 특히 1985년의 제5차 영화법 개정으로 영화제작업은 허가제에서 등록제로 전환되었고, 독립영화 제작이 법적 테두리 안에 포함되면서[73] 전과 다른 영화를 위한 움직임을 준비하던 상황이었다. 이것으로 울분과 공포를 지나 자유에 다가선 영화계 내 민주화의 열기는 새로운 인적, 물적 기반의 변화 위에서 과거와의 단절을 꾀하고 이후로의 연결을 바라보고 있었다.

영화감독협회 '독립 선언'

'예총' 탈퇴…영화계 자율성 확보 다짐

'영화계 !주화와 새로운 민족영화 건설을 기치로 한 한국영화감독협의 창립총회가 11월30일 오.'서울 YWCA 중흥당에서 열다.

유현목, 이장호씨 등 영화감독 61명을창립회원으로 한 영화감독협회는 "박정희 군사독재정권의 문통치 수단의 일환에 의해 타율으로 구성되어 정부의 시녀 뭇을 해온 한국예술단체총연희(예총) 산하 영화인협회를t탈퇴한다"고 밝혔다.

감독들 영협 탈퇴는 "독제의 억압 에서 잠들었던 영화인들의 싹이 이제 전국민의 민주화로가고자 하는 열망과 함께 깨나 새로운 영화건설의 기반을닦기 위해 "영화계의 뿌리깊은비민주적 요소를 척결하기 위"이라고 했다.

영화인협회는 감독, 기술, 기

회, 시나리오, 연기, 음악, 촬영, 조명 등 영화종사 전문인들의 8개 분과로 구성돼 있다. 각 분과위원회의 사업 및 활동은 협회의 승인 아래 해야 한다는 조항(정관 4조 10항)을 두고 있다.

따라서 "영화인의 권익옹호

행사는 영협을 탈퇴하지 않는 한 정부의 지도 감시체제 아래서 해야한다고 감독협회는 주장하고 있다.

예총은 임원, 정관변경, 해산 등 중요사항이 문공부장관의 허가사항이라는 정관이 말해주듯

정부와 지도·감시, 복종·보고의 관계를 맺고 있기 때문이라는 것.

창립총회에서는 유현목 감독이 명예회장에, 권영순 감독이 회장에 추대됐고, 이장호, 김정현 감독이 부회장에 선임됐다.

감독협회는 이날 발표한 창립선언문에서 "영협 산하 각 분과 위가 비민주적인 '영협의 예속으로 부터 자율성과 독립성을 확보할 것"을 촉구했다.

감독협회의 창립회원들은 이장호, 배창호씨 등 중진들과 유현목, 김기영, 김수용씨 등 50~60년대부터 활동을 계속해온 '선배'그룹, 박철수, 장선우, 정지영, 김현명씨 등 80년대에 등장한 젊은 감독 등 다양한 세대의 극영화 감독들로 구성되어 있다.

감독협회는 △미국영화 직배 저지 △영화진흥법 제정 △세계 각국 감독회의와의 교류를 통한 영화 활성화 △영화감독의 텔리비전, 비디오 저작권 확보 △스크린쿼터 감시기구 조직 등의 구체적 활동을 펼치겠다고 밝혔다. 〈안정숙 기자〉

「영화감독협회 독립선언」, 〈한겨레〉, 1988.12.2.

'87 이후'는 많은 것을 바꿔놓았지만 그중에서도 과거를 넘어서야 할 것, 절대 되돌아갈 수 없는 부정적인 가치로 인식하게 만들었다는 점을 가장 중요하게 꼽을 수 있을 것이다. 과거와 같은 방식의 검열은 허용할 수 없고, 과거와 같은 방식의 영화나 제작 방식 역시 수용할 수 없다는 것은 바로 이러한 인식에서 출발하기 때문이다. 이는 곧 영화계 내에서 세대를 구분 짓게 했는데, 이를 가장 가시적으로 보여준 것이 영화인협회의 감독분과에서 젊은 감독들과 조감독들이 탈퇴하여 감독협회를 꾸린 일이었다. 감독협회는 기존의 영화인협회를 '구시대의 유산'으로 돌리고 '척결'해야 할 '비민주적'인 요소로 상정하면서 새로운 영화의 건설을 결심하였다.[74] 이들은 기존 영화계를 이끌던 단체에서 벗어나 기존의 '저질영화'를 다파하셌다는 의욕을 보이면서 새 세대의 시선을 내비치고 있었다. 바로 이 감독협회에

뜻을 같이한 이들 사이에서 박광수와 장선우의 이름을 찾을 수 있다. 무수한 시위로 인해 일상적으로 배치되었던 전투경찰을 처음으로 영화에 등장시킨 〈칠수와 만수〉(1988) 속 박광수의 포착과 (비록 스크린으로 옮겨지진 못했지만) 고문으로 일상에서 멀어진 이들을 담은 임철우의 소설 「붉은 방」을 영화화하려 했던 장선우의 기획은 바로 이 새 세대가 외치려던 이야기였다.

두 감독은 1980년대 후반 장편영화로 데뷔했지만, 1980년대 초부터 영화 운동에 적극적으로 뛰어든 이들이었다. 대학가를 중심으로 본격적인 흐름을 형성해갔던 1980년대의 영화 운동은 직접 영화를 만들거나 새로운 영화와 이론을 소개하며 비평을 쓰고 책을 발간하는 등의 매우 적극적인 활동으로 이어졌다. 박광수와 장선우는 이 흐름 속에 깊이 관여하면서 그들이 바라보는 현실을 스크린에, 그리고 글에 담았다. 그리고 이 흐름은 1990년대 초중반 본격적으로 거대하고도 분명한 지류를 형성하기 시작한다. '코리안 뉴웨이브'라는, 새 세대의 영화 사조를 가리킬 때 늘 중요하게 언급되는 두 감독은 자신들이 지나온 1980년대를 등에 업고 1990년대를 바라보고 있었다. 그들이 기록하는 과거와 현재는 정제되어 있으면서도 파격적이었고 차가우면서도 뜨거운 것이었다.

해결되지 않은 문제와 해결할 수 없는 지식인 - 박광수의 경우

1980년대에 치열하게 고민하고 고뇌하던 이들이 1987년을 지나 1990년대를 넘어섰을 때, 그들은 그리고 그들 앞의 현실은 과연 어떤 상황이었을까? 이에 대한 답은 아마도 박광수 영화가 해결해줄 수 있을지도 모르겠다. 〈칠수와 만수〉에서부터 현실을 해결되지 않은 문제가 산적한 곳으로 그렸던 그는 1990년대 초중반까지도 이를 가장 중요한 화두로 삼고 있었기 때문이다. 소외나 분단의 문제, 그리고 노동의 열악함까지 그가 바라보는 현실은 과거에 갇힌 듯 무엇 하나 해결되지 않은 채 시간만 흐른 대한민국의 모순과 맞닿아 있었다. 갑작스런 변화에 따른 호황으로 흥청거리던 그때, 예전의 문제를 끌어온 그의 선택은 그가 영화와 접속해온 시간들을 살펴본다면 매우 자연스러운 결과라고도 할 수 있을 것이다.

〈칠수와 만수〉(박광수, 1988)

박광수는 서울대 영화 서클 '얄라셩'에 들어가면서부터 영화를 통해 이야기하는 법을 고민하기 시작한다. '영화로 무엇을 할 수 있는가?'라는 질문은 곧 영화를 통해 현실을 이야기함으로써 세상과 소통하고, 공동체 의식을 가진 집단을 꾸려 무엇인가를 할 수 있다는 경험으로 돌아왔다. 이러한 서클 활동은 1982년 '서울영화집단'으로 이어져 집단 창작을 시도하고 영화 운동을 위해 『새로운 영화를 위하여』(학민사, 1983) 등을 발간하는 것으로 까지 나아가면서 적극적인 영화 활동으로 확장된다. 이후 박광수는 프랑스로 유학을 떠나 그곳에서 각국의 영화를 보며 각국의 다양한 현실과 표현에 눈을 떴고, 1985년 귀국하여 서울영화집단의 활동을 이어가다 충무로에서 짧은 조감독 생활을 거친 후 〈칠수와 만수〉로 데뷔한다.[75]

이러한 그의 이력과 데뷔작 〈칠수와 만수〉는 그가 영화를 통해 무엇을 보여주려 했는지를 짐작할 수 있는 실마리가 된다. 여기에 그가 그간의 한국 영화를 살피며 지적했던 문제점을 짚어본다면 그의 목표는 더욱 명확히 드러난다. 박광수는 "필름의 특성으로 가장 우선하는 것이 복제기능, 즉 현실 재현이란 기록성에 있다."라고 설명한다.[76] 이는 다큐멘터리의 회복이 필요하다고 강조하며 적절한 기록영화의 중요성에 대해 언급한 것이었지만, 이를 그의 영화를 설명하는 언술로 옮겨온대도 그리 어색하지 않다. 그가 그리고 있는 현실에는 많은 이들이 눈 감고 있지만 결코 사라지지 않은 문제적인 현실이 매우 건조하게 기록되고 있기 때문이다.

〈칠수와 만수〉는 그가 한국 사회의 어떤 부분에 집중하고 있는지, 이후까지 어떤 이야기를 지속할지를 깊숙이 배태하고 있는 작품이라는 점에서 주목할 필요가 있다. 칠수(박중훈)는 미군과 함께 미국으로 떠난 누나가 초청장을 보내길 기다리며 곧 떠날 사람인 양 하루하루를 살아간다. 그에게 앞으로 어떻게 살 것인가의 문제는 그리 중요하지 않으며 지금 당장 누군가를 만나 행복할 수 있는 방법을 찾는 것이 우선이다. 만수(안성기)는 극장의 간판이나 건물 외벽에 그림을 그리며 생계를 꾸린다. 그는 나름의 꿈을 가지고 국가사업 등에 지원했지만 비전향 장기수인 아버지 탓에 여권도 받지 못하는 신세이다. 자신의 의지와 상관없이 국가로부터 거부당한 만수가 할 수 있는 일은 역시나 그날 하루를 어떻게든 살아내는 것뿐이다. 이 두 인물은 박광수가 한국 사회에서 소외되고 있는 이들에 대해, 그리고 이념에서 벗어나지 못하는 이 사회에 대해 깊은 문제의식을 가지고 있다는 것을 드러낸다.

〈칠수와 만수〉(박광수, 1988)

당연하게도 그들의 소외는 그들이 선택할 수 없는 것이었지만 짊어질 무게는 그들의 몫이었다. 칠수는 이런 방식으로 자신이 한국에서 살아가지 못할 것도, 누나가 자신에게 연락하지 않을 것도 알고 있다. 그의 아버지 역시 현실이 다급하다는 것을 알면서도 아무것도 하지 않으면서 아직도 동두천에서 오지 않을 무엇인가를 기대하고 있다. 만수 역시 이 사회가 밀어낸 것과 다르지 않다. 게다가 그가 고립된 이유에는 지금까지도 이어지는 한국 사회의 고질적인 이데올로기 문제가 도사리고 있다. 이제 시대가 바뀌었고 대학생들이 도와준다고 하니 아버지를 어떻게든 빼내보자는 동생의 말을 만수가 우스운 듯 묵살하는 것은 무엇으로도 이 문제가 해결되지 않을 것이라는 점을 알기 때문이었을 것이다. 이들을 이렇게 소외시키고 있는 것이 과연 무엇인지, 그들이 어떻게 살아가고 있는지를 박광수는 그의 데뷔작부터 묻고 있었다. 이렇게 칠수와 만수 두 사람이 둘러맨 짐은 1990년대를 넘어서면서 더욱 적극적으로 기록되기 시작한다.

〈그들도 우리처럼〉(박광수, 1990)

잿빛을 벗어날 수 없는 강원도의 탄광촌, 1990년대의 초입에서 박광수의 카메라는 그곳으로 향했다. 〈그들도 우리처럼〉(1990)에서 시위 주동자로 수배 중인 기영(문성근)은 강원도의 한 탄광촌으로 숨어든다. 이름을 숨겨도 일을 할 수 있는 그곳에서 기영은 탄광을 운영하고 있는 아버지 밑에서 사장님 소리를 듣는 성철(박중훈), 다방에서 일하며 차와 티켓을 파는 영숙(심혜진)을 만난다. 안하무인이며 난폭한 성철과 영숙의 관계, 서로에게 연민을 느끼는 영숙과 기영의 관계는 탄광촌을 중심으로 펼쳐지면서 〈그들도 우리처럼〉의 관심이 탄광촌 자체에 있다는 것을 보여준다. 그곳에서 살고 있는 이들이 기댈 곳은 오로지 탄광뿐이다. 탄광촌 사람들은 그곳에서 일을 하고, 그곳에서 일을 하는 이들에게 술과 밥을 팔며 살아간다. 이 사이에서 발생하는 착취의 연쇄는 세 인물 사이에서 오고 가는 감정 이상으로 도드라지고, 파업을 둘러싼 불협화음을 통해 그들끼리 싸우며 살아갈 수밖에 없는 이들이 어떤 괴로움을 겪는지가 사실적으로 그려진다.

사실 이들의 소외는 과거의 일들이 아무것도 해결되지 않았기 때문일 것이다. 박광수가 1990년대 중반 다시금 전태일을 소환한 것은 그런 이유가 아닐까. 〈아름다운 청년, 전태일〉(1995)은 전태일의 분신 후 그의 삶을 쫓는 영수(문성근)의 현재와 과거의 전태일(홍경인)을 교차시키며, 이제 조금은 변화해야 하지 않겠느냐는 질문을 던졌었다. 영수는 공장에서 일을 하며 노조를 꾸리려는 여성 노동자와 함께 하며 전태일의 죽음 후에도 크게 변하지 않은 현재와 마주한다.

어떻게든 노조를 만들고자 분투했던, 그러나 결국 불꽃에 휩싸여 죽어가는 전태일의 모습은 노동이라는 이름이 우스워진 지금을 공포스럽게 만들면서 변하지 않는 현실의 비극성을 고조시킨다. 결국 1990년대에 이르러서

까지 특별히 변한 것 없는 거리를 바라보는 영수의 시선은 과거를 바라보는 것과 다르지 않았을 것이다.

〈아름다운 청년, 전태일〉(박광수, 1995)

과거에서 한 치도 벗어나지 못한 한국 사회를 바라보면서 박광수가 이후 분단의 문제로 눈을 돌린 것은 자연스러운 일이었다. 마치 〈칠수와 만수〉의 만수가 스스로 움츠러들었던 것처럼 분단으로 인한 이데올로기의 충돌, 정확히 말하자면 극단적인 '적'이 상정된 이 나라에서 '적의 편'이 된 이들에 대한 냉대는 사회적 배제와 같은 말이었기 때문이다. 베를린 장벽이 무너지는 화면을 서두에 배치하며 시작한 영화 〈베를린 리포트〉(1991)는 그런 면에서 상징적이다. 이 작품은 기자 성민(안성기 분)의 시선으로 살인 사건에 연루되었던 프랑스로 입양된 한국인 남매를 살핀다. 입양 후 오빠와 헤어진 마리엘렌(강수연)은 양부 밑에서 고통 받고 이를 알게 된 오빠 영철

(문성근)은 양부를 살해한 후 도주한다. 일을 겪은 후 마리엘렌은 실어증과 대인기피증으로 사람들을 멀리하지만 성민을 통해 조금씩 회복해간다. 성민은 마리엘렌을 위해 그의 오빠를 찾지만 자신의 이념에 따라 동독으로 망명한 영철은 동생 마리엘렌과의 재회를 눈앞에 두고도 경찰에 쫓겨 도망친다. 마리엘렌과 영철의 상황은 이데올로기로 인해 명확한 이유도 알지 못한 채 고통받는 이들의 모습을 대변한다. 두 사람 사이에서 드러나는 당연한 유대와 비정상적인 단절의 괴리는 오랫동안 한국이 겪어온 모순, 그리고 폭력과 겹친다.

〈그 섬에 가고 싶다〉(1993)에서는 이 문제가 조금 더 친숙한 모습으로 다가오는 것은 이 때문이다. 재구(문성근 분)는 고향에 자신을 묻어달라는 아버지의 유언에 따라 그의 상여를 싣고 섬으로 향한다. 그러나 섬 사람들은 이를 극렬하게 반대하고, 영화는 재구 아버지로 인해 많은 동네 사람들이 죽어갔던 그때로 돌아간다. 평화로웠던 섬마을에 군인이 들이닥치고 사람들은 그들이 국군인지 인민군인지 알 수 없는 혼란스러운 상황에 놓인다. 나름의 판단으로 편 가르기를 했던 사람들은 재구 아버지로 인해 자신들이 시험에 놓인 것이라며 오해한 채 죽어간다. 분명 재구 아버지 때문이 아니었지만 눈에 보이지 않는 이념보다 눈에 보이는 그를 향한 분노가 쉬운 탓에 마을 사람들은 40여 년이 지난 그때까지도 재구 아버지의 상여를 막아설 한을 쌓아온 것이었다.

〈베를린 리포트〉, (박광수, 1991)

이처럼 박광수가 진단한 한국 사회는 과거의 망령에서 한 치도 벗어나지 못한 고립사회였다. 사회에서 소외되었던 이들은 여전히 그곳에 있고 이데올로기로 고통받는 이들도 고스란히 1990년대로 넘어왔다. 즉 1980년대에 그가 가지고 있던 문제의식은 쓰리게도 이후까지 유효했던 것이다. 그러나 그의 영화가 이처럼 고질적이고 가슴 아픈 문제를 다루고 있음에도 감정적인 동요보다 냉철함을 유지하는 것은 그의 영화가 보여주는 문제의식을 넘어서는 다른 특징을 주목하게 한다. 이쯤에서 그가 영화를 통한 기록을 중요하게 생각했다는 점을 떠올려보자. 그리고 기록은 눈앞의 상황과 거리를 두었을 때 가능하다는 점도 상기시켜보자. 당겨 말하자면 박광수의 시선은 사건 내부에 있기보다 외부에서 바라보는 자의 그것이다. 마치 그의 영화 대부분에서 뉴스나 라디오 등을 통해 정세를 읊어주는 객관적인 목소리처럼.

그의 영화에 등장하는 지식인 캐릭터는 이러한 박광수의 기록적 특징을 고스란히 대변하는 인물들이다. 1980년대 시위를 주동한 혐의로 도피 중 강원도 탄광촌으로 숨어든 대학생 기영(〈그들도 우리처럼〉), 파리 특파원으로 파견되었다가 프랑스로 입양된 남매 사이에 얽혀든 기자 성민(〈베를린 리포트〉), 고인이 된 친구의 아버지를 고향에 모시기 위해 귀향했다가 섬 사람들의 반대를 바라보는 시인 김철(〈그 섬에 가고 싶다〉), 수배 중 전태일에 관한 기록을 남기기 위해 그의 흔적을 쫓는 법대 졸업생 영수(〈아름다운 청년, 전태일〉), 그리고 대학생의 외피를 쓰진 않았지만 비전향 장기수 아버지로 인한 연좌제로 고통을 겪으며 현실에서 벗어날 수 없는 상황에 고뇌하는 만수(〈칠수와 만수〉)까지도 바로 이 영역에 있다.

〈그 섬에 가고 싶다〉(박광수, 1993)

〈아름다운 청년, 전태일〉(박광수, 1995)

이들은 눈앞에서 벌어진 문제에 어떠한 개입도 하지 않는다. 시위 현장에서 도망쳤던 기영은 탄광촌의 파업을 바라볼 뿐이고, 영수는 떠나는 기차 안에서 자신의 아이를 가친 채 이제 더 이상 공장 노조 문제에 개입할수 없게 된 여공에게 안타까운 눈빛을 보낼 뿐이다. 김철 역시 재구의 아버지를 왜 그곳에 모셔야 하는지에 대해 어떠한 말도 보태지 않으며, 만수는변화가 오고 있다는 사실을 불신한다. 유일하게 마리엘렌을 위해 그의 오빠를 찾아주는 성민조차 마리엘렌의 고통을 오랫동안 쫓고 바라본다.

이들은 현실에 관조적인 시선을 보내는 무력한 엘리트들이다. 마치 박광수의 페르소나처럼 보이는 이들은 고민하고 고뇌했지만, 결국은 문제를 해결하지 못한 채 이월시켜버렸던 죄책감 혹은 아쉬움과 안타까움이 투영된 인물과 다르지 않다. 그들은 현실을 건조하게 진단하고 괴로워하면서도 쉽사리 그 상황으로 발을 들여놓지 못했다. 박광수의 영화를 가로지르던 이 시선은 아프지만 무력한 것이었고, 어쩌면 아픈 시대를 바라본 그의 솔직한 고백이었을지도 모른다.

익숙하지 않은, 그러나 진짜 삶을 사는 이들 – 장선우의 경우

검열로 인해 〈서울 예수〉에서 〈서울 황제〉(1986)로 제목을 바꾸고도 개봉하지 못했던[77] 이 영화에는 스스로를 예수로 칭하는 한 남성이 등장한다. 그는 길거리에서 배회하는 꼬마와 함께 자신과 꼬마, 그리고 이 세상을 구원해줄 여성을 찾아 나선다. 꼬마가 한 여성의 품에서 안정을 찾았을 때 그는 탈출했던 정신병원으로 호송되지만, 다시 그곳을 탈출해 세상으로 나온다. 선우완과의 공동 연출로 처음 충무로에 내놓았던 이 작품은 앞서 설명했던 박광수가 현실을 바라보던 것과는 정반대의 시선이 포착된다. 마치 정신병원에서 탈출하여 세상에 뛰어들었던 예수처럼 장선우의 영화 속 인물들은 현실에 살고 있기에, 그 삶이 무엇인지 알기에 세상이 비극인 듯 희극인 듯 고통과 웃음을 오가며 조롱하고 있었기 때문이다.

〈서울 황제〉(장선우, 1986)

1970년대에 장선우는 학생 운동과 문화 운동의 구심점이었던 탈춤과 마당극 활동에 집중했다. 그러나 마당극의 의미가 강화되면서 마당극을 향한 공권력의 개입은 극심해졌고 시간이 지날수록 활발한 활동은 어려워졌다. 1980년대 초 장선우는 영화로 관심을 옮겨 몇 편의 영화에 조감독으로 활동하며 비평과 시나리오를 쓰는 데에 공을 들였고, 영화 〈성공시대〉(1988)로 충무로의 주목을 받기 시작했다.[78] 장선우의 이러한 활동을 살펴야 하는 것은 각기 다른 듯한 그의 행적이 자신만의 영화관을 구성하는 데에 중요한 요소들로 작용했기 때문이다. 특히 그가 썼던 비평들은 1980년대 중반부터 등장하기 시작한 새로운 흐름으로서의 민중 영화를 설명하는 데에도, 한편으로는 1990년대까지 이어지는 그의 영화를 이해하는 데에도 매우 중요한 역할을 한다는 점에서 주목할 필요가 있다.

그는 짜여진 무대극이 주는 환상을 거부하고 관객에게 극적 공간을 개방하여 참여케 하는 마당극과 같이 영화도 고전적이고 익숙한 구성을 넘어서야 한다고 주장했다. 장선우는 이를 '열려진 영화'라 칭하면서 구전성을 통해 생명력을 회복하고 대중의 창조 가능성을 높일 수 있는 방법으로 제시했다.[79] 물론 그는 이것이 누구를 향해야 하는지도 짚고 있었다. 그는 흔히 말하는 관객의 주체성을 민중에 두고, 그들을 함부로 조직해야 하는 대상으로 보거나 미화시킬 것이 아니라 그저 살아 있는 삶의 총체로 보아야 한다고 설명한다.[80] 즉 민중의 눈으로 그들의 삶과 이상을 반영해내는 것이 장선우가 생각한 1980년대 영화의 임무였던 것이다. 이와 같은 영화에 대한 그의 사유는 그의 영화가 평범한 현실을 보여주지 않을 것이라는 점, 그리고 민중의 눈으로 본 일상 속에서 새로운 감수성을 선사할 것이라는 점을 예상할 수 있게 한다.

〈성공시대〉(장선우, 1988)

그가 오롯이 메가폰을 잡은 첫 작품 〈성공시대〉(1988)에서부터 이 특징은 강렬하게 포착된다. 주인공 김판촉(안성기 분)은 자신의 얼굴이 들어간 만 원권 지폐를 가훈 대신 걸어두는 이이다. 출근을 하며 지폐를 향해 히틀러식 인사를 건네는 김판촉의 행동은 그에게 돈이 절대적인 가치라는 점을 코믹하면서도 섬뜩하게 보여주는 장면이었다. 그가 살아가고 있는 1980년대 후반의 한국 사회는 장선우의 영화에서 이렇게 등장했다. 김판촉이 돈을 쫓으며 겪는 갑작스런 성공과 몰락은 곧 그곳을 살아가고 있는 이들의 희망, 그리고 어찌 보면 예정된 파멸을 보여준다는 점에서 당대에 대한 현실 인식이 녹아 있다. 그러나 중요한 것은 김판촉의 상황이 심각하거나 무겁다기보다 코믹하고 해학적으로 그려진다는 점이다. 조미료 시장에 뛰어들어 서서히 인정받다 한순간에 버려지는 김판촉의 모습은 분명 잔인한 것이었지만 장선우의 영화에서 결코 심각해지진 않았다.

〈우묵배미의 사랑〉(장선우, 1990)

서울 근교의 우묵배미, 즉 난곡에서의 일도(박중훈)와 공례(최명길)의 사랑을 그린 〈우묵배미의 사랑〉(1990)이 남들이 손가락질하는 사랑을 따뜻하게 감싸고 있는 것도 그의 영화에선 그리 이상한 일이 아니다. 특별히 하는 일이 없던 일도가 그의 처와 자식을 데리고 살 수 있는 곳은 서울을 벗어난 변두리 어딘가이다. 이곳에서 일도는 치마를 만드는 작은 공장에서 공례를 만난다. 공례는 별일 없는 듯 조용히 일하고 있지만 그의 남편은 그를 때리기 일쑤이고 이곳에 그가 맘 붙일 곳은 없다. 일도는 악착같이 살며 자신을 구박하는 부인과는 다른 공례에게 마음이 끌리고, 공례 역시 농담을 건네며 다가오는 일도가 싫지 않다. 두 사람은 자신들이 함께 하려면 '샛길'로만 다녀야 한다는 것을 알면서도 '넓고 환한 길은 재미가 없'기에 두려워하지 않겠다며 담대한 여정을 시작한다.

물론 두 사람의 만남이 순탄할 수는 없다. 일도는 아내(유혜리)가 눈치를 채고 시댁에 이야기하는 바람에 흠씬 두들겨 맞고 집으로 돌아왔고, 공례는 아예 집으로 돌아갈 생각조차 하지 못한다. 그들 스스로 이 모든 것이 허깨비 놀음이었다고, 서로를 감추어야겠다고 생각할 때, 그들의 뒤로 흐르는 '뜨내기 우리의 남루한 젊음/ 한숨에 쓰러지는 빈손의 젊음/ 겨울 바람 핥고 가네 헐벗은 가슴/ 잃어버린 사랑이 바람 되어'를 담은 주제곡은 그들의 삶이 어디에 머무르고 있는지를 잘 보여준다. 또한 영화는 그들이 살고 있는 공간의 현실성을 통해 그들의 답답함을 이해하도록 도와주기도 한다. 쫓기듯 외딴 곳으로 밀려난 이들의 외로움이 담긴 공간, 벗어날 수 없을 것 같이 좁아터진 일터, 어디로도 숨을 수 없을 것 같이 펼쳐진 논과 간간이 보이는 비닐하우스는 그들이 어떠한 마음으로 현실을 살고 있는지를 그대로 느낄 수 있게 하면서 마치 그들과 함께 그곳에 있는 듯한, 그래서 두 사람을 애틋하게 바라볼 수 있는 마음을 내어주게 한다.

위의 작품들에서 드러나듯 장선우의 인물들은 바로 그 세계에 살며 그곳에서 느낄 수 있는 현실의 무게를 직접 경험하고 짊어지는 이들이다. 그들은 그곳에서 고통을 겪고 버림받기도 하며 힘겹게 살아가면서도 마음 기댈 곳을 찾고, 방황하는 듯 보이지만 분명하게 생명력을 지닌 이들이다. 고통스러운 삶 속에서도 어이없는 순간에 튀어나오는 웃음처럼 장선우 영화의 해학, 그리고 정제되지 않은 이야기는 이렇게 현실을 이야기하고 있었다. 박광수가 바라보았던 현실과 장선우의 현실이 다른 방향을 바라보고 있는 것은 바로 이 지점이다. 인물들이 현실로 진입했는가 그렇지 않는가, 누구를 위해 어떤 현실로 진입했는가는 전혀 다른 분위기의 이야기를 내놓을 수밖에 없는데 특히 지식인 캐릭터가 등장했을 때에 이 차이는 더욱 도드라진다.

〈경마장 가는 길〉(장선우, 1991)

프랑스 유학 중 함께 지내다 한국에서 다시 만난 〈경마장 가는 길〉의 J(강수연)와 R(문성근)의 관계는 두 감독의 차이를 명쾌하게 드러낸다. 한국에 먼저 들어와 있던 J를 만난 R은 전과 다른 J의 태도에 당황하고, 그의 맘을 돌리고자 분투한다. 그러나 J와 함께 하고 싶은 R의 마음은 문어체의 말투와 수식을 뒤집어쓴 단어들 속에 숨어들 뿐이다. 게다가 유부남인 R은 J와는 그렇게 많은 말을 나누면서도, 그의 부인에게는 이유조차 이야기하지 않은 채 이혼을 요구하며 그를 기다리던 부인과 아이들을 무시한다. 이처럼 두 사람이 내뱉는 말들은 서로에게도, 그리고 정작 필요한 곳에서도 전혀 쓰일 수 없는 허상인 듯 흩어진다. 특히 J와 R이 모두 프랑스에서 문학 박사 학위를 받고 온 이들이라는 점은 이를 더욱 극대화 시킨다. 그들이 나누는 말들은 학식을 갖춘 이들이 나눌 법한 어투와 단어로 이루어진 듯하지만 사실 J는 R이 써 준 논문과 평론으로 명성을 얻은 것이며, R는 자신의 지식을 J의 약점을 잡아 휘두르는 데에 이용하는 중이다. 〈경마장 가는 길〉은 마치 장선우가 엘리트'성'을 조롱하기 위해 J와 R의 성격을 배치한 듯 완벽한 풍자로 나아간다.

이는 〈너에게 나를 보낸다〉(1994)에서도 그리 다르지 않다. 장정일의 동명의 소설을 원작으로 한 이 작품은 사회로 나아가지 않은 채 글과 성에 집착하는 나(문성근)와 친구인 은행원(여균동), 그리고 바지 입은 여자(정선경)를 중심으로 사회적 욕망보다 성적으로 경도된 이들의 모습을 그려낸다. 나는 신춘문예로 등단했지만 표절로 당선이 취소된 후 야한 소설을 쓰며 하루하루를 살아간다. 이때 자신이 나의 소설과 똑같은 꿈을 꾸었다며 갑작스레 찾아온 바지 입은 여자는 함께 살자며 나를 당황스럽게 만들고,

곧 둘은 서로를 탐하는 일상을 보낸다. 나는 소설가들의 모임에 나가 그들의 난잡함을 경멸하면서도 자리를 지키고, 바지 입은 여자는 독서와 지식에 과하게 탐닉하면서도 이를 무엇으로도 옮겨내지 않는다. 이처럼 지식의 끝을 잡고 놓지 못하는 인물들의 성적 탐닉은 과연 이 사회가 어떻게 돌아가고 있는가에 대한 새로운 방식의 질문이라고 할 수 있다. 즉 〈너에게 나를 보낸다〉는 허위로 가득 찼던 〈경마장 가는 길〉의 J와 R을 극단적으로 성에 집중하는 나와 바지 입은 여자로 옮겨 사회에 대한 신랄한 조롱으로 나아간 작품이라고도 볼 수 있을 것이다.

박광수가 그리려 했던 지식인의 고뇌는 장선우의 영화에선 찾아볼 수 없다. 외부자의 시선으로 사회를 진단하는 태도 위에 쌓은 박광수의 엘리트 인물들은 결코 그 안으로 들어서지 못했다. 그들의 시선에서 노동자, 소외된 탄광촌의 다방 레지, 살인자가 된 입양아 등은 고통을 벗어날 수 없는 인물이다. 지식인 인물들이 분석한 사회에서 이들은 행복하게 살아갈 모든 기반을 빼앗긴 약자밖에 될 수 없기 때문이다. 그러나 그들의 현실로 들어갔을 때 그들에겐 그들만의 삶이 있다는 점이 장선우를 통해 드러난다. 가난한 동네의 작은 공장에서 일하는 이에게도 함께 일하는 이들과의 소통이, 농담이 오가는 소소한 일상이 있고 사랑이 있다. 최고의 학위를 받았다는 이도 학식이 아닌 눈앞의 여성과의 섹스에 안달을 낼 수 있고, 더 이상의 희망이 보이지 않는 글쟁이들은 방향을 선회하여 또 다른 것을 탐닉할 수도 있다. 장선우가 바라보는 현실의 모습은 바로 이런 것이었다. 누군가가 누군가를 규정하기보다 그들의 모습 자체를 바라보고 그것에 대해 이야기할 수 있는 것, 바로 여기에 장선우가 고민해온 과거의 사유들이 담겨 있었다.

〈너에게 나를 보낸다〉(장선우, 1994)

장선우가 1980년대를 겪으며 남긴 글의 조각들은 영화가 누구에게, 어떻게 가닿아야 하는지에 대한 깊은 고민이 묻어 있었다. 그가 경험했던 탈춤이나 마당극 등의 열린 형식, 그리고 현실을 살아가고 있는 생명력을 지닌 이들을 향한 응시는 아이러니한 웃음과 의외의 상상력을 불러들였다. 또한 이는 1990년대로 진입한 새로운 한국 영화를 예비하면서 그에 맞는 현실을 그리는 방법이었을 것이다. 1996년 장선우가 〈꽃잎〉을 통해 상업영화로서는 처음으로 5·18 광주 민주화 운동을 다루었던 것은 이를 실천한 것처럼 보인다. 과거로 밀어두었던 그때가 이제는 현실로 그리고 현재로 들어서야 한다는 것, 〈꽃잎〉은 등장 자체로 바로 이것을 획득한 작품이었기 때문이다. 장선우의 현실은 이처럼 지금에, 그리고 그 안에서 살이기는 이들을 위해 펼쳐져 있었다.

'80년대성'을 넘어 같은 문제를 표현하기 위하여

두 감독이 1980년대부터의 경험과 문제들을 1990년대로 끌어오던 그때, 충무로에서는 1990년대부터 시작된 기획 방식과 그에 따른 자본의 운영 체계가 움트기 시작했다. 지금의 관객들이 보고 싶은 것, 듣고 싶은 이야기에 귀를 기울인 영화들이 등장하기 시작했고, 영화들은 밝고 쾌활한 모습을 띠어갔다. 무엇보다 과거를 되짚지 않고도 지금을 이해할 수 있는 동시대성을 전면에 내세우며 지금의 젊음이 무엇을 즐길 수 있고 누릴 수 있는지, 또 아플 수 있는지를 가감 없이 표현했다. 배우도, 제작사도, 감독도, 이전의 새로움과는 또 다른 의미에서의 새로움을 장착한 채 영화에 뛰어들었고 관객들은 이에 환호했으며 1990년대의 영화계는 이렇게 전에 없던 판을 짜기 시작했다.

1990년대 후반을 향해 가면서 두 감독이 이전과는 전혀 다른 작품을 내놓은 듯 보이는 것은 아마도 이러한 1990년대의 흐름에서 돌출되었기 때문일 것이다. 변화한 상황은 오히려 변하지 않은 그들을 어색하게 만들었고 그들의 발화는 조금씩 힘을 잃었다. 1990년대의 끝자락, 박광수는 〈이재수의 난〉(1999)을 통해 부패한 종교인들을 상대로 투쟁했던 1901년의 제주도민들에 주목했다. 그러나 그의 설명은, 그리고 과거의 언젠가를 되짚으며 지금의 문제를 다시 보아야 한다는 인식은 안타깝게도 관객들의 공감을 얻지 못했다. 장선우는 〈너에게 나를 보낸다〉를 더욱 극단으로 끌고 간 〈나쁜 영화〉(1997)와 〈거짓말〉(1999)로 일탈과 성을 통해 현실과의 대결을 꾀했지만, 이 작품들은 많은 논란을 낳았고 결국 음란성 시비에 직면해야 했다. 그리고 이 직후의 〈성냥팔이 소녀의 재림〉(2000)은 더 이상 그가 생각하는 현실이 무엇인지를 가늠하기 힘들게 만들고 있었다.

두 감독이 이러한 궤적을 그린 것은 아마도 '80년대성'이라는 깊은 심상 때문이 아닐까 라고 생각할 때가 있다. 딱 꼬집어 설명할 수는 없지만 어렴풋이 짐작할 수 있는 어떤 무게들, 그러니까 세상을 바꿀 수 있을 것이라는 믿음, 이를 위해 외쳤던 목소리 끝에 이룬 승리, 그리고 곧바로 이어진 좌절과 이를 딛고 일어서야 한다는 의지 등은 무엇인가를 그 자체로 보는 것을 힘겹게 만든 것처럼 보이기 때문이다. '영화란 무엇인가'보다 '영화는 무엇을 해야 하며' '누구를 위해' '어떻게 해야 하는가'라는 목적을 먼저 떠올릴 수밖에 없던 것은 바로 여기에서 기인했을 테니까. 이러한 '80년대성'은 시대를 설명할 때에도, 세대를 설명할 때에도, 그리고 당대의 생활 양식 등을 설명할 때에도 어떠한 명분을 지니고 그것을 했는지에 대해 깊은 고민을 선행하게 만들었을 것이다. 그래서 그것이 점차 사라졌을 때 '80년대성'에서 자유로울 수 없는 이들의 적응은 요원했을지 모른다.

그러나 두 감독이 약 40여 년 전부터 짚어냈던 문제들은 징글징글하게도 지금까지 도사리고 있다. 노동의 문제도, 소외의 문제도, 위선과 허상에 사로잡힌 이들과 이데올로기에 집착하는 이들의 문제도 매일 뉴스를 장식할 뿐 아니라 더 다양하고 복잡한 방식으로 현실을 옭아맨다. 현재에도 두 감독의 영화에서 꼽을 수 있는 키워드가 유효하다는 사실은 화나는 일이지만, 이로 인해 차분히 축적해온 영화적 레퍼런스가 우리 앞에 남아 있다는 점은 다행이기도 하다. 절대 사라지지 않을 이 문제들에 대해 앞서 길을 열어주었던 두 감독과 그들의 영화는 이제 또 다른 방식으로 이 문제를 주목하는 이들에게 수용과 경계를 오갈 수 있는 중요한 지침이 되어줄 것이다.

Chapter 3.

동아시아
뉴웨이브
네트워크

9.

이장호 영화가
열도를 횡단할 때

채경훈

달빛 사이로 비치는 이보희의 무릎

세 개씩 모아 묶은 초콜릿 바와 가고메 케첩 두 통, 큐피 마요네즈 두 통, 그 외 가쓰오부시, 녹캔디, 비타민세, 소화세, 시마바라 소면, 메밀 국수면, 간장, 네스카페 골드 블렌드 인스턴트 커피, 옷, 담요 등이 거실 바닥 여기저기에 널려 있다. 간다 다다오 혹은 강충남[81]은 오랜만에 한국 영화 비디오 테이프를 빌려 어머니 집에 들렀다. 그는 널려 있는 물건들이 북한에 있는 형들에게 보내려는 소포라는 것을 알았다. 초콜릿 바는 조카들을 위한 간식일 것이다. 어머니 영순은 거실 한편에서 아무 말 없이 물건들을 정리하고 있다.

다다오 혹은 충남은 모처럼 어머니 영순과 함께 한국 영화나 볼까 하고, 동포의 비디오 가게에서 영화를 빌려왔다. 그런데 하필이면 빌려온 영화가 〈무릎과 무릎 사이〉(이장호, 1984)다. 그는 이 영화가 어머니와 함께 보기에 민망할 것을 알았을까? 아마도 그는 요즘 동포 주부들 사이에서 이보희의 영화가 인기 있다는 얘기를 듣고 일부러 빌려왔을 것이다.[82] 서울올림픽이 있던 해에 이보희와 이장호 감독이 일본을 방문했고, 당시 신문에는 두 사람을 한국 영화 인기에 불을 지핀 장본인이라고 평가한 기사가 실렸다.[83] 또한 이보희가 1인 3역을 했던 〈나그네는 길에서도 쉬지 않는다〉(이장호, 1987)는 도쿄국제영화제에서 국제비평가상을 받았고,[84] 시부야의 세이부백화점에 있는 시드홀에서는 '이장호 영화제'[85]가 개최되기도 했다. 어느 정도 이름이 알려진 이장호와 이보희 콤비의 흥행작이라는 믿음 하나로 다다오는 이 영화를 선택했을 것이다.

급기야 비디오에서는 1980년대 한국 영화에서 가장 에로틱한 장면[86]이 막 나오려는 참이다. 클래식 연주회에 간 여주인공 자영(이보희)이 자신의 무릎을 쓰다듬는 수일(임성민 분)의 손길에 심한 내면적 갈등에 휩싸이며 괴로워한다. 이 장면 때문인지 다른 이유 때문인지 충남은 어색한 분위기를 깨기 위해 어머니에게 말을 건넨다.

"오모니, 언제까지 애처럼 삐쳐 있을 거야. 모처럼 비디오도 빌려 왔는데."

영순은 정리한 물건들을 신문지에 싸고 박스에 넣기를 반복할 뿐이다.

그 사이 TV에서는 폭우 속에서 벌어지는 자영과 수일의 격렬한 정사 장면이 흘러나온다.

그냥 말을 하는 것이 좋을 것 같다. "난 말야. 오모니를 그 누구보다도 가장 소중하게 생각해."

"니가 사탕발린 말을 할 땐, 항상 말야, 뭔가 있어." 영순은 물건을 싸는 손놀림에 맞춰 퉁명스레 말을 던진다. 두 사람의 대화 사이로 자영의 신음 소리가 언뜻언뜻 들린다.

"비디오도 같이 보낼까?" 거실 벽에 걸린 김일성과 김정일의 초상화를 의식하기라도 했을까. 남한에서 만든, 그것도 에로 영화를 북한에 보내면 어떤 일이 벌어질지 짓궂은 생각이라도 한 듯 다다오는 말을 돌린다.

"헛소리 하고는, 공화국에 보내고 싶은 건 너야", "형들은 잘 살고 있어?", "남 일처럼 얘기하고 있네.", "난 역시 따뜻한 곳에서 살고 싶어.", "조국에 있는 형들한테 부끄럽지도 않아?" 영순은 현금 다발을 세며 충남을 다그치지만 다다오는 아무렇지도 않게 "별로."라고 대꾸한다.

"코니랑 노는 건 좋아." 충남의 '따뜻한 곳'이라는 말에 영순이 코니의 이름을 내뱉는다. 자신의 가게에서 호스티스로 일하는 필리핀 출신 코니와 충남이 사귀는 게 여간 탐탁지 않다. "근데 말이야. 결혼 얘기라도 꺼내면 봐. 부모 자식 간 연을 끊어버릴 테니까."

"일본 사람은 안 돼. 필리핀 사람도 안 돼. 제주도도 안 되고, 민단도 안 돼. 난 대체 누구랑 결혼하란 말이지?" 충남 혹은 다다오의 자조 섞인 물음에 "한심하구나."라고 영순이 대꾸한다. 알 수 없는 깊은 한숨이 섞인 영순의 대답 너머로 자영의 신음 소리가 들린다.

충남 혹은 다다오는 소포 상자 안의 물건을 꺼내 상자 밑바닥 뒷면에 돈 봉투[87]를 꼼꼼하게 붙인다. 아들과 함께 어머니 영순은 다시 소포 상자를 싸기 시작하고, 우편 송장에는 "조선 민주주의 인민공화국 량강도 혜산시"라고 적혀 있다.

몰락한 스튜디오와 거품 경기의 틈새에서

〈달은 어디에 떠 있는가〉(최양일, 1993)는 재일한인의 일상을 사실적으로 그려 높은 평가를 받았다. 충남 혹은 다다오의 형들은 북송사업으로 북한에 가서 살고 있는 설정이고, 그들에게 보낼 소포를 꾸리는 모습은 그때까지 일본 영화 속에서 결코 볼 수 없었던 재일한인 사회의 내밀한 부분을 만천하에 공개하는 장면이었다. 이 때문에 동포 사회에서 오해 아닌 오해와 비판을 받기도 했다.[88] 한국과 재일민단은 북송사업, 북한과 일본은 귀국사업, 조총련에서는 귀국운동이라며 명칭을 달리할 정도로 민감한 문제이니만큼 당연한 반응이다. 게다가 일본인, 필리핀인, 제주도 출신, 민단 출신 그 누구와도 쉽게 만날 수 없는 충남 혹은 다다오의 모습은 한국, 북한, 일본 그 어디에도 마음 편하게 귀속되지 못하는 재일한인의 상황을 상징적으로 보여준다.

그런데 이렇게 중요하고 민감한 장면에 이장호 감독의 〈무릎과 무릎 사이〉가 등장하는 것은 너무도 뜬금없다. 아무리 재일교포 사회에서 이보희가 인기가 있었다 하더라도 왜 하필 〈무릎과 무릎 사이〉였을까? 게다가 1980년대 한국 영화에서 가장 야한 정사 신 중 하나로 꼽히는 장면이 왜 이

영화에 등장했을까? 이러한 질문과 함께 당시 일본에서의 한국 영화의 상황을 살펴보기로 하자.

일본에서 한국 영화가 주목받기 시작한 것은 의외로 빨랐다. 일반적으로 2000년대 이후 한류가 한국 영화 인기의 불씨를 지폈다고 생각하겠지만, 한국 영화 팬은 이미 1980년대 초반부터 형성되기 시작했다. 또한 한국에서 일본 대중문화가 개방된 것이 1990년대 후반이기 때문에 한국 영화 또한 일본에 소개되지 않았으리라 짐작하기 십상이지만 이는 완벽한 오해다. 이미 1979년에 주일한국문화원이 도쿄의 3대 부도심 중 한 곳인 이케부쿠로에 들어섰고, 한국문화원의 월례 행사로 기획된 '한국 명화를 즐기는 모임'을 통해 한국 영화가 꾸준히 소개됐다. 임권택, 장일호, 이만희, 하길종의 영화 등 다양한 한국 영화가 상영됐으며 이장호 감독의 영화 중에서는 〈낮은 데로 임하소서〉(1982)가 1982년에 한국문화원에서 상영된 바 있다. 그러나 설립 초기에는 대중적 접근도가 그리 높지 않았던 것 같다. 아시아 영화에 관심이 많았던 영화평론가 사토 다다오 정도가 한국문화원에서 영화를 봤다고 언급했을 뿐, 일반인들에게는 널리 알려지지 않았던 것으로 보인다. 오히려 한국 영화는 이후 작은 극장들을 통해 더 빠르게 멀리 퍼져 나갔다.

1970년대 중반부터 일본에서는 예술·독립영화 전문 극장이 생기기 시작했다. 처음에는 작품성 있는 영화를 알리는 것에 뜻을 뒀던 사람들에 의해, 혹은 기업의 문화사업의 일환으로 등장했다. 그리고 1980년대에 접어들어 일본 영화산업의 핵심이었던 스튜디오 시스템이 붕괴 직전에 이르게 되면서 말 그대로 '미니 시어터'라는 이름의 작은 극장들이 본격적으로 확산됐다. 1960년대부터 일본 영화산업은 침체기에 접어들었고, 1970년대에는 대형 영화사가 도산하는 상황에 이르면서 이들 영화사는 제작 부서를 매각하는 등 경영 합리화를 시도한다. 그러나 영화계는 불황에서 빠져나오지 못했고, 일본 영화계의 핵심인 스튜디오 시스템은 점점 와해됐다. 이 틈을 타 영화와 관련 없던 기업이 영화계로 새롭게 진출했고 영화산업 구조가 전반적으로 개편되면서 프로그램 픽처[89]와 연동되어 있던 영화관이 차례차례 문을 닫거나, 블록부킹 방식[90]에서 벗어난 영화관이 출현했다. 주류 영화사로부터 독립한 영화관들은 영화산업에 새롭게 진출한 제작사, 배급사의 작품을 상영할 수 있게 됐고 자체적으로 상영 프로그램을 편성해나갔다. 그 결과 유럽의 예술영화를 비롯해 아시아, 남미, 아프리카에서 온 미지의 영화나 다큐멘터리, 실험영화 등을 전문으로 상영하는 영화관들이 등장하고 이에 대한 수요가 늘어나면서 본격적으로 미니 시어터 붐이 일어났다.[91]

　미니 시어터의 확산은 거품 경제와도 관련이 있다. 1980년대 일본은 유례없는 경제적 호황기를 누렸다. 거품 경제로 임금이 치솟고 일손이 부족해지면서 외국인 근로자들이 급증했고, 이에 따라 다양한 이국 문화의 유입과 외국인과 관련된 사회 문제가 발생했다. 일본 사회는 기존의 시각으로는 이해하거나 해결할 수 없는 문제에 직면했고 타민족, 타문화에 대한 확장된 시각이 필요하게 되면서 다문화주의에 관한 논의가 본격적으로 시작됐다.[92] 자연스럽게 아시아, 남미 등 소위 제3세계 지역에 대한 일본인의 관심이 높아지고, 경제적으로 여유로운 일본인에게 제3세계 문화는 이국적 매력을 선사하며 주요 소비 대상으로 떠올랐다.

실제로 1980년대 중반부터 1990년대에 걸쳐 일본의 젊은 여성들 사이에서 홍콩 영화가 인기를 끌었던 시기가 있었다. 이전까지 일본에서 홍콩 영화는 남성들이 소비하는 무협, 쿵푸 영화가 주류였으나, 알란 탐, 장국영, 유덕화 등 무협의 세계가 아닌 현대 홍콩을 배경으로 하는 영화 속 새로운 세대의 배우들이 주목받으며 일본의 여성 팬이 증가했다.[93] 젊은 세대 배우들의 등장은 홍콩의 뉴웨이브 영화의 출현과 함께한다는 점[94]에서도 그 이전과는 다른 감각으로 일본의 팬들을 사로잡았다.

스튜디오200에서 기획한 한국 영화걸작선

한국 문화, 한국 영화를 즐기는 팬충도 이와 유사한 배경에서 출현했다. 1980년대 이후 많은 한국인들이 일본으로 이주했다. 일제 강점기와 해방 직후 이주한 '올드커머', 즉 구세대와 달리 이들은 유학 및 취업을 목적으로 이주한 사람들로 '뉴커머'라고 불렸다. 뉴커머의 등장과 함께 도쿄의 신오 쿠보와 같은 코리아 타운이 새롭게 형성됐고 올드커머 지역과는 달리 동시 대 한국 문화의 발신지로서 기능했다.[95] 게다가 '86 서울 아시안 게임, '88 서울올림픽 개최로 한국에 대한 관심이 한층 높아지면서 한국 문화는 보다 광범위하게 일본에 유입됐다. 이러한 분위기 속에서 재일한인이 세운 영화 배급사 아시아영화사[96]가 등장, 한국 영화를 일본에 적극적으로 소개하기 시작했다. 한국 영화를 꾸준히 소개한 대표적인 극장으로 세존그룹의 세이 부백화점이 운영했던 스튜디오200은 1983년부터 1989년까지 총 13회에 걸 쳐 한국 영화 상영회를 기획했고, 아시아영화사가 함께 참여하기도 했다.[97]

거품 경기와 다문화사회로의 진입, 몰락한 스튜디오 시스템의 틈새에 서 태어한 미니 시어터, 한국의 아시안 게임과 올림픽 개최, 한국인 이주 자들의 증가와 재일 한인 영화사의 등장이라는 중층적인 계기들이 한국 영 화 수용의 환경을 다졌고 그 결과 한국 영화 팬들이 늘어나기 시작했다. 1980 · 90년대 일본 영화계와 교류했던 한국 영화인 중 한 명이었던 이장 호 감독은 당시 일본에서 한국 영화의 인기가 나날이 높아졌다고 언급하기 도 했다.[98] 이러한 맥락에서 80, 90년대 한국 영화가 2000년대 이후 일본 의 한류 현상에 중요한 기반이 됐다고 해도 과언이 아니며,[99] 그 중심에 임 권택, 이두용, 배창호와 같은 감독들과 함께 이장호가 있었다.

이장호 영화의 새바람 부는 풍경

멀리서 교회 종소리가 들린다. 교회 뒤편으로 콘크리트의 맨살을 드러낸 건물이 보이고, 교회 앞은 복개 도로 공사가 한창이다. 공사 중인 건물들이 하늘과 맞닿아 기이한 경계선을 그린다. 춘식(이영호)이 일하는 미용실 옆에도 새 건물이 들어서려는지 다져놓은 빈 터가 있고, 동네 이곳저곳에 벽돌이 쌓여있다. 개발이 한창인 곳이라 덕배(안성기), 길남(김성찬), 춘식 일행이 술 마시고 밤늦게 돌아가는 길에는 가로등이 간간이 서 있을 뿐이다. 늙은 노인이 내 땅을 내놓으라고 외치며 배회하는 서울 변두리 풍경은 스산하다 못해 기괴하기까지 하다. 덕배가 싸움에 휘말려 경찰 조사를 받고 집으로 돌아가는 길도 공사로 인해 곳곳이 패였고, 채 완성되지 않은 앙상한 건물이 살풍경한 분위기를 배가시킨다. 덕배의 집 옥상에서 보이는 것이라고는 온통 공사 중의 도로와 건물들뿐이며, 진옥(조주미)에게 돈을 떼여 화가 난 길남이 뉘엿뉘엇 넘어가는 해를 등지고 울분을 토하는 곳도 공사판이다. 그리고 길남 뒤로 작업 중이던 굴착기가 실수로 수도관을 터뜨려 물이 분수처럼 솟아오른다.

〈바람불어 좋은 날〉의 춘식이 울분을 토하는 장면

〈바람불어 좋은 날〉(이장호, 1980)에서 카메라가 인물들로부터 조금만 뒤로 빠지면 한창 개발 중이던 1980년대 서울 변두리의 모습이 그대로 드러난다. 영화의 허구적 세계를 압도하는 어수선한 도시 공간의 이미지는 등장인물 개개인의 서사성을 뛰어넘어 개발독재 시대의 기억을 고스란히 담고 있으면서도 80년대에 대한 기대와 두려움을 동시에 노출하며 당시의 시대상을 오롯이 간직하고 있다. 〈바람불어 좋은 날〉이 한국 영화의 사실주의 계보를 새롭게 형성하며[100] 한국 뉴웨이브의 시작을 알렸다는 평가를 받은 데에는 이러한 도시 공간의 재현 방식도 주효했다.

일본에서의 평가 또한 크게 다르지 않다. 예를 들어 문학평론가인 가와무라 미나토는 이장호를 사회파 사실주의 작가로 바라보며 한국에서 호스티스 영화로 불린 데뷔작 〈별들의 고향〉(1974)에서부터 그가 그려낸 도시 풍경에 주목했다. 특히 〈바람불어 좋은 날〉에서 이장호가 서울이라는 도시가 "성장과 팽창, 그리고 재개발"되어 가는 과정에 맞춰 "배우들의 신체적 움직임을 끌어내가는" 연출법을 구사했다고 지적하며, 도시 공간과 그곳에서 살아가는 인간 군상을 통해 구축된 도시의 리듬과 신체 리듬의 갈등을 이장호 영화의 핵심 요소 중 하나라고 언급했다. 이러한 비평과 분석은 이장호라는 감독을 일본에 각인시키는 하나의 계기가 됐다.[101]

한편, '발견의 회'라는 극단은 이장호 영화를 일본에 알리는 데 결정적인 역할을 했다.[102] 발견의 회는 뉴웨이브의 바람이 한창 불던 1960년대에 결성된 안그라(언더그라운드) 연극 단체로[103] 이들은 한국 연극 단체와의 교류를 위해 1984년에 〈한일 페스티벌 1984 마당연회〉를 개최했다.[104] 이 행사에서 〈바람불어 좋은 날〉이 처음 상영됐고 이후 NHK 교육TV의 '아시아

영화극장'이라는 프로그램을 통해 전국으로 방송됐으며, 〈바람불어 좋은 날〉의 관람을 계기로 한국 영화 팬이 된 사례도 있을 정도였다.[105]

〈바람불어 좋은 날〉에 관한 당시 한 기사는 한국 영화 특유의 거친 감각이 느껴지면서도 젊은이들의 밑바닥 인생을 생생하게 그렸다고 평가했다. 뿐만 아니라 이장호의 다른 작품 〈바보선언〉(1983)은 '뉴 코리안 시네마'라는 이름에 걸맞은 훌륭한 작품으로 사실적인 카메라로 초현실주의적 슬랩스틱 코미디를 통해 현실을 날카롭게 그려냈고 페데리코 펠리니나 루이스 브뉘엘을 연상시킨다고 서술하고 있다.[106] 이 글에서 또 하나 흥미로운 점은 근래 한국까지 가서 영화를 보는 한국 영화 팬이 늘고 있다고 언급한 것으로 이 시기 한국 영화가 일본에서 새롭게 주목받기 시작했음을 확인할 수 있다.

아시아영화사가 기획하고 현대연극협회가 1994년에 주최한 한국영화제에서도 이장호와 배창호의 영화를 중심으로 한국 뉴웨이브라는 섹션이 꾸려졌으며, 이장호를 "한국의 뉴웨이브를 불러일으킨" 감독으로서, 그리고 〈바람불어 좋은 날〉을 "한국 뉴웨이브 영화의 시작을 알리는 기념비적 작품"이라고 소개했다.[107] 발견의 회는 1984년 연극 페스티벌에 이어 1990년에는 ''90 도쿄 바보선언'을 기획하여 〈바보선언〉과 수출 금지처분을 받은 〈어둠의 자식들〉(1981)을 상영했고, 상영에 앞서 원작자 이철용을 초대해 대담과 강연을 진행하기도 했다.[100] 정치의 계절이라 불렸던 1960년대에 실험적이고 전위적인 연극에서 출발한 '발견의 회'가 이장호 영화에 주목한 것은 바로 이러한 '뉴웨이브'라는 공통의 정서가 배경에 놓여 있었다. 이렇듯 다양한 경로를 거쳐 이장호는 영화적 형식의 새로움에 더해 한국 사회의 문제를 전면에 내세운 사회파 감독으로서 일본에 알려졌다.

영화의 죽음에서 피어나는 영화들

서울 한복판, 덥수룩한 머리, 구멍 난 러닝셔츠에 팬티만 입은 한 남자가 건물 옥상에 아슬아슬하게 서 있다. 도쿄 한복판, 덥수룩한 머리에 카메라를 든 남자가 건물 옥상에 아슬아슬하게 서 있다. 건물 옥상에서 뛰어내린 남자를 사람들이 둘러싸고, 동철(김명곤)은 모여든 인파 속에서 의아한 표정으로 쓰러져 있는 남자를 내려다본다. 다시 도쿄, 건물 옥상에서 뛰어내린 남자를 사람들이 둘러싸고, 모토키(고토 가즈오)가 길 건너편에서 불안한 표정으로 쓰러져 있는 남자를 쳐다본다. 동철은 남자의 손목시계를 풀어 자신의 손목에 차고, 남자의 신발과 옷가지까지 챙겨 입고 서울 시내를 돌아다닌다. 모토키는 몰려든 인파 틈을 비집고 남자가 가지고 있던 카메라를 챙겨 들고 도쿄 시내를 질주한다.

이는 각각 이장호 감독의 〈바보선언〉과 일본 뉴웨이브 영화의 대표적 감독 오시마 나기사의 〈도쿄전쟁전후비화〉(1970)의 시작 장면이다. 두 영화 사이에는 아무런 관계도 없지만 자살 장면으로 시작하는 오프닝, '영화는 죽었다'는 메시지에서 묘한 맞울림이 느껴진다. 잇따른 검열 때문에 좌절한 이장호 감독이 '한국 영화의 죽음'을 선언하듯 만든 영화가 〈바보선언〉이라면, 〈도쿄전쟁전후비화〉는 1960년대 급진적 운동의 주요 도구로 사용된 '정치적 영화의 죽음'을 선언한 영화였다. 이러한 이유로 일종의 교감을 느꼈던 것일까? 오시마는 이탈리아 페사로 영화제에서 우연히 〈바보선언〉을 보고 자기도 모르게 기립 박수 칠 정도로 좋아했다고 한다.[109]

〈바보선언〉의 오프닝 시퀀스

이후 1985년 피아 영화제에서 〈과부춤〉(1983)이 상영되었고 오시마 나기사와 이장호 감독의 대담이 실현됐다. 이때 오시마는 이장호에게 전후 세대인지, 혹은 전전 세대인지 질문한다. 동아시아라는 지정학적 맥락에서 1932년생인 오시마는 어린 시절 태평양전쟁을, 1945년생인 이장호는 한국전쟁을 겪었고 이렇게 두 사람은 격동의 전후 사회를 통과했다는 공통된 체험을 갖고 있었다.[110] 전쟁 이후 변화하는 시대 속에서 오시마는 처음으로 민주주의 교육을 받고 자란 안보투쟁 세대로서, 이장호는 처음으로 한글 교육을 받고 자란 한글 세대로서 기존 세대와는 다른 새로운 시각과 표현을 체득하며 청년문화를 영화에 담았다. 이렇듯 다르지만 비슷한 경험이 있었기 때문에 아마도 오시마는 이상호의 영화에서 일종의 연대감과 교감을 본능적으로 느꼈을 것이다. 일본 독립영화계의 대표적 감독인 오구리 고헤이는 동시대 한국 영화와의 인상적인 첫 만남으로 〈바람불어 좋은 날〉과 〈어둠의 자식들〉을 언급하며, 이장호 영화를 통해 1960년대 일본 뉴웨이브 세대를 떠올렸다고 회고했다. 그는 첫 번째 작품 〈진흙 강〉(1981)으로 호평을 받았지만 사회에 대한 날카로운 시선이 부족하다는 비판도 들어야 했다. 이때 그는 자기 자신과 본인의 영화를 되돌아보는 시간을 가졌고 뉴웨이브 정신이 현재도 유효한 것인지, 그것을 이어나가야 할 것인지 고민했다. 오구리 감독은 재일조선인 이야기를 다룬 두 번째 작품 〈가야코를 위하여〉(1984)를 준비하며 처음으로 한국을 방문했는데, 이 때 우연히 이장호 영화와 만나게 된다. 그는 이장호 영화를 통해 이미 한 세대를 지나 '뉴' 웨이브일 수 없는 뉴웨이브로부터 자신을 분리시키고 비로소 자신이 만들 수 있는 영화를 생각했다고 말한다.[111] 이장호 또한 동년배인 오구리에 대한 친근감을 느꼈고 그렇게 두 사람은 '새로운' 영화에 대한 의견을 나누며 교류를 이어나갔다.[112] 이 때문일까, 일본의 평론가 스가누마 마사코는 예리한 시선으로 한국 사회를 바라본 이장호의 〈과부춤〉에서 오구리의 〈진흙강〉을 떠올렸다고 말하며 두 감독이 앞으로 나눌 교감을 예견하기도 했다.[113]

이장호 감독과 오구리 고헤이 감독

뉴웨이브는 이장호 영화를 이해하기 위한 중요한 키워드이지만 이것만으로 그의 영화를 바라보려 한다면 도전성과 실험정신, 혹은 상업성과 통속성 등 그가 켜켜이 쌓아 올린 중층적인 영화 세계를 정의할 수 없을 것이다. 영화의 죽음을 선언하고 오구리 감독에게서 뉴웨이브와의 결별을 이끌어냈듯, 이장호 영화는 자신의 영화를 포함한 앞선 영화들과의 결별을 전제로 한다. 그는 데뷔작 〈별들의 고향〉이나 〈어제 내린 비〉(1974) 등에서 기성의 신파조 멜로드라마의 죽음을 선언하듯 청년문화의 자장 속에서 새로운 감각의 영화를 선보였으며,[114] 복귀 후 만든 〈바람불어 좋은 날〉을 시작으로 〈어둠의 자식들〉, 〈과부춤〉에서는 현실을 제대로 포착하지 못했던 자신의 영화를 비롯한 기존 한국 영화에 이별을 고하듯 과감하고 날카로운 시선으로 한국 사회의 한 단면을 도려냈다. 그리고 한국 영화의 죽음을 선언한 문제작 〈바보선언〉을 발표했고, 〈나그네는 길에서도 쉬지 않는다〉에서는 상업 영화의 죽음을 선언하듯 상업성과 오락성을 철저히 배제하고 예술적 성취를 이뤘다. 그러면서도 이장호 감독은 상업성을 추구한 〈무릎과 무릎 사이〉, 〈이장호의 외인구단〉(1986)을 통해 유례없는 성공을 거두었다. 〈어우동〉(1985)은 상업적 성공과 평단의 호평을 동시에 거머쥐고 한국 사극의 복식을 바꾸는 혁신을 이루는가 하면, 어우동 춤, 어우동 쇼가 난립하는 현상을 일으킬 만큼 당시 하위문화에 일대 혁신을 가져오기도 했다. 하지만 전복적으로 읽힐 수 있는 내용 때문에 〈어우동〉은 상영 중지와 검열 삭제라는 처벌을 받아 스스로 영화의 죽음을 체현했다.

　이렇듯 이장호 영화는 모든 앞선 영화들에 대한 결별을 전제로 하는 변신과 혁신의 코드를 내재하고 있으며, 그래서 뉴웨이브이기보다 수많은 영화의 무덤에서 다시 피어나는 잡화와 같다. 흥미롭게도 사실주의, 작가주의, 관능주의, 상업주의를 두루 오간 이장호의 유연함 때문인지 이장호 영화에 대한 일본에서의 평가에는 일관되지 않은 부분이 있다.[115] 앞서 언급한 가와무라 미나토는 서울이라는 도시 공간을 탁월하게 그려내는 모더니스트로서 이장호를 평가하며 〈나그네는 길에서도 쉬지 않는다〉와 같은 작품을 오히려 일탈이라고 말했다.[116] 그런가 하면 한국 영화 연구가인 오다 가쓰야는 전통문화와 외래문화의 갈등을 내재한 〈무릎과 무릎 사이〉, 성행위의 전복적 수행성을 보여준 〈어우동〉에서 에로티시즘의 저돌성을 발견하고, 이장호를 학생 운동 및 정치 세력 집단이 격렬하게 충돌하고 와해됐던 1960~1970년대에 핑크 영화(독립 프로덕션에서 제작한 에로 영화)를 연출한 와카마쓰 고지 감독에 비견했다. 이에 덧붙여서 그는 〈별들의 고향〉을 언젠가 일본에서도 볼 수 있기를 바란다고 말했다.[117] 실제로 이후 이장호 감독과 와카마쓰 감독이 친분을 갖게 됐다는 점[118]에서 오다의 평가는 꽤 인상적이다.

영화사학자 요모타 이누히코는 〈무릎과 무릎 사이〉에서 그린 여성의 개인적이고 성적인 욕망에 대한 억압과 해방에서 닛카쓰 로망 포르노의 대표적인 감독이자 여성주의 감독으로도 평가받은 구마시로 다쓰미를 떠올렸다고 말한다.[119] 아시아 영화 전문가인 이시자카 겐지는 〈이장호의 외인구단〉이 〈나그네는 길에서도 쉬지 않는다〉를 만든 사람의 작품이라고 믿기 어렵다고 말하며, 이 영화가 어렸을 적 본 소년 야구 만화를 떠올리게 하는 유치함이 있지만 금욕적이고 구도적인 분위기의 일본 야구 만화와는 또 다른 열혈 야구를 그렸다고 평가했다.[120]

이처럼 다양한 평가와 시각들은 기존 영화들에 대한 결별이야말로 이장호 영화를 관통하는 중요한 특징이며, 그의 작품들이 결별을 통해 장르와 형식, 내용을 넘나들었음을 방증한다. 물론 이러한 영화 만들기가 혹독한 비평으로 이어진 측면 또한 부정할 수 없다. 한국적 리얼리즘의 잣대로 그의 영화를 재단하려 했던 한국 평단에서 이장호를 에로 영화감독으로 평가 절하한 부분도 있기 때문이다.[121] 또한 상업적 성공과 실패를 오가고 장르를 넘나들며 한국 영화계를 당황스럽게 만들어 미처 그 진가가 발견되지 못한 작품들도 있었다. 그러나 이장호 영화의 불균질성은 일본에서 다채로움으로 읽혔고, 한국 영화가 수용되는 과정에서 다양한 시각과 취향이 공존하는 토양을 만들었다.

날것의 로컬리티와 그 효과

요모타 이누히코는 일본에서 아시아 영화를 수용하는 과정에서 보이는 한계, 즉 미학적으로 특정 수준에 도달한 예술영화나 뉴웨이브 영화, 혹은 특정 지역이나 민족에 관한 이해의 실마리를 제공하는 영화가 주를 이루고 그럼으로써 로컬 영화를 경시하는 풍토가 생겨났음을 지적했다.[122] 한국 영화 역시 한국 문화를 접할 수 있는 영화 혹은 뉴웨이브 영화라는 두 축에서 수용됐다는 점에서 요모타의 통찰은 시사적이다. 일본에서 한국 영화의 인기가 높아질 무렵 감독 특별전이 개최된 것은 임권택 감독과 이장호 감독이 유일하며, 이러한 사실만을 봐도 한국적 영화와 뉴웨이브 영화라는 두 가지 경향으로만 한국 영화가 수용됐음을 알 수 있다.

임권택 감독에 관한 저서를 집필했던 사토 다다오는 영화라는 것이 대상을 외부로부터 객관적으로 바라보는 것을 전제로 하기 때문에 제3세계 영화를 보는 행위는 그들을 이해하고 자기중심적인 시각에서 벗어날 수 있는 계기를 마련해주며, 이것이 영화의 본질적 기능이라고 피력한 바 있다.[123] 그는 이러한 관점으로 한국 영화를 받아들였고, 특히 임권택 영화를 경유하여 한국과 한국 영화를 이해했다.[124] 말할 것도 없이 이러한 관심은 다른 한편으로 한국의 전통문화에 대한 이국적 시선을 전제로 한다. 그래서 사토 또한 요모타가 말한 일종의 한계, 다시 말해 '유교' 또는 '한'이라는 제한된 시각에서 한국과 한국 영화를 이해했다고 말할 수 있다. 스튜디오200의 한국 영화 상영회에서도 임권택 감독의 〈족보〉(1978), 〈만다라〉(1981), 이두용 감독의 〈피막〉(1980)과 〈여인 잔혹사 물레야 물레야〉(1983) 등 소위 한국 고유의 문화나 역사를 엿볼 수 있는 영화들로 채워져 있었던 것도 그러한 시각과 무관하지 않다. 말하자면, 한국적 혹은 뉴웨이브라는 두 축이 한국 영화가 다양하게 수용될 수 있는 가능성을 제한시키고 말았다.

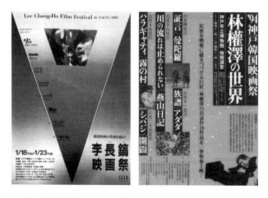

1990년 개최된 〈이장호 영화제〉와 1994년 개최된 〈임권택의 세계〉

거품 경제와 다문화사회라는 배경 속에서 한국 영화에 대한 수요가 확대되고 있었던 것은 분명한 현상이었지만, 이는 어디까지나 미니 시어터를 통한 소수의 영화 애호가, 한국문화 팬이라는 집단 안에서 이루어졌다. 1980년대 일본에서 일어난 아시아 영화 붐의 중심에는 홍콩, 타이완 영화가 있었고, 한국 영화의 경우 작품성으로 평가받았지만, 대중적 인기를 얻지는 못했다.[125] 한국 영화는 소수의 사람이 영위하는 '제한된 문화 생산물'이었던 것이다. 제한된 문화 생산물은 시장 원리에 종속되는 광범위한 문화 생산물과 달리 스스로 평가의 기준을 만드는 경향이 있다. 1980~1990년대 일본에서 한국 영화는 제한된 문화 생산물로서 영화 애호가들과 미니 시어터와 같은 중개 대리인 체계를 통해 수용되고 소비됐으며, 미니 시어터와 그 관계자들은 제3세계의 희귀한 영화라는 자본주의의 상품을 가져와 거품 경제 시기의 영화 애호가들의 취향을 충족시켰다. 제한된 영역에서의 문화 생산물은 새로움과 낡음, 익숙함과 생경함의 내재적 투쟁을 통해 자체적으로 평가 기준을 만들어, 소위 고급문화로서 소수가 영위하는 권위와 가치들을 형성한다. 이 같은 단계를 거치면서 제한된 문화 생산물은 스스로 가치를 생산하고 끊임없이 내면화하는데,[126] 1980~1990년대 일본에서 한국 영화는 '무당', '한', '판소리' 등과 같은 이국적 정서와 한국 '뉴웨이브'라는 특수성에 기반하여 일본 혹은 서구 영화와 비교되는 제3세계의 예술영화로서의 가치를 만들어내며 제한된 문화 생산물로서 수용됐다고 할 수 있다.

그런데 장르와 형식을 자유롭게 횡단하는 이장호의 영화는 제한된 문화 생산물로서의 한국 영화를 수용하는 것에 일종에 혼선을 야기했고, 〈나그네는 길에서도 쉬지 않는다〉의 감독이 만든 작품이라고 믿기 어려운 영화들을 선보이며 오히려 로컬 영화로서의 면면을 드러냈다. 1990년 시부야 시드 홀에서 개최된 '이장호 영화제'를 취재한 O. 료코는 〈바보선언〉의 가짜 여대생, 〈무릎과 무릎 사이〉의 자영, 〈이장호의 외인구단〉의 엄지, 그리고 〈나그네는 길에서도 쉬지 않는다〉의 간호사로부터 생을 긍정해가는 한국 여성을 발견하고 한 명의 여성으로서의 자신과 마주했다고 회고했다.[127]
이시자카 겐지는 〈바람불어 좋은 날〉이든 〈이장호의 외인구단〉이든 〈나그네는 길에서도 쉬지 않는다〉이든 작품성, 상업성, 장르를 불문하고 이장호 영화 곳곳에 등장하는 신체장애가 있는 인물, 혹은 사회적으로 소외된 존재를 통해, 그리고 화장실, 속옷, 신체 배설물과 같이 불결해 보이는 것을 그대로 담아내며 미의식을 거부하는 경향에서 잘 정형된 일본 영화와 그것에 익숙해진 자신의 시선을 돌아보게 되었음을 밝혔다.[128]

이원석 감독(왼쪽), 이장호 감독, 사토 다다오

오래전 일본 영화의 신파성에 대해 신랄하게 비판하며 서구의 영화들처럼 이성적으로 바뀌어야 한다고 주장했던 사토 다다오는 한국 영화, 특히 이장호의 〈과부춤〉과 같은 영화에서 오열하는 인물들을 본 뒤 과잉된 감정 표현에 관한 자신의 생각을 수정한다. 사토는 이장호 영화의 다채로운 스타일이 〈과부춤〉에서 유연하게 응축되어 '오열'을 과거 지향적이 아닌 미래 지향적인 행위로 바꾸었다고 분석하며 감정의 과잉에 대한 새로운 가능성을 발견한다. 이를 통해 서구와 아시아, 그리고 일본과 아시아라는 구도 속에 서구 영화를 이상적 기준으로 삼고 있었던 자신의 시각을 되돌아보고, 서구 중심의 시각에서 탈피할 것을 역설했다.[129] 이처럼 자유분방하고 다채로운 이장호의 영화는 거품 경제기 다문화사회 일본에서 타자와 타자의 문화를 재단하려는 일방적 시각을 거부하며 자신의 로컬리티를 그대로 노출했으며, 로컬 영화로서의 일본 영화를 재발견하는 계기를 만들어냈다.

여전히 횡단하는 이장호 영화

1980~1990년대 일본에서 한국 영화는 성인 에로영화라는 이미지가 강했지만, 미니 시어터나 영화제에서 소개된 소위 '웰메이드' 한국 영화 덕분에 그러한 이미지가 조금씩 바뀌어나갔다. 변화의 한쪽에는 임권택, 이두용으로 대표되는 '한국적' 영화가, 다른 한쪽에서는 이장호, 배창호와 같은 소위 '뉴웨이브' 영화기 큰 역할을 했다. 하지만 이장호 영화는 이 커다란 두 축을 자꾸 비켜났다. 〈이장호의 외인구단〉은 한국 상업 영화의 새로운 가능성을 보여줬고, 에로 장르에 속하는 〈무릎과 무릎 사이〉와 〈어우동〉

은 상업성과 작품성을 동시에 평가받으며 한국 영화에 대한 기존의 편견을 따르면서도 동시에 이를 뒤집어놓았다. 한국 영화는 한국적이거나 혹은 새롭거나라는 조건 속에서 제한적으로 수용됐지만, 사실주의, 작가주의, 관능주의, 상업주의의 경계를 넘나드는 이장호 영화는 이러한 일방적 시각과 제한적 수용을 거부하고, 한국인이 보는 로컬 영화로서의 정체성을 잃어버리지 않았다. 이러한 맥락에서 〈달은 어디에 떠 있는가〉에 삽입된 〈무릎과 무릎 사이〉의 강렬한 정사 장면은 한국의 유명한 성애영화이자 그래서 재일 교포 주부들 사이에서도 인기 있는 상업영화로서 한국 영화의 로컬리티를 표출하는 유례없는 순간이다. 동시에 제한된 문화 생산물로서 수용되는 것을 거부하며 성애영화로서 규정된 〈무릎과 무릎 사이〉는 다문화사회 일본에서 소비되는 제3세계 영화의 로컬리티를 여과 없이 드러냈다.

〈달은 어디에 떠 있는가〉에 등장하는 인물들은 그들이 속해있는 일본 사회, 즉 1980년대 이후 외국인 정주자의 증가로 다문화사회로 진입한 일본 사회에서 민족과 국가를 넘어 다양한 방식으로 삶을 모색하며 사회 구성원으로서 살아가고 있음을 보여준다. 그런 의미에서 이 영화는 재일 한인이 발 딛고 있는 현실 세계와의 관계 속에서 그들의 로컬리티를 강하게 시사하고 있으며, 바로 이 지점에서 〈달은 어디에 떠 있는가〉와 〈무릎과 무릎 사이〉가 공명할 수 있었다. 이장호는 새로운 형식으로 한국 사회의 한 단면을 날카롭게 도려내어 사실적으로 그려내는 뉴웨이브 작가이자 한국인의 무의식에 가로놓인 분단의 현실을 실험적이고 몽환적인 감각으로 재현하는 예술가이다. 동시에 그는 1980년대 에로티시즘의 정점을 구현하고 인기 만화를 영화로 옮기며 최고의 흥행작을 만들어낸 흥행사이기도 하다. 그의 영화에는 한국의 전통 음악과 팝 음악이 섞여 있고, 전통적 무속신앙과 불교, 기독교가 공존한다. 하나의 잣대로 규정할 수 없는 이장호 영화의 혼종성은 급변하는 한국 사회의 로컬리티에 대한 시대적 기록이나 다름없다.

2017년 제3회, 2019년 제5회 메지로대학 한국영화제에서 상영된
〈별들의 고향〉(왼쪽)과 〈이장호의 외인구단〉(오른쪽)

2015년 한일기본조약 50주년 기념으로 한국문화원과 국제교류기금이 공동으로 개최한 '1960·70년대 한일 명작영화제 – 그 시대를 아십니까?'에서 한국 영화 연구가인 오다 가쓰야의 바람대로 〈별들의 고향〉이 드디어 일본에서 상영됐다. 같은 해인 2015년부터 열린 도쿄의 메지로 대학 한국영화제에서는 매회 이장호 감독을 초청하고 그의 영화를 상영했다. 한국영화제는 2020년 팬데믹 이후 잠정적으로 중단된 상태이긴 하지만, 지금 동시대 일본의 젊은 세대와 이장호 감독이 만나고 있다는 점은 매우 흥미롭다. 물론 지금 세대들에게 이장호 영화는 한국 영화의 고전으로 받아들여지지만,[130] 뉴웨이브에서 로컬 영화로, 그리고 이제는 고전이라는 새로운 축을 더해 여전히 열도를 횡단하며 한국 영화 수용의 스펙트럼을 확장시키고 있다.

10.

격랑의 시대 속 홍콩,
타이완 청년들의 정체성 찾기

구혜원

들어가며

영화의 새로운 물결들은 언제나 영화산업의 위기이자 정치적, 사회적 격동기에 일어났다. 프랑스 누벨바그가 그랬듯이 젊은 감독들은 위기를 타파하러 온 구원자처럼 등장하여 기성세대와는 전혀 다른 영화를 만들면서 영화사를 진전시켰다. 영화산업의 위기 속에서 주류 영화에 대한 대안을 제공한 동아시아 각국의 뉴웨이브에 대한 국제적인 관심은 여전히 유효하며, 영화학계뿐만 아니라 전세계 시네필들의 눈길을 끌고 있다. 하지만 '동아시아의 뉴웨이브'를 논하기란 여간 곤란한 일이 아니다. 뉴웨이브는 한 국가 안에서도 단일한 경향으로 수렴된다고 말하기 어려울뿐더러, 국경이라는 테두리를 넘어서 각각 다른 시기에 다른 경제적, 정치적, 영화사적 조건 아래형성되었으므로 산재하는 뉴웨이브를 한 다발로 묶는 것은 거의 불가능에가까운 일이다. 그럼에도 불구하고 여기에서는 동아시아의 뉴웨이브를 상상하기 위한 초석으로, 홍콩과 타이완 영화의 뉴웨이브에 대해 개관하고자한다. 국가적 격변기와 맞물려 나타난 젊은 감독들의 새로운 미학적 시도라는 각국의 뉴웨이브를 관통하는 느슨한 연결고리 이상으로, 홍콩과 타이완영화의 뉴웨이브는 직접적 영향 관계에 있었으며 중국 본토의 존재로 인하여 '정체성'이라는 키워드를 그 중심에 공유하고 있기 때문이다.

동아시아 뉴웨이브의 출발점은 1950년대 후반의 일본이었다. 일본 영화에 새로운 파동을 일으킨 전후(戰後) 세대의 젊은 감독들은 일본 영화의 전통성을 전복시키고, 새로운 영화를 창조하고자 하는 명확한 목적의식을 가지고 있었다. 그들이 말하는 일본 영화의 전통이란 폐쇄적이고 소극적인'일본인적' 정서로 귀결되는 것이었으며, 따라서 그들은 기존의 '일본적인것' 자체를 부정한다.[131] 그 결과 일본 뉴웨이브의 대표적 존재인 오시마 나기사는 젊은이들의 정치 운동이 활발하게 일어났던 1960년대라는 시대성과 맞물려, 〈교사형〉(1968)과 같은 영화를 통해 단일민족국가라는 일본적정체성을 뒤흔드는 작업으로 나아갔다.

일본 뉴웨이브의 시작점으로부터 30여 년이 지난 후 한국 영화에도 뉴웨이브라는 명칭이 사용되었다. 한국 뉴웨이브는 그 시작과 끝을 어떻게 볼지, 어떤 감독/작품이 포함되고 배제되는지 관점에 따라 엇갈리며[132] 그 규정이 발생과 동시적일 수 없었을 만큼[133] 여러 갈래로 뻗어 있다. 하지만 한국 뉴웨이브 영화는 시대가 요청하는 한국 사회에 대한 비판을 공유하고 있었다. 박광수의 영화를 떠올려 보면, 이념적 갈등이나 민주화 투쟁과 얽힌 한국의 사회적 현실이 다루어지고 있다. 이 또한 한국적 정체성의 영화적 구성이라고 말할 수 있을 것이다. 그러나 거기에는 한국이라는 국가적 정체성에 대한 의문과 그에 따른 탐구가 전면화되어 있지는 않으며, 정체성의 문제는 사회 비판적 리얼리즘의 후경에 배치되어 있는 인상을 준다.

일본 뉴웨이브가 일본적 정체성에 대한 해체를 시도하고, 한국 뉴웨이브가 한국적 정체성에 주요한 초점을 맞추지는 않았던 것과 달리, 홍콩과 타이완의 뉴웨이브 영화는 그들의 역사적, 위치적 차이에도 불구하고 공통적으로 정체성 탐구에 천착하고 있다. 이는 일본과 한국의 국경이 정치적으로, 법적으로 비교적 확실하게 그어져 있는데 반해, 홍콩과 타이완은 중국의 존재로 인해 그 경계 짓기가 명확하지 않거나 흐려지는 부분이 있기 때문일 것이다.

홍콩 뉴웨이브

일본 뉴웨이브의 물결은 1970년대에 들어서며 잦아들었지만, 그로부터 몇 년 후 홍콩에서 새로운 물결이 형성되면서 동아시아의 뉴웨이브가 다시 태동한다. 홍콩의 뉴웨이브가 시작된 해는 1979년으로, 한국에도 잘 알려진 쉬안화(許鞍華)의 〈풍겁〉과 쉬커(徐克)의 〈접변〉, 장궈밍(章国明)의 〈경찰과 강도〉 등이 이 해에 공개되며 뉴웨이브 영화의 서막을 알렸다. 이러한 흐름은 곧 팡위핑(方育平)의 〈부자정〉(1981), 옌하오(嚴浩)의 〈밤차〉(1980) 같은 작품들로 이어졌다. 이때 등장한 젊은 신인 감독들은 대부분 1940년대에서 1950년대에 태어나 홍콩식 교육을 받고, 해외에서 영화 교육을 받아 국제적인 감각을 익히고 있었다. 중국 본토에서 이주해온 기존의 감독들과는 다르게 이들은 홍콩 세대로서 바라본 홍콩을 영화 안에 투영하면서, 홍콩 영화 그 자체를 일신하려는 시도를 한다.

먼저 홍콩 뉴웨이브 감독들이 영화계로 등장하기까지 거쳤던 독특한 배경, 즉 텔레비전 방송국에서 영화로 넘어왔다는 사실을 짚고 넘어가야 할 것이다. 그 중심에는 셀리나 초우(Selina Chow)가 있었다. 그녀는 1975년 민영 방송국 TVB의 제작 부서를 이끌게 되었고, 16mm 필름을 사용한 30분짜리 드라마 시리즈를 도입했다. 그리고 이렇게 만들어진 탄자밍(譚家明)의 〈슈퍼스타〉가 같은 해 뉴욕 국제 영화 텔레비전 페스티벌에서 동상을 수상한다. 몇 년 후 〈명검〉(1980)을 시작으로 뉴웨이브 감독으로 이름을 올리는 이 젊은이의 성공에 고무된 셀리나 초우는 곧 영화 부서를 세우고, 유학을 떠났다가 홍콩으로 돌아온 쉬안화, 옌하오, 데니스 위(Dennis Yu) 등을 영입했다. 해외유학파 뿐만 아니라 몇몇 국내파 젊은이들 또한 이 영화 부서에 있었으며, 쉬커 또한 TVB의 다른 부서에서 일했다. TVB에서 만들어지는 텔레비전용 영화는 예산이 일반적인 장편 영화의 10~20% 정도의 수준으로 매우 저렴하게 촬영되었으며, 열흘 동안 촬영하고 나흘 동안 편집하는 빠른 사이클로 제작되었다. 하나 특기할 만한 점은 이 젊은 감독들에게 거의 전적인 창조적 자유가 주어졌다는 점이다. 그래서 이들은 풍족하지 않은 제한적인 환경 속에서 규칙적으로 작품을 제작하며 그들의 재능을 마음껏 표출할 수 있었다. 이를테면 그들에게 텔레비전은 본격적인 장편 영화 제작 전의 훈련장이었다고 할 수 있는 것이다.[134]

1978년에 셀리나 초우는 쉬커, 탄자밍, 린링동(林嶺東) 등을 데리고 CTV로 갔지만, CTV의 재정이 붕괴되어 제작의 기회를 잃어버리면서 이 젊은 감독들은 대거 영화계로 진출하게 된다. 이미 충분한 훈련을 마친 이들은 금세 홍콩 영화에 새로운 갈래를 직조하기 시작한다. 홍콩 뉴웨이브 영화들은 대체로 할리우드 영화에 대한 깊이 있는 이해를 보여주는 새로운 시각적 스타일로 현대 홍콩과 그 일상을 재현하는 경향을 가지고 있었다. 오락 영화가 범람하는 홍콩 영화계에서 초기 뉴웨이브 영화가 사회적 현실을 노정하는 리얼리즘적 태도를 보여주었다는 것은 쉬안화의 〈풍겁〉과 쉬커의 〈접변〉으로도 알 수 있다. 그리고 홍콩의 초기 뉴웨이브 영화는 전통과 현대 사이의 모순을 보여주면서도 전통적인 가치로의 회귀는 지향하지 않는 모습을 보인다는 점에서, 전통적인 농촌 사회를 현대 사회와 대비하여 일종의 유토피아로서 제시하는 타이완의 뉴웨이브 영화와 구분된다.

하지만 이보다 주목해야 하는 점은, 새로운 홍콩 감독들의 작업의 중심에 영화를 통한 홍콩의 정체성 찾기가 자리 잡고 있었다는 사실이다. 여기에는 크게 두 가지 이유를 생각해 볼 수 있을 것이다. 첫 번째는 그들이 등장하던 시점의 홍콩 영화에 '홍콩적인 것'이 제대로 구축되어 있지 않았다는 점을 들 수 있다. 홍콩 영화는 타이완과 말레이시아, 싱가포르와 같은 동남아시아 시장으로 활발하게 수출되었으며, 1970년대에는 리샤오룽(李小龍) 영화를 비롯한 쿵푸 영화, 무협 영화를 미국이나 유럽에서도 수입할 만큼 융성했다. 그러나 그것은 로컬 시네마라고 명명하기에는 망설여지는 부분이 있었다. 1937년 중일 전쟁이 발발하여 상하이 영화인들이 홍콩으로 거점을 옮기게 되면서 홍콩은 상하이 영화인들의 영향 아래 광둥어 영화의 중심지가 된다.[135] 이를 바탕으로 1950년대 광둥어 영화가 전성기를 맞이하게 되지만, 1960년대 중반 쇼 브라더스사에서 제작한 베이징어 무협영화가 홍콩 시장을 지배하게 된다. 질적으로 낮고 진부하다고 여겨진 광둥어 영화는 TV와 베이징어 영화, 할리우드 영화와의 경쟁에서 급격히 설 자리를 잃어버리게 된다. 그 결과 1972년부터 약 18개월 동안 광둥어 영화가 제작되지 않는 사태가 일어난다. 이 시기 골든 하베스트사가 탄생시킨 세계적인 스타 리샤오룽의 영화 또한 베이징어로 더빙되어 있었다. 67폭동[136] 이후 홍콩의 생활은 중국 본토와 달리 자본주의의 논리에 따르고 있었음에도, 영화만큼은 "이질적인 외부인 즉 중국을 나타내는 말투(베이징어)로 이야기"[137]하고 있었던 것이다. 홍콩 영화에 광둥어가 다시 등장한 건 추위안(楚原)의 〈72인의 세입자〉(1973)가 성공하면서부터였다.[138] 이렇듯 홍콩 영화는 2가지 언어 그리고 홍콩과 중국 본토라는 긴장 관계 사이에서 끊임없이 흔들릴 수밖에 없는 운명에 놓여 있었다. 뉴웨이브 감독들은 그들의 언어인 광둥어 영화를 일정 부분 답습하는 동시에 할리우드 영화 기법을 통해 전통적인 관습에 대항하면서, 기존의 영화에서는 볼 수 없었던 '홍콩적인 것'을 형성하게 된다.

두 번째는 영국의 홍콩 조차 기간이 끝나감을 이 시기부터 홍콩인들이 뚜렷하게 인식하게 된 것과 깊이 관련이 있었던 것으로 보인다. 1979년 영국령 홍콩 총독 머레이 맥클레호스는 홍콩 조차가 끝나는 1997년을 앞두고 베이징에서 비공식 회담을 가졌고, 1982년부터는 영국 총리 마거릿 대처가 베이징을 방문하면서 홍콩 반환에 대한 공식적인 회담이 시작되었다. 1984년에는 1997년 반환에 대한 영중공동선언이 발표되었다. 홍콩의 운명을 결정 짓는 이러한 흐름을 목도하면서, 1980년 이후 홍콩인들은 미래에 대한 불안에 휩싸인다. 이에 따라 영국과 중국 사이에서 정체성의 혼란에 빠진 홍콩의 동요, 예측할 수 없는 미래로 인한 홍콩의 부유성이 뉴웨이브 영화에도 투영된다. 이에 대해 이종희는 "'홍콩 반환'이라는 시대적 과제는 홍콩 뉴웨이브 감독들을 중심으로 홍콩의 정체성 문제를 본격적으로 거론하게 되는 자극제"가 되었고, 이러한 위기의식이 "이들의 작품 세계를 결정 짓는 기본 정서로 자리 잡았다"[139]고 지적한다. 다시 말해 홍콩 뉴웨이브 감독들은 홍콩 영화사적으로도, 시대적으로도 홍콩의 정체성을 탐구할 수밖에 없는 위치에 놓여 있었던 것이다.

쉬안화는 홍콩의 공영 방송국 RTHK에서 1978년에 만들었던 〈베트남에서 온 손님〉에 이어, 1980년대 초반에 〈호월적고사〉(1981), 〈망향〉(1982)을 만들면서 베트남 3부작을 완성한다. 그녀는 여기서 홍콩의 문제에 대해 베트남을 경유하여 간접적으로 접근하는 방식을 선택한다. 〈망향〉은 일본인 사진기자를 내세워 공산주의 정권 하의 베트남에서 일어나고 있는 비참한 상황을 보여주면서, 왜 이들이 보트 피플로 전락하는지 적나라하게 보여준다. 이 영화는 당시 베트남과 적대적인 관계였던 중국의 협력을 받았으며, 하이난에서 촬영되었다. 하지만 이 같은 사실과는 모순적이게도, 〈망향〉은 홍콩이 중국으로 반환된 후의 상황에 대한 은유로 보인다. 베트남의 공산당 정권은 중국의 공산당 정권으로, 고통받는 베트남 사람들은 1997년 홍콩 반환 후 홍콩인들의 미래의 모습으로 그대로 치환되는 것이다. 이러한 맥락에서 보트 피플의 부유성은 홍콩의 부유성에 대한 상징으로 자리 잡는다. 이 영화가 당시 홍콩 내에서 흥행에 성공한 것을 보면 홍콩인들은 자신들의 모습을 어렵지 않게 베트남에 투영한 것으로 생각된다.

〈망향〉에서 공산당 정권 아래 억압받는 베트남인들을 목격하는 사진기자 아쿠타가와

타이완 뉴웨이브

홍콩 뉴웨이브의 흐름에서 왕자웨이(王家衛)를 위시로 하는 포스트 뉴웨이브가 형성되지만, 1차 물결을 만들어낸 뉴웨이브 감독들은 대부분 금세 주류 영화에 편입되었다. 예를 들어 쉬커는 할리우드적 영화 기법에 중국적 전통을 녹여내는 새로운 스타일의 무협 영화를 만들면서, 주류 상업 영화에 가장 중요한 인물로 자리 잡는다. 상업 영화에 뛰어든 뉴웨이브 감독들이 상업성과 예술성을 동시에 의식하면서, 홍콩의 주류 영화는 더욱 풍

부해지며 영향력을 키워간다. 동아시아의 뉴웨이브가 서로 다른 역사적 상황과 영화적 경향에도 불구하고 몇 가지의 공통된 키워드를 통해 점선으로 느슨하게 이어져 있다면, 타이완의 뉴웨이브는 홍콩의 뉴웨이브와 실선으로 연결되어 있다. 타이완에 새로운 물결을 탄생시킨 주요한 요인 중 하나가 바로 홍콩 뉴웨이브였기 때문이다. 그러나 타이완의 뉴웨이브는 결과적으로 홍콩과는 정반대의 상황으로 귀착된다.

광복 이후 홍콩 영화가 타이완 영화의 주류를 이루는 등, 타이완 영화는 오랫동안 홍콩 영화에 직접적인 영향을 받았고, 1970년대에 들어서 홍콩 영화가 더욱 인기를 구가하면서 타이완 영화는 점차 홍콩, 할리우드 영화와의 경쟁에서 밀리게 된다. 이때 가장 근본적인 문제는 타이완 상업 영화의 낮은 수준이었다. 특정한 소재의 영화가 흥행에 성공하면 그 소재를 개작하여 남발하는 방식으로 상업 영화가 만들어지고 있었던 것이다. 그래서 꽤 다양한 장르의 영화가 만들어지기는 했지만, 인기 소설가 충야오(瓊瑤)의 소설을 바탕으로 한 멜로드라마든 반공영화나 전쟁영화 같은 정치 선전 영화든 관객들은 저속하고 진부하다고 여기면서 외면하게 된다. 그 결과 1980년대에 들어서면 타이완의 상업 영화는 재기가 불가능할 정도로 침체된다.[140] 또한 1981~1982년 금마장 영화제에서 홍콩 뉴웨이브 감독들과 그 영화가 주요 상을 휩쓸면서 타이완 영화의 이러한 코마 상태에 방점을 찍는다. 그리하여 채윤정이 지적한 대로, "타이완 영화계는 홍콩영화들이 예술적, 기술적으로, 상업적으로 타이완 영화를 훨씬 앞지르고 있다는 불안감"[141]에 사로잡히며, 홍콩 뉴웨이브 영화에 크게 자극을 받는다.

그러므로 이 시점에 새로운 미학적 시도를 하는 뉴웨이브의 형성은 필연적인 결과였다고 할 수 있다. 하지만 타이완은 홍콩처럼 자유로운 분위기가 아니었으므로, 뉴웨이브의 탄생을 주도한 것은 정부의 영화 정책을 담당하고 있던 쑹추위(宋楚瑜)와 관영 영화사인 중앙전영공사(이하CMPC)였다. 쑹추위는 영화의 상업적인 측면보다 예술적 가치를 중시하는 태도를 보이면서 더 자유로운 검열 정책 도입, 타이완 영화의 예술성 강화, 금마장상 재구성, 외국 영화 스크린 쿼터제, 국제영화제 출품 지원 등의 내용을 담은 영화법을 입안했다.[142] 그리고 그는 영화산업에 종사하는 주요 인물들에게 새로운 영화를 만들 것을 요구했고, 1980년대 초반 CMPC를 이끌고 있던 밍치(明驥)는 흥행 실패 국면을 타파하기 위해 신인 감독들을 통한 새로운 실험을 허락하게 된다. 그렇게 1982년 8월 타이완에 등장하게 된 영화가 타오더전(由陶德辰), 양더창(楊德昌), 커이정(柯一正), 장이(張毅)의 4가지 단편으로 구성된 〈광음적고사〉이다. "중화민국 20년이래 처음으로 중영에서 상영하는 예술영화"[143]로 광고된 이 영화가 바로 타이완 뉴웨이브의 출발점이 된다. 검증도 되지 않은 4명의 젊은 감독이 저예산으로 주류 영화와는 전혀 다른 방식으로 만든 〈광음적고사〉가 비평적, 흥행적으로 성공을 거두자, 이들에 대한 의구심은 사라지게 된다. 뒤이어 천쿤허우(陳坤厚)의 〈소필적고사〉(1982), 허우샤오셴(侯孝賢), 완런(萬仁), 청좡샹(曾壯祥)의 〈샌드위치 맨〉(1983) 또한 좋은 반응을 얻으면서 CMPC는 타이완 뉴웨이브의 요람으로 자리잡는다. 1983년 금마장 영화제에서도 〈소필적고사〉가 최우수 작품상, 최우수 감독상 등을 받는 쾌거를 이룬다.

홍콩 뉴웨이브 영화들이 홍콩의 정체성을 탐구했듯, 타이완 뉴웨이브 영화에서도 '타이완적인 것'은 주요 화두였다. 타이완에서 성장한 젊은 감독들은 기성세대와는 다르게 중국 본토에 대한 향수나 회귀의 열망을 갖고 있지 않았으며, 그들의 관심은 중국이 아닌 타이완 사회와 역사에 있었다. 이 같은 경향은 1970년대에 일어난 향토 문학 운동의 연장선상에서 이해할 필요가 있다. 타이완은 1970년대에 급속도로 경제 발전을 이룩했지만, 국제 사회에서의 위치는 흔들리고 있었다. 많은 국가들이 중국 본토와 수교하면서 타이완은 1971년에 UN에서 축출되며, 1972년에 일본과 단교하는 등 주요국들이 공식적으로는 타이완과의 관계를 종결했다. 1979년에는 미국마저 타이완과 단교하기에 이른다. 국제 사회에서 타이완이 가지는 지위의 붕괴는 중국 중심적으로 문화를 다루는 관점을 재고하게 했다. "타이완이 더 이상 중국으로 인식되지 않는다면, 타이완 내에서 중국이 문화적 패권으로 기능"[144]하는 것은 모순적이었기 때문이다. 이러한 상황에 문학을 필두로 토착 문화 부흥 운동이 일어난다. 향토 문학 운동이 지향하는 바는 타이완의 현실을 인식하고 타이완적인 것을 모색하는 것이었다. 1977년의 향토 문학 논전이 무엇이 타이완 문학과 문화의 정체성인가 하는 문제를 중심으로 하고 있었다는 점이 이 사실을 뒷받침한다. 이후 음악, 회화, 무용 등 타이완의 문화 전반에서 이와 같은 움직임이 포착된다.[145] 영화는 1970년대에 상업성을 고수하면서, 1980년대에 들어서야 '타이완적인 것'을 추구하는 흐름에 뒤늦게 합류한 것이었다.

향토 문학이 '타이완어를 사용하고, 타이완 고유의 역사와 그 안에 살아가는 타이완인들의 삶'[146]을 리얼리즘에 의거하여 바라보는 경향은 뉴웨이브를 형성한 영화인들의 타이완적 정체성 찾기에 상당한 영향을 미쳤다. 향토 문학에서 볼 수 있는 농경 사회에서 산업 사회로의 이행과정에 나타나는 전통과 서구지향적인 현대화, 중국인으로서의 의식과 타이완인으로서의 의식, 민족주의와 제국주의 등의 대립항 및 이를 다루는 리얼리즘적 시선을 이들의 영화에서도 쉽게 찾아볼 수 있다. 상술한 〈샌드위치 맨〉은 향토 문학의 대표적인 작가 황춘밍(黃春明)의 소설을 바탕으로 한 것이었다. 〈샌드위치 맨〉은 광대 분장을 하고 광고판을 들고 다니던 남자가 광고차 운전수가 되지만 아들이 분장을 지운 아버지의 얼굴을 알아보지 못하고 운다는 내용으로, 이는 미국의 원조로 급격히 산업화되어 가는 타이완 사회의 모순과 타이완이 직면한 정체성 위기에 대한 은유로 볼 수 있다. 〈샌드위치 맨〉에서도 어느 정도 감지할 수 있듯이, 뉴웨이브 영화는 전통과 현대 사이의 분열을 그리면서 냉담하고 삭막한 도시를 부정하고 전통적인 생활 방식과 가치관을 긍정하는 경향을 보인다. 그렇다고 뉴웨이브 영화를 향토 영화라고 부를 수 있는 것은 아니다. 향토 문학에 영향은 받았으나 향토 문학 작가로는 볼 수 없는 주톈원(朱天文), 샤오예(小野), 우녠전(吳念真) 등의 젊은 작가들이 주로 시나리오를 집필했으며, 뉴웨이브 영화는 향토 문학 외에도 모더니즘 문학에서도 자양분을 얻었기 때문이다.[147] 타이완 뉴웨이브가 향토 문학으로부터 진정 흡수한 것은 타이완 사회의 현실을 핍진하게 그려내고자 한 리얼리즘적 태도였다.

타이완 뉴웨이브에서 두드러지는 것은 감독들의 타이완 체험을 바탕으로 하는 자전적인 리얼리즘이었다. 우리나라에도 잘 알려진 허우샤오셴의 〈펑꾸이에서 온 소년〉(1983), 〈동동의 여름방학〉(1984), 〈동년왕사〉(1985), 양더창의 〈타이페이 스토리〉(1985), 〈공포분자〉(1986) 등이 이 시기에 나와 타이완 국내의 지식인뿐만 아니라 국제적인 지지를 얻었다. 왕퉁(王童),

천쿤허우, 장이, 완런, 커이정 등도 활발하게 작품 활동을 했다. 하지만 초반의 흥행과는 달리, 1980년대 중반 이들의 영화적 실험은 흥행적 참패를 기록하고 있었다. 이에 뉴웨이브와 관련된 50여 명의 영화인들은 1987년 1월 '민국 76년 타이완 영화 선언'을 통해 상업적인 영화가 아닌 예술적이고 문화적 자각이 있는 영화에 대한 그들의 헌신을 선언한다. 타이완 영화계에서는 1982년부터 1987년 선언까지를 뉴웨이브 시기로 구획 짓는 관점이 지배적이지만,[148] 타이완적 정체성에 대한 탐구와 선언문에서 강조한 "문화로서 영화가 갖는 사회적 역할"[149]이라는 측면에서 볼 때 뉴웨이브는 이후에도 연속된다고 보는 것이 더 타당한 듯하다. 선언문 발표 이후 같은 해 계엄령이 해제되고 민주화에 속도가 붙으면서, 그들은 차츰 일종의 금지구역이나 다름없었던 타이완의 근대사를 조명함으로써 잃어버린 타이완적 정체성을 재구성하는 작업에 몰두하는 변화를 보인다.

그 정점에 있는 영화가 타이완 내부의 뉴웨이브에 대한 시기적 구분에도 불구하고 세계적으로 타이완 뉴웨이브의 가장 대표적인 영화로 위치하는 허우샤오셴의 〈비정성시〉(1989)일 것이다.[150] 〈비정성시〉는 일제로부터 해방된 1945년부터 1949년까지 타이완의 사회, 정치적 격변기를 다루면서 일본에 의한 식민 지배와 대만 역사 최대의 오점으로 남아 있는 1947년 2·28사건이 어떻게 한 가족의 비극과 연동되는가를 관조적인 시선으로 그려낸다. 일제 패망 후 타이완에 진주하던 국민당 정부의 폭압에 맞선 비무장 반정부 본성인(本省人)들을 중국 대륙 출신의 외성인(外省人)이라고 할 수 있는 국민당 정부가 학살한 2·28사건을 처음 다룬 영화로, 여기에서는 타이완의 역사를 회복하고 그 정체성을 성찰하는 태도를 엿볼 수 있다. 이를 상징적으로 나타내는 것이 언어로, 영화에서 인물들은 보통 타이완어 또는 일본어를 사용하지만, 2·28사건 이후 반정부 활동을 하던 관롱의 조직을 급습하는 국민당군은 표준 중국어를 사용한다.[151] 〈비정성시〉는 2·28사건에 관련된 역사적, 사회적 논의를 촉발시키면서 '민국 76년 타이완 영화 선언'에서 역설한 영화의 사회적 역할을 수행했으며, 베니스 국제영화제에서 황금사자상 수상으로 타이완 뉴웨이브 영화에 대한 세계적인 주목을 불러일으켰다.

〈비정성시〉에서 막내 아들 원칭이 군인들에게 끌려가기 전 가족사진을 찍는 모습

타이완 뉴웨이브는 진정한 의미에서 타이완적 영화를 만들어내고 그 예술성을 세계적인 수준으로 끌어올렸다는 점에서 타이완의 영화사상 가장 중요한 사건이었지만, 그와 동시에 홍콩 뉴웨이브와는 달리 끝내 상업 영화의 질적 향상과 부흥으로는 연결되지 못했다. 타이완 뉴웨이브가 관객들의 타이완 영화에 대한 관심을 되돌리는데 실패하면서 타이완 국내 영화

산업은 그대로 곤두박질친다. 타이완 뉴웨이브는 전면적으로 붕괴한 주류 시장의 잔해 속에서, 세계의 영화 지도에 타이완의 이름을 음각하는 데 간신히 성공한 것이었다.

나가며

지금까지 살펴보았듯이 1980년대를 전후로 홍콩은 중국 반환 문제를 앞두고, 타이완은 중국으로 인한 국제적 고립과 민주화되어가는 과정에서 정체성의 탐구 및 재구성에 골몰했다. 수많은 차이에도 불구하고 이 두 뉴웨이브의 교집합은 뉴웨이브에 대해 국경을 넘어선 논의가 필요하다는 사실을 시사한다. 또한 홍콩, 타이완 뉴웨이브의 흐름은 그대로 국경 안에서 사라지는 것은 아니었다. 홍콩과 타이완뿐만 아니라 한국 영화가 일으킨 물결의 여파는 1990년대의 일본에 닿는다. 다른 동아시아 영화의 약진에 자극을 받은 일본의 젊은 영화인들이 세계적으로 주목을 받는 영화들을 만들어낸다. 이웃 나라들의 물결로 인해 또 한 번 일본 영화에 새로운 물결이 형성된 것이다.

이렇게 생각할 때, 동아시아는 1950년대 후반 일본에서 시작하여 반세기에 가까운 시간 동안 뉴웨이브의 장으로서 기능했음을 알 수 있다. 누벨바그 이후 너무나 많은 내셔널 시네마에 젊은 세대를 중심으로 한 새로운 영화 경향을 지칭하기 위해 뉴웨이브라는 말이 쉽게 붙여졌듯이, 동아시아 영화의 경우에도 뉴웨이브라는 용어는 내셔널 시네마를 세계에 홍보하기 위해 그저 유행처럼 붙인 말이었을 수도 있다. 그럼에도 불구하고 동아시아의 지정학적 요인들은 동아시아의 영화 형세에 비균질하지만 거센 파도가 몰아치게 했고, 동아시아는 그동안 끊임없이 새로운 영화의 물결을 잉태해온 것이다. 뉴웨이브가 동아시아 각지에 밀물처럼 밀려왔다가 썰물처럼 빠져나갔다 해도, 그때 아로새겨진 물결들의 흔적은 근저에 남아 있다. 이 무늬에 이끌려 각국 영화의 물결이 어떤 방향으로 나아가고 있는지에 대해서도 끊임없는 추적이 필요할 것이다.

♣ 홍콩, 타이완 뉴웨이브 감독과 영화

쉬커 〈영웅본색Ⅲ〉(1989)

홍콩 뉴웨이브의 기수 쉬커는 우리나라에서 〈영웅본색〉(1986)의 프로듀
서이자 〈천녀유혼〉(1987), 〈황비홍〉(1991) 시리즈의 감독으로 잘 알려져 있
다. 그가 우위썬(吳宇森)과 결별하고 직접 감독도 맡은 〈영웅본색Ⅲ〉은 상
업 영화의 메커니즘 안에서 만들어졌으며, 홍콩 뉴웨이브 영화에 해당되지
는 않는다. 그러나 홍콩 뉴웨이브의 영향을 확인할 수 있는 작품이기도 하
다. 쉬안화의 〈망향〉이 베트남을 경유하여 홍콩을 언급하는 것과 동일하
게, 〈영웅본색Ⅲ〉은 베트콩에 의해 함락되는 사이공을 배경으로 홍콩 반환
문제를 다룬다. 직접적으로는 등장인물들이 베트콩을 피해 홍콩으로 도피
하려고 할 때 홍콩도 공산당에 넘어갈 예정임을 걱정하는 대사가 나오며,
간접적으로는 시위하던 학생들이 베트콩에게 무자비하게 진압당하는 모습
을 보여주며 반환 이후 홍콩이 직면할 수 있는 미래를 보여준다.

양더창 〈고령가 소년 살인사건〉(1991)

　우리나라에는 에드워드양(Edward Yang)이라는 이름으로 더욱 익숙할 양더창의 〈고령가 소년 살인사건〉은 허우샤오셴의 〈비정성시〉와 함께 타이완 뉴웨이브의 대표작으로 여겨지는 작품이다. 러닝타임이 3시간 57분이나 되는 대작으로 유명하며, 〈타이페이 스토리〉, 〈공포분자〉와 함께 일명 '타이페이 3부작'으로 불린다. 우리나라 관객들에게도 익숙한 배우 장첸(張震)의 데뷔작이기도 하다. 〈비정성시〉와 마찬가지로 이 작품 또한 1961년에 실제로 일어난 미성년자 살인사건을 바탕으로 한다. 〈고령가 소년 살인사건〉은 야간학교로 진학하면서 불량한 패거리 집단과 어울리게 된 주인공 샤오쓰의 시선으로 내성인과 외성인의 갈등, 일본의 잔재와 범람하는 미국문화, 반공 이데올로기와 계엄 상황 등의 시대적 상황과 그 시대를 살아가는 개인이 어떻게 촘촘히 엮여 있는지 섬세하게 그려낸다. 불안하게 흔들리는 청소년들의 모습에 타이완을 둘러싼 복잡한 역사적 구조를 중첩시켜 타이완의 정체성을 드러내고 있는 것이다.

Chapter 4

이장호
감독과의
대담

인터뷰 진행 : 부산대학교 연화연구소 문관규, 성진수, 채경훈

1.

1960-1970년대
영화계 입문과 신필름 시절

인터뷰어 오늘은 첫 번째 인터뷰인데요. 영화 입문과 70년대 활동하신 내용을 중심으로 부담 없이 이야기를 들어보고자 합니다.

이장호 그렇게 시작하면 나도 부담이 좀 없지.

인터뷰어 다른 인터뷰나 책을 보면 배우가 되고 싶으셨고 그래서 신필름을 찾아서 신상옥 감독님을 만나셨다고 하는데, 그 시대에 영화계의 일이라는 게 사회적으로 인정받는 정도가 지금과 달랐을 거 같거든요. 그런데 학생이셨던 당시 어떻게 영화 일을 선뜻 하시게 되었는지 궁금합니다.

이장호 내가 영화를 시작한 다음에 이 인상이 만들어진 건지 영화하기 전부터 그런 게 있었는지 모르지만, 내 머릿속에 영화에 대한 몇 가지 인상이 있어요. 찰리 채플린의 슬랩스틱 동작, 그게 머릿속에 있었고, 좀 커서 기억으로 강하게 남아 있는 게 스페인 영화 〈싱고아라Singoalla〉(크리스티앙 자크, 1949)예요. 집시 여자가 아이를 낳고 키우다가 그 아이를 아버지한테 보내요. 아버지는 성주이고 귀족인데 몽유병이 있어서 밤에 나와서 헤매는데 그 아들이 아버지를 끌고 엄마한테 데리고 간다는 내용이에요. 나는 어렸을 때 봤는데 나이 비슷한 아이들이랑 얘기해보면 그 영화를 본 아이들이 없어요. 내 동료들도 그렇고. 선배들 중엔 좀 있더라고요. 또 〈폭풍의 언덕〉(윌리엄 와일러, 1939)의 장면들이 머릿속에 강하게 남아 있었어요. 아주 어렸을 때 본 것들이어서 내 환상도 좀 겹쳐 있을 텐데, 내 영화에 대한 지식이나 토양이 그 안에 있었다고 생각해요. 내 머릿속에 있는 또 다른 하나가 장 콕토의 〈미녀와 야수〉. 그것도 어렸을 때 봤는데 이미지가 강해서 잊히지가 않아. 이런 선명하게 남아 있는 기억을 보면, 그래서 내가 영화감독을 숙명적으로 할 수 있었던 것이 아닌가 하고 있어요.

인터뷰어 어렸을 때 보셨다고 했는데 언제쯤인가요?

이장호 고등학교 때 본 것은 별로 기억에 남는 건 없는 것 같아. 더 어렸을 때 봤어. 내가 제일 처음 인상 깊게 본 한국 영화는 김지미 씨 데뷔작 〈황혼열차〉(김기영, 1957)). 국민학교 6학년 때인데 김지미 씨가 너무 청순해서 코스모스 꽃이 생각났어. 실제로 그분은 여걸이야. 찰리 채플린은 그

보다 더 어릴 때 본 거 같아. 찰리 채플린은 이승만 대통령 때 수입이 금지됐어요. 매카시즘으로 공산주의자로 거론되었지만, 영화는 어릴 때부터 익숙했어요. 아버지 일 때문에 집에 시나리오랑 필름들이 굴러다녔으니까. 어린 시절의 그런 기억들이 복합되어서 내가 영화를 인식하게 된 거 같아.

내가 공부도 안 하고 술 마시고 그러니까 아버지가 차라리 영화판에 들어가서 일하라고 하시더라고요. 근데 영화판에서 뭘 하는지는 전혀 몰랐지. 길 가다가 촬영하는 걸 보면 영화배우만 알지 감독이 뭐 하는지 그건 모르잖아요. 그래서 당연히 영화배우를 말하나 보다 했죠. 마침 고등학교 졸업하고 대학 입학까지 한두 달 공백기 때 아버지가 쿠폰을 하나 주면서 남대문이 어디 가면은 병원이 있으니까 가라는 거예요. 거기서 쌍꺼풀 수술하고 그랬거든. 그래서 배우 시키려나보다 했지. 그러다가 어느 날 아버지하고 약속이 됐는지 신상옥 감독을 찾아갔어요. 신상옥 감독은 태도가 우리 아버지랑 달라. 우리 아버지는 좀 어필하려고 쩔쩔매는 모습인데 그 사람은 카리스마가 대단하다더라고. 영화배우처럼 잘생기기도 했고. 주눅이 들어서 배우 하겠다고는 못하고 연출하고 싶다고 했지. 그래서 그냥 연출로 들어간 거지. 근데 나는 그제야 너무 급해가지고 이영일 선생의 『영화개론』이라는 책을 보면서 연출이 뭔가를 찾았어요.

그러고 나서 신필름에 처음 갔는데 누구 하나 알아보는 사람도 없고 꿰다 놓은 보릿자루처럼 사무실 벤치에 앉아서 한 3시간 있었어요. 신상옥 감독도 흘깃 보고 그냥 가버리니까 막막해. 처음 사회 경험이잖아. 그리고 뭐 철부지니까 할 수 없이 아버지한테 전화했어. 내가 딱했는지 지인에게 얘기했나봐. 기술과장에 아는 사람 있었어요. 조동식 씨라고. 그 사람이 나운규 감독의 아들인 나봉한 감독을 소개해주겠다고 3층에 같이 올라갔어. 2층이 사무실이고 3층에 감독실이 있었어요. 그다음 날부터 거기에 앉아 있는 거야. 나봉한 감독이 지금 미국에 계신 이경태 감독을 소개해줬어요. 서울고등학교 선배인데 정말 살 것 같더라고. 말 붙여주고 얘기 나눌 수 있고 그러는 게. 거기서부터 시작해서 이제 한 사람 한 사람 감독실에 있는 사람들 얼굴 익히고 있었지.

인터뷰어 감독님 그때가 몇 년도인가요?

이장호 65년인가 그래. 대학교 2학년.

인터뷰어 그러면 학교는 그 이후로 안 다니신 건가요?

이장호 그게 끝이야. 그러니까 그 어떤 그 의식 속에 좀 열등의식이 있는 게, 대학도 졸업 못 했다는 게 항상 있었지. 신필름에 그렇게 나가기 시작한 이후로 아무것도 못하는 연출부 생활을 하는 동안에 술만 마시고 그러니까 우리 어머니가 걱정이 된 거야. 대학이나 졸업시키고 나서 이렇게 하지, 애를 패륜아 만든다고. 부모가 싸우면 꼭 내 문제로 싸우는 거야.
  그러다가 나봉한 감독하고 두 작품하고, 신상옥 감독님이 〈무숙자〉(1968)라는, 옛날에 마카로니 웨스턴의 마적 시리즈를 했을 때 이경태 감독이 조감독이 되면서 나를 데리고 갔어. 그래서 신상옥 감독님 연출부에 들어가서 일을 하기 시작하지. 신상옥 감독님은 자기가 관심 갖는 사람 외에는 관심을 안 갖는 사람이야. 아버지 소개로 왔는데도 나를 기억을 못 하니까 감독님하고는 그냥 새롭게 시작하는 거예요. 또 신상옥 감독님이 입이 거칠어. 뭘 조금만 좀 둔하게 하든지 실수하면 등신 같은 새끼, 저거 라면이나 먹고 살겠냐, 이런 모욕적인 말을 듣는 거지. 그것도 하필 여배우들이 있는 데서 그런 수모를 들으니까 나는 미칠 거 같아. 그런 거 참고 지낸 인내의 시간이 오히려 나를 사람으로 만든 거 같아.

인터뷰어 신필름에서 1968년에 〈죽어도 한은 없다〉를 연출하신 김수동 감독님은 신필름 전에 일본 영화사 도에이에서 조감독을 하고 계셨다고 하더라고요.

이장호 그 양반 아버지가 김을한 씨라고 원로 기자야. 유명한 사람인데 일본으로 건너가서 살았지. 김수동 감독이 굉장히 지적이고 영화적인 견해도 높고 그러니까 신상옥 감독님이 일본에 갔다가 발견하고 데려온 거지. 제일 처음 한 게 유명한 하라다 야스코의 소설 『만가』를 번안해서 영화를 만든 거예요. 나는 그 영화를 보고 다른 한국 감독하고 다르다고 생각을 했어. 그래서 그 사람 무지하게 쫓아다녔어. 나봉한 감독한테서 나와서 현대 인물을 다룬 멜로드라마 같은 거를 하고 싶었던 기야. 내기 김수동 감독님 집에 맨날 드나들면서 가족처럼 지내고 자길 따르니까 또 거절하지 않았고. 그래서 그 양반한테 배운 것도 많아요, 일단 신중하고 지적인 거, 나봉한 감독은 서라벌예대 출신인데 기능적인 감독이었거든. 신상옥 감독님 때 조감독으로 임원식 감독과 나봉한 감독이 있었는데 두 사람이 동급인데도 임원식 감독은 처세술이 높아서 항상 우두머리 노릇을 했어요. 근데 나봉한 감독은 서라벌예대 1회 졸업생으로 둘이 동기생인데도 항상 그 밑에서수동적으로 일하고 너무 평범했지. 나봉한 감독이 사람은 굉장히 좋은데.

인터뷰어 신필름에서 많은 감독들을 만나시는데요. 직접 경험하셨던 신상옥 감독님의 연출이나 영화관에 대해서는 어떻게 기억하고 계신가요?

이장호 신상옥 감독이 시인 김규동 선생과 한 인터뷰에서 "영화는 감독의 인격"이라고 한 적이 있어. 그게 나에겐 화두였어, 불교에서처럼. 내가특별히 뇌리에 새기고 이러는 거 없는데…. 신상옥 감독님의 가장 눈에 띄는 특징이 현장 연출이에요.

현장에 늦게 도착해가지고 "야 오늘 뭐 찍는 거냐?" 이렇게 물어보신다고. 그러면 조감독 하던 이경태 감독이 찍을 거 설명하고, 책 가져오라고해서 막 이렇게 해요. (쇼트 나누는 행동) 그 다음에 촬영 들어가지. 신감독님은 카메라를 붙잡고 연기 지시를 하는데 늘 입으로 "야 너 거기서 그냥 이렇게 왔다 갔다 하고 크게 웃어봐." 이런 정도야. 그런데 신상옥 감독님이 연기력 괜찮은 배우들만 쓰니까 연기자들이 잘해내지. 이경태 감독이조금 더 디테일하게 가르쳐줄 때도 있고. 근데 신상옥 감독이 그런 식으로하니까 연출이 뭔지 모르겠더라고. 그래도 밑에서 8년 지내니까 나도 그게체질화된 것 같아요. 그래서 내가 신상옥 감독님 밑에 있지 않았으면 〈별들의 고향〉도 만들지 못했을 거라는 생각도 들었어요.

신 감독님 또 특징이 씬 첫 부분 찍을 때 한참 망설이고 이것저것 물어보는 경향이 있어. "이전 씬의 마지막이 뭐였지?" 조 감독이 그걸 다 해줘야 돼. 이경태 감독이 이걸 굉장히 잘한다고. 신상옥 감독은 이경태 감독을 신뢰했어요. 저 사람은 왜 저렇게 고민할까를 생각해보니까, 그 마지막 장면하고 연결되는 거니까 그 첫 부분을 어떻게 할까를 굉장히 고민하는 거더라고. 그것만 풀리면 그다음에는 그 사람은 일사천리로 나가요.

또 잊히지 않는 건, 신영균 씨가 우는 장면에서 신상옥 감독이 못마땅한지 몇 번 다시 하더라고. 그래도 못마땅하니까, "야 너 차라리 웃어라." 그러더라고. 신영균 씨가 헷갈리니까 어색하게 웃었어요. 그러니까 신 감독님이 됐다고 그래. 나중에 영화 보니까 웃는 장면의 의미가 생기더라고. 슬픔을 웃는 장면으로. '이 양반이 영화감독으로서 난 사람이구나.' 하는 생각이 있었죠. 그런 것들이 수업 중에서는 최고의 수업이었어요. 나도 그 후에 영화 만들다가 못마땅하면 뒷모습으로 찍읍시다 했지. 뒷모습에 그 의미가 더 크게 전달되고 그런 거 있잖아요.

우리 속담에 서당 개도 3년이면 풍월을 읊는다는 말이 있듯이 철부지 이장호도 신상옥 감독님 문하에서 8년의 세월을 견디는 동안, 자신도 모르게 습득된 다양한 영화적 기능으로 데뷔작 〈별들의 고향〉을 무난하게 연출할 수 있었고 다음 영화 〈어제 내린 비〉까지 어렵지 않게 만들 수 있었던 거 같아. 이건 영화의 아버지 신상옥 감독님 은혜라 할 수 있죠.

인터뷰어 신상옥 감독님의 연출 스타일을 경험으로 배우신 거네요. 그런데 신필름에는 고유한 시스템들이 있을 것 같은데요. 그것에 대해서도 들어보고 싶습니다.

이장호 내가 들어가니까 감독실에 있는 조수들이 다 신상옥 감독 조감독이야. 예를 들면 이 사람은 〈다정불심〉(1967) 팀이고 저 사람은 〈여자의 일생〉(1968) 팀이고. 훗날 그 조감독이 혼자서 쩔쩔매고 막 그런 팀에 "야 이장호 붙여봐." 그랬나 봐. 나는 생각도 못 했는데. 그렇게 해서 한 게 〈평양폭격대〉(1971)인데, 눈물 날 정도로 고마운 게 나한테 관심이 있었구나 하는 생각이 들었어요.

인터뷰어 임원식 감독님 같은 분들은 그때 이미 입봉하지 않았나요? 그런데도 조감독으로 계셨나요?

이장호 감독이 된 사람이지, 임원식 감독과 나봉한 감독은. 〈청일전쟁과 여걸 민비〉(1965)를 신 감독님이 찍었는데 조감독 둘을 감독 이름으로 넣어줬어요. 자기가 빠지고. 난 몰랐는데 나중에 얘기 들으니까 신상옥 감독이 다 만들어놓고 이름을 넣어줬다고 하더라고. 그 다음에 각자 하나씩 하나씩 따로 만들게 해준거죠. 이경태 감독도, 〈포상금〉(1971)이라는 일종의 오락 사극 액션 영화를 신상옥 감독이 만들어놓고 나서 이경태로 이름을 올렸지. 내가 〈별들의 고향〉 할 때 신상옥 감독님이 들어오라고 해서 갔더니 선배(이경태 감독)가 아직 데뷔를 못 했는데 너부터 데뷔하면 어떻게 하냐고 얘기하셨어. 그래도 하겠다면 대신 촬영을 이형표 감독한테 맡기라고 하더라고. 이형표 감독을 촬영시킨다는 건 결국 연출을 그 사람한테 맡기겠다는 거잖아. 그래서 "네 알겠습니다."라고 하고는 책상에 있는 물건들 박스에 담아서 도망 나왔어요.

인터뷰어 신필름이나 신상옥 감독님에게서 또 영향을 받은 게 있나요?

이장호 예고편을 만들 때 신상옥 감독님이 혼자서 만드는데 옆에서 이 양반 진짜 편집 도사구나 했어. 〈장미와 들개〉(1975) 예고편도 신상옥 감독님이 직접 만들었죠. 근데 검열에서 잘라낸 거를 다시 붙인 게 문제가 되서 신필름이 문을 닫게 되지. 나중에 얘기 들어보니까 박정희 대통령하고 신필름이 굉장히 우호적이었는데, 측근인 김종필 씨가 신상옥 감독을 아주 좋아했거든. 그런데 신 감독님이 김대중 대통령이 일본에서 납치된 사건을 영화로 만들고 싶어서 자꾸 얘기하고 다니다가 박정희 귀에 들어갔어요. 그래서 갑자기 서먹서먹하게 됐는데, 그때 최은희 씨하고 이혼하면서 정부에서 핑계가 된 거야. 그래서 신필름 트집 잡기 시작하다가 거기서 딱 걸리는 거지.

나하고 신 감독님하고 한참 서먹서먹하다가 나도 대마초 걸리고 신 감독님도 신필름 취소 되고 나서 우연히 인사하게 됐는데, 신 감독님이 굉장히 다정하게 해주더라고. 저녁인가 같이 먹었는데 신 감독님이 "너랑 나랑 이제 영화 다시 만들려면 남북통일이 돼야겠다."이러시더라고요.

인터뷰어 최은희 선생님을 가까이서 자주 뵈셨을 텐데, 배우로서 어떤 장점이 있었나요?

이장호 카리스마가 대단해. 그 카리스마가 가끔 깨지는 게 신상옥 감독님 때문이에요. 현장에서 최은희 선생이 신상옥 감독한테 항의할 때가 있잖아, 그러면 신 감독이 "최 선생" 그러다가 기분 나쁘면 "야 은희, 미스 최." 그래요. 하여간 종잡을 수가 없어. 신경질 나면 매몰차게 그냥 까버리거든. 최은희 선생이 보통 여자처럼 투덜거리고. 그래도 신상옥 감독님 없는 곳에서는 카리스마가 대단하지.

다른 여배우들만 있는 데서는 최은희 선생님 카리스마가 확실히 드러나요. 도금봉 씨가 배우 하기 전이고 최은희 선생님하고 신상옥 감독님도 아직 스타가 아닐 때 얘기야. 도금봉 선생이 전차에 앉아 있는데 신상옥 감독님이 타더니 앞에 서더래. 근데 넋이 나가지고 흘깃흘깃 보면서도 자리 양보할 생각을 못 했대. 나는 신상옥 감독님, 최은희 선생님 잘 아니까 어떤 모습인지 알 것 같거든.

인터뷰어 도금봉 선생님은 〈어제 내린 비〉에 나오죠?

이장호 응, 매력 있는 배우야. 조연으로 많이 출연했지. 최은희 선생님 밑에서 향단이 하고. 다른 배우가 그 양반처럼 연기할 수 있을까 싶어요. 눈이 희번득하고 휘둥그레지고 눈 연기는 기가 막힌 거야. 천재 연기자 중에 하나가 도금봉이고, 카리스마 천재가 최은희 씨, 주중녀 배우는 양쪽이거든. 천박스럽기도 하면서 고상할 때 또 아주 고상하고. 이민자라는 배우는 어머니뻘 되는 여배우 중에서 가장 섹시하다고 느꼈던 배우였어요. 노경희는 남성적인 면이 있고. 어쩜 그런 개성들이 다 포진해 있었는지 몰라요. 조연 배우 중에 석금성, 한은진 정말 개성 강하고. 그분들이 다 신상옥 감독님 밑에서 빛을 봤어요.

미국 워싱턴에서 신상옥 감독과 함께

2.

1970년대 신필름의
홍콩 합작 영화와 홍콩 체류 시절

인터뷰어 신필름은 홍콩과의 합작 영화도 했었는데요, 감독님은 합작 작품에 참여하신 적 있으세요?

이장호 있어 한 번. 근데 나는 홍콩에 한 1년 상주했어요. 조감독 땐데, 그때가 내 영화적 성장에 굉장히 중요했던 게, 여태까지 말만 들었던 구로사와 아키라라든지 일본 영화를 심야극장 뭐 이런 데서 밤새고 봤거든요. 한국에는 할리우드 영화만 들어오고 세계 각국의 영화를 볼 수가 없잖아. 근데 홍콩은 천국이야. 이탈리아 영화, 프랑스 영화, 뭐 마음대로 볼 수 있으니까. 북한 영화도 봤어요.

인터뷰어 신필름의 다른 조감독들도 같이 간 건가요?

이장호 아니, 배우들하고 나만 있었어요. 지사의 어떤 대표격으로 간 거죠. 나는 신 감독님이 서비스로 보낸 거 같아. 이경태 감독의 배려였는데 신상옥 감독님께 추천해줬어. 나한테 공부하라 하는 식으로. 신 감독님한테는 정말 고마운 게 그때 나를 만들어줬다는 생각이 들어

인터뷰어 그때가 언제인가요?

이장호 〈별들의 고향〉이 1974년에 했는데 1972년에 갔거든. 이 책(『바보처럼 나그네처럼』)을 보니까 기억이 확실히 나네. 그때 홍콩에 간 이유가 홍콩하고 신필름하고 합작에 스태프로 참여시키려고 보냈던 것 같아요. 오수미를 데리고 갔는데 그쪽에서 보이콧한 거 같아. 그래서 지지부진하니까 갑자기 홍콩에서 실업자처럼 됐는데 그게 오히려 나한테는 큰 공부가됐어요. 그때 영화 실컷 보고. 그러다가 신상옥 감독님이 파리에서 〈이별〉(1973) 촬영하면서 오수미를 데리고 갔어요.

인터뷰어 그러고 나서 감독님은 혼자 홍콩에 계셨던 건가요?

이장호 거기 배우들이 많이 갔었어. 신필름 전속 연기자들하고. 또 내 친구 중에 이승용이라고 있었는데, 다 같이 거기에 체류하고 있었지. 거의 영화 보고, 백화점 가서 아이쇼핑하고, 그때만 해도 홍콩은 한국하고 달라서

경제력이 굉장히 앞서 있었어요. 외국, 유럽 여행에서 볼 수 있는 물건을 많이 팔고 있었다고.

인터뷰어 쇼 브라더스와 신필름 등이 합작 영화를 만들어서 동남아 시장을 함께 공유하는 시기였다고 하는데, 그런 합작 프로젝트에 신필름은 어떤 식으로 참여했습니까?

이장호 쇼 브라더스 런런쇼(邵仁楞)라는 사람이 신상옥 감독님한테 〈비련의 왕비 달기〉(혹은 〈달기〉)하고 〈대폭군〉이라는 영화를 제작해달라고 해서 신 감독님이 한국 배우들로 영화를 만들어줬어요. 최은희 씨, 신영균 씨, 박노식 같은 우리 스타들 썼지. 만들어서 갖다주니까 런런쇼가 그걸 창고에 놔두고 자기네 제작진 자기네 배우들을 써서 똑같이 만들어서 극장에는 자기네 걸 붙인 거야. 신필름에서 만든 거를 극장에 상영해서 한국 스타들을 동남아 화교 시장에 스타로 만들어놓으면 다음에 영화 또 그 사람들을 써야 된다고 런런쇼가 그러는 거야. 결국 그건 한국 영화 쪽에 유리한 거니까 그걸 창고에다 두고 홍콩 배우로 똑같이 만든 거지.

인터뷰어 불합리한 관계잖아요. 그런데도 신필름은 쇼 브라더스나 홍콩과 계속해서 교류를 하셨나요? 어떤 이익이 있었나요, 신필름에?

이장호 계속 계속해서 거래를 했지. 그 다음에는 신필름이 런런쇼가 만든 영화를 가져다가 한국말 더빙하고, 우리 연기실의 배우들을 홍콩에 상주시

컸어요. 출연시키려고. 한국 배우가 들어갔으니까 공동 제작처럼 하는 위장 합작의 시작이지. 〈달기〉랑 〈대폭군〉 때문에 런런쇼도 신 감독님한테 민망하니까 서로 좋게 하려고 같이 합작을 하자. 배우만 보내라. 그러면 자기네가 제작비 다 내겠다. 한국에서 제작비는 안 내고 배우들 출연료는 거기서 주고 그랬어요. 한국 배우가 출연했으니까 합작 여건을 갖춘단 말이에요. 그러니까 그걸 다른 한국의 영화사들이 배워서, 런런쇼 같은 큰 영화사 말고 홍콩 독립 프로덕션이랑 같이 하는 거죠. 그러면서 한국, 홍콩 위장 합작 영화가 무지하게 들어왔어. 들어와서 더빙만 한국말로 하고. 합작이면 수입이 아니라서 수입에 따른 여러 조건이 면제 되는 이득이 있죠. 신상옥 감독님은 시작은 그렇게 했지만, 나중에 이게 문란하게 되니까 신 감독님도 손을 뗐어요.

인터뷰어 신필름은 배우만 참여하고 제작비는 이제 런런쇼, 쇼 브라더스에서 하는 그런 방식이었군요. 그리고 개봉은 한국과 홍콩 동시에 하고.

이장호 그렇죠. 한국 배우 중에 스타급은 없었지만. 신필름은 연기실이 있어서, 신상옥 감독님이 조연급 정도를 시킬 수 있는 사람들을 많이 키워 놨거든요. 그 사람들이 거기 가서 조연하는 거죠. 신 감독님이 돌아가셨으니까 마음 놓고 털어놓지. 살아계시면 눈치 보여서.

인터뷰어 실질적으로 이런 합작 영화들이 흥행 면이나 수익 면에서 영화사에 이득이 됐나요?

이장호 한국 영화를 만들면 제작비도 많이 들고 흥행도 보장이 안 되고 그러는데. 홍콩 영화는 일단 저질이긴 하지만 무술 영화를 하지. 그거 한국 연기자랑 출연료만 해주면 그쪽에서 다 만들어서 넘겨주니까 그만큼 싼 비용으로 제작한 영화가 되는 거죠. 그리고 아마 합작에 대한 이득을 국가에서 줬을 거예요. 내가 그때 뭐 윗사람이 아니기 때문에 밑에서 본 거로는, 아시아 수준들이 다 비슷비슷하고 일본만 유독 높은 상태였거든요. 그 홍콩하고 합작만 그렇게 쉽게 됐고, 소위 그때 외국 하고 하려면 프랑스나 유럽하고 합작했다든지 그랬어야 되는 건데, 아마 정부하고 영화판하고 로비들이 서로 돼서 합작, 위장 합작을 처음에는 눈 감아줬던 거 같아요. 그래서 이득이 있었겠지.

인터뷰어 중국과 수교되기 전이고 일본 문화도 개방되기 전이어서 홍콩만 유일하게 합작할 수 있는 곳이었죠.

이장호 근데 재밌는 게 여기 책(『바보처럼 나그네처럼』)에 코스타 가브라스하고 대담한 거 보니까, 코스타 가브라스도 세계 영화에서 제일 뒤떨어진 게 홍콩 무술 영화 그다음이 북한 영화, 소련 영화다, 이런 얘기를 했네. 이게 아이러니인데 그 당시에 A급 영화라는 건 확실히 존재했었거든요. 그다음에 B급, C급 영화들이 홍콩 무술 영화 같은 것들인데, 이게 미국 시장에서 흑인들이 많이 보고, 유년 시절에 그 무술 영화를 봤던 사람들이 성장하면서 유년 시절의 모든 것이 예술화 돼서 홍콩 영화도 하나의 장르가 되고, 그래서 B급 영화가 A급 영화가 되기 시작하는 거예요. 그 시대 액션 영화들을 보던 미국 감독 중에 박찬욱을 칭찬한 그 유명한 친구가 하나 있잖아?

인터뷰어 쿠엔틴 타란티노.

이장호 그런 친구들이 아마 유년 시절에 홍콩 영화 보고 배우지 않았을까 하는 생각이 들어요. 내 의견이긴 하지만.

인터뷰어 비디오 가게 하면서 타란티노가 홍콩 영화를 많이 봤다고 해요. 〈킬 빌〉 같은 경우도 그런 영향을 보여주고요. 감독님은 홍콩에 계셨을 때 봤던 영화 중에 영향을 받으셨거나 한 게 어떤 것들이 있나요?

이장호 굉장히 많죠. 우선 뮤지컬, 밥 포시(Bob Fosse)의 뮤지컬들을 다 거기서 보고. 난 아직도 꿈이 뮤지컬 영화를 한번 만들고 싶을 정도로 거기에 대한 인상이 강했고. 특히 밥 포시 〈카바레〉(1972)라든지 이런 영화를 보면 할리우드의 정통 뮤지컬 같지가 않고 의식의 흐름 같은 느낌을 주는 뮤지컬이야. 그래서 상당히 예술적인 감흥을 줬고. 또 말만 들었던 일본 영화들. 한국에서는 볼 수가 없었는데, 구로사와 아키라의 〈라쇼몽〉(1950)이라든지 명작들을 거기서 다 봤죠. 내 성장에 굉장히 중요한 시기고 한꺼번에 막 물밀 듯이 들어왔었다고.

3.

〈별들의 고향〉과
1970년대 영화

〈너 또한 별이 되어〉 촬영 현장의 이장호 감독(중앙)과 장석준 촬영 감독(오른쪽)

인터뷰어 (홍콩에서) 1973년에 돌아오셔서, 「별들의 고향」 연재될 때 신문에 있던 거를 모아서 준비하셨다고 알고 있어요.

이장호 아버지가 적극적이어서 신문 스크랩을 해서 나한테 보내줬어요. 나도 인호한테는 장난삼아서 이건 내가 한다고 이런 식으로 했지만, 아버지는 그걸 굉장히 믿었던 것 같아요.

인터뷰어 〈별들의 고향〉을 처음 준비할 때 신필름에 계셨는데 실제 제작은 신필름에서 나와서 하셨잖아요. 신필름에 지인들이 있었을 텐데 〈별들의 고향〉 스태프는 화천공사에서 꾸리게 되나요?

이장호 하길종 감독이 소개해줬어요. 화천공사가 하길종 사돈이야, 동생인 하명중의 처남이지. 경기고랑 연대 나온 사람인데 그 박종찬 사장도 캐릭터가 독특해.
〈대부〉의 알 파치노처럼 자기 사무실에 앉아 있고 직접 해결하는 게 없어. 다 사람 시키고. 영화제에서 상을 타도 이 사람 안 가, 다른 사람 보내지. 그러니까 숨어 있는 사람이야. 근데 난 만나자마자 신뢰감이 생긴 게 얘기가 통하고. 코닥 필름으로 3만 자 쓰는 걸 조건으로 계약하고 촬영을 시작했어.

인터뷰어 그때 한국에서 일본 영화도 접하기 어려웠는데, 〈별들의 고향〉 촬영하실 때는 일본에서 나온 카메라 전문 잡지를 보셨더라고요.

이장호 아, 《아사히 카메라》. 그거는 우연히 연출부 시절에 신필름에서 《아사히 카메라》를 보게 됐는데, 이거는 내가 계속 구입해야겠다 해서 중국 대사관 앞 책방에서 매달 새로 나오면 봤어요. 그 당시에 얼마나 굶주렸냐면, 번역된 영화 서적도 없고 외국어는 모르고 그러니까 그런 조그만 거라도 나오면 나한테 피가 되고 살이 되는 거예요. 렌즈가 몇 mm 있었는지 이런 거 모르는데 그걸 보면서 궁금증 풀기도 하고, 그리고 무엇보다도 카메라가 주는 예술적 감흥을 익히게 되더라고. 그래서 〈별들의 고향〉 할 때는 콘티 대신 내가 갖고 있었던 잡지를 오려서 카메라 감독, 장석준 씨한테 보여주고 설명했죠.

인터뷰어 이장호 감독님은 첫 영화에 코닥 필름 쓰셨듯이 다른 영화에서도 새로운 기자재를 쓰셨던 거 같아요. 시네마스코프에서 비스타로 바꾼다든가 기술적인 면에서도 새로운 시도를 많이 하셨잖아요.

이장호 그게 첫 작품이 성공하니까 점점 권위가 생긴 거예요. 그러니까 새로 제작자 만나도 안 해본 거 해야지 하는 생각이 있죠. 〈어제 내린 비〉(1974)에서 신인인 내 동생을 주연으로 쓴 거, 세 번째 작품인 〈너 또한 별이 되어〉(1975)에서 오컬트 영화 같은 걸 하면서 제작자를 만만하게 보기 시작했어. 러시를 흑백으로 했는데 난 칼라로 러시 뜨겠다 그런 거.
처음으로 실패를 맛본 게 〈그래 그래 오늘은 안녕〉(1976), 뮤지컬로 만들어야지 생각을 한 거예요. 뮤지컬을 하려면 음악부터 만들어놓고 해야 되는데 음악 없어도 뮤지컬을 만들 수 있을 거야 이런 생각이 드는 거예요.

근데 시민 아파트 갔는데 암만 봐도 뮤지컬 안 되는 거야. 이거 왜 그런가 했더니 너무 사실적이고 리얼한 그 가난한 모습들이 주변에 온통 쌓였는데 그걸 아무리 음악적으로 해석하려도 안 돼. 그래서 첫날 이렇게 음악적으로 하려는 데 실패했고, 다음 날부터는 사실적인 묘사들을 하기 시작했다고.

　난 지금도 실패할 꿈을 꾸고 있는 거 같아요. 아주 천진난만한 감각, 동화적인 분위기로 전체 영화를 만들어야겠다는 생각을 하고 있지. 어제 아침에 김동길 교수가 돌아가셨다는 얘기 듣고 준비 대충 끝내고 밥도 안 먹고 갔어. 그러고 나서 부산 내려가는 비행기 시간 때문에 허겁지겁 택시를 탔는데 운전수가 돌아가는 거야. 신경이 예민해지고 증오심이 생기더라고. 이러면 안 되지 소화시키고 있는데, 옆에 어떤 차가 막아서서 가질 못해. 그것 때문에 시간을 끄니까 난 조바심이 나서 빵빵 좀 하라고 했지. 빵빵 그러는데 이놈이 움직이지 않아. 지나가면서 보니까 택시인데 전화를 계속 보고 있더라고. 갑자기 총 같은 게 있으면 머리통을 그냥. 그때부터 아주 천진난만한 영화의 악역을 만들어야겠다는 생각이 들더라고. 총을 장전하고 쐈는데 총알이 날아가는 게 아니고 페인트라든지 무슨 접착제가 팍 나가서 붙어버리는, 이거 이런 캐릭터로 쓰면 되겠다 그런 생각하다가, '네가 또 영화를 망치려고 하는구나' 싶었지.

인터뷰어 아직도 어떤 영화를 만들지 계속 일상생활에서 아이디어를 떠올리고 영화로 연결시키신다는 게 현역이신 것 같아요. 그런데 신필름은 스튜디오를 지향했던 곳이고 장르 영화를 잘 만들어내는 시스템 속에서 계셨는데, 감독님 데뷔작은 장르 영화가 아닌 새로운 화법을 보이는 작품이에요. 이건 좀 특이한 것 같아요.

이장호 내가 1945년생이니까 식민지에서 벗어나 미국식 민주주의 교육을 받은 첫 세대, 그러니까 한글 세대예요. 그래서 최인호랑 나랑 동세대의 감각이 있어요. 최인호 이전의 소설들이 향토문학 같은 소설이었다면, 최인호는 김승옥과 느낌이 비슷한 번역 문학체거든. 그런 것이 우리한테 동세대의 감각이야. 가요도 그래요. 이장희, 송창식 그때부터 이전의 팝송들하고 달라져요. 한글이 생겼거든. 〈별들의 고향〉 영화도 아마 그런 게 시작인 것 같아요. 우리 때 한 번 그렇게 시대감각이 있었고 그다음에 두 번째가 서태지 한 1년 전쯤부터 또 음악성도 모두 좀 바뀌기 시작한다고. 그러니까 우리 때는 좀 열등감을 갖고 있으면서 한글 세대가 그것을 극복했던 시대라면, 서태지 1~2년 전부터는 한글 세대에서 이어진 사람들이 한 단계 높아진 그런 감수성이라고.

내가 아까 얘기한 뮤지컬이 제일 마지막에 만들 거고, 그 전에 나랑 최인호 젊었을 때 얘기를 영화로 만들려고 해.

인터뷰어 고등학교 시절을 두 분이 같이 보내셨죠.

이장호 초등학교도 같이 다녔어요. 근데 어렸을 때 큰 놈 작은 놈하고 구별이 되잖아. 인호는 키가 작은데 항상 똑똑하고, 나는 덩치만 믿고 좀 엉성한 데가 있으니까 거리가 있어서 친하질 못했어요. 인호에 대한 재밌는 추억은 나 혼자 갖고 있는 건데, 국민학교 때 백일장이 많이 있잖아. 그러면 아침에 조례할 때 교장선생님이 심심치 않게 인호를 호명해. 인호가 아장아장 걸어 나가서 단 위에 올라가서 표창장 받잖아요, 전교생이 주목하고. 내가 그거 보고 굉장히 부러워서 어리석은 생각하는 게. 상상 속에서 난 그 뒤의 국기 게양대 타고 올라가는 거야. 전교생이 보는 데서 주목을 받는 거지. 그런 식으로 인호를 부러워하고 했거든. 근데 인호는 끈질기다 보니까 글 쓰는 걸 계속해서 고등학교 2학년 때 신춘문예의 가작이 돼, 당선작이 없는 가작이었거든. 모두 이놈 천재인 줄 알았고. 나는 그래서 인호를 좀 우러러봤어.

난 영화판에 뛰어들었고 걔는 뭐 군대 갔다고 해서 그럴 줄 알았는데 어느 날 포장마차에서 우연히 만났어. 이 얘기 저 얘기 하는데 내가 영화 한다는 소리를 듣고, 인호가 "야 인마 나는 고등학교 때 꿈이 감독이었어." 그러더라고. 그때 난 그걸 신기하게 생각했어. 고등학교 때 어떻게 영화감독이 꿈일 정도로 잘 알았을까? 그만큼 세상에 대해서 인식이 빨랐던 거야. 세상 물정이 밝은 아이였지.

인터뷰어 〈별들의 고향〉 각색을 처음에 이희우 작가가 하셨다고 하더라고요.

이장호 그 당시에 멜로드라마 하면 이희우가 돈 제일 비싸게 받았던 사람이야. 제작자도 그러니까 믿었어. 근데 다른 사람이 연출할 때 이희우 각본을 보면 별로 그렇게 나쁘다고 생각을 안 했었는데, 〈별들의 고향〉은 내가 너무 깊이 빠져 있어서 그런지 '어떻게 〈별들의 고향〉을 이렇게 신파로 만드나?' 싶더라고. 그래서 제작사에게 최인호한테 다시 쓰게 하겠다고 했는데 좋다 그러더라고. 최인호가 한 열흘 만에 끝을 냈어. 최인호 시나리오 쓰는 거 옆에서 보면 무슨 플롯이고 이런 걸 생각 안 하는 것 같아. 그냥 감각적으로, 에피소드 중심에 에피소드를 계속 나열을 하면서 끝내거든. 근데 그게 더 재밌고 자연스러워요. 그래서 인호가 이전 세대에 비하면 굉장한 영상 세대지. 지금 아이들에 비하면 또 올드하지만.

나는 인호 시나리오가 좋은데 제작자는 아니래. 그래서 고민하다가 절반쯤에서 딱 나눠서 뒷부분에 최인호 거를 붙여서 보여줬더니 제작자도 좋다 하더라고. 근데 두 시나리오를 그렇게 물리적으로 붙일 수는 없잖아. 현장에 나가서는 촬영 첫날부터 소설을 들고 찍었어요. 첫날 안인숙이 죽는 장면을 찍고 신성일 씨 부분을 찍는데, 신성일 씨가 톱스타니까 "야 그거 한번 이리로 가져와봐라." 그러더라고. 그리고 소설을 보더니 길에다 던져버려. 영화는 영화고 소설은 소설이지 이거 갖고 어떻게 하냐고. 모욕 받으면서도 스타고 선배니까 할 수 없이 신성일 씨 있는 데서는 그냥 찍는 척하고 그랬지.

인터뷰어 이희우 작가님의 글이 신파적이어서 마음에 안 들었다고 말씀하셨는데, 신파와 신파가 아닌 멜로드라마에 대한 구별의 기준을 갖고 계셨나요?

이장호 한국 영화 왜 저렇게 자꾸 만들지 하는 그런 생각이 있었어요. 신파라는 게 다른 게 아니야 일부러 울리려고 하는 의도가 나타나면 그게 신파예요. 내 전 감독들은 장례식 장면이고 누가 죽은 거면 그거 갖고 사람의 감각을 그쪽으로 전부 모으려고 그러거든. 길게 끌고. 저러면 안 되는데 하는 생각이 그전부터 들었던 거죠. 신상옥 감독님이 그런 거를 먼저 일깨워준 거 같아요. 신상옥 감독님은 절제할 때 딱 절제해버리거든. 그리고 인간의 감정을 원시적인 감정에 의존하지 않고. 우선 신파 만드는 거 최인호가 용서하지 않았을 거예요. 최인호 장점이 슬픈 장면에서 대사라든지 이런 게 아주 깨끗하잖아요.

인터뷰어 〈별들의 고향〉의 장면 중에 변기 장면, 그러니까 경아가 허리를 숙여 다리 사이로 얼굴을 넣어 위와 아래가 뒤집어진 변기를 보여주는 씬이 있는데요, 이때 화장실의 타일과 변기 등이 이채롭게 묘사됩니다. 원작이나 각색 부분에 나오지 않은 장면이고 전체 서사와는 크게 관련이 없는데 의도하신 바가 있는지 아니면 즉흥적으로 나온 장면인지 궁금합니다.

이장호 즉흥적이죠. 홍익대 출신 화가의 그림을 빌려다가 소품으로 갖다 놨는데 그 중에 변기를 거꾸로 그린 그림이 있어요. 거꾸로 그린 그림이니까 경아도 그걸 거꾸로 보게 하는 생각을 하게 됐고. 그래서 그런 장면이 나왔어요. 그 화가는 누가 소개해줘서 우연히 만났어요. 처음에는 이두식이 그림을 써야 한다고 나는 생각을 했어요. 이장희나 이두식이나 최인호의 동생 최영호가 있는데 전부 같은 잘 어울리는 친구들이에요. 그런데 이두식이보다 먼저 그 화가를 만나서 그냥 그 사람 그림을 썼죠. 뭐 특별한 이유는 없고, 영화를 하게 되면 타 분야 예술가들하고 만나게 되는 인연이 생기는데 바로 그런 일 때문에 그 그림을 쓰게 된 거에요.

인터뷰어 〈별들의 고향〉에서 각색 이외에 최인호 작가의 영화 작업의 참여도는 어느 정도였나요?

이장호 인호가 시나리오 각색까지는 해줬죠. 근데 촬영 현장에 인호가 나타나지는 않았었던 것 같아요. 다른 영화 촬영 현장에서는 자주 만났는데, 내 영화 촬영 현장에는 진짜 이상하게 안 온 것 같아요. 인호는 굉장히 영화적인 감각을 갖고 있고 소설도 영화적인 느낌이 많은데, 그리고 자기가 고등학교 때는 영화감독이 되고 싶다고 그럴 정도였는데, 정작 영화 내가 촬영할 때는 격려하는 의미에서도 나타날 만한데 오질 않았어.

인터뷰어 최인호 작가, 김승옥 작가 그 세대가 한글 세대라고 하셨는데, 최인호, 김승옥, 또 이어령까지 이러한 작가를 포함해서 1970년대 문학과 영화의 관계가 어땠는지도 궁금해요.

이장호 최인호의 영향인데, 최인호 때문에 이어령 선생님도 가깝게 지내게 됐고. 서울대학교 출신들로 이루어진 '산문시대'라는 동인에 김승옥 씨, 평론가 김현, 김치수 여러 사람이 있었는데 거기에 소설 쓰는 박태순이라고 있었어요. 작가 박태순 씨 동생이 나하고 고등학교 동기 동창인 박동순인데, 굉장히 가깝게 지낸 친구죠. 박동순 집에 놀러 가면서 그 형들 친구들도 우연히 만나게 되고, 그래서 김승옥 형하고도 알게 되었지. 또 박태순은 나에게 아주 참 좋은 말을 해줬어. 예술가라는 게 고통을 받아야 되는데, 조감독 시절에 내가 굉장히 힘들고 고통스럽고 그러니까 그거는 다 널 위해서 준비된 고통이라는 그런 말을 해줬어. 그게 너무 신비할 정도로 가슴에 와 닿았지. 성공한 영화감독이 되고 나서도 그 형 말이 그렇게 좋았어.

김승옥 씨는 우리 때 천재 중에 하나였으니까.《주간 한국》이라는 타블로이드 판 신문에서 김승옥 씨를 우상처럼 소개하고 그랬거든. 김승옥 씨가 재치문답 같은 걸 했는데, "가장 고귀하고 섹시한 게 뭘까요?"란 질문에 그건 당연히 '비너스의 멘스'지 그랬단 말이야. 그런데 그 말이 저렇게 쉽게 나올 수 있다는 게 보통 사람이 아니라는 생각이 들었지. 그 김승옥 씨의 재치와 센스가 아주 감동을 줬어. 영화 만든 다음에 저 사람한테 꼭 시나리오 받고 싶다 할 정도였지. 그래서 결국은 〈어제 내린 비〉라는 거를 이제 김승옥 씨한테 받았지.

인터뷰어 최인호, 김승옥 모두 당대의 스타 작가잖아요. 그런 분들의 원작을 영화로 만들었다는 게 마케팅 쪽으로도 중요했나요?

이장호 그때는 중요했어요. 그때만 해도 영상 세대가 아니어서 문학에 의존이 많았거든. 지금은 감독들이 다 시나리오 쓰고 어렸을 때부터 영상 체험으로 살아왔으니까 괜찮은데, 우리 때만 해도 영상 체험이라는 게 쉽지가 않았고. 외국 영화도 뻔한 것들이니까 문학에 의존할 수밖에 없었지. 문학은 또 극과 극이었어요. 하나는 전라도 충청도 사투리를 중심으로 하는 토속 문학이 있었고, 소위 번역 문체로 쓰는 그런 새로운 시대감각의 것이 있었는데 후자에서 김승옥 씨가 제일 앞장섰던 것 같아요. 그 다음에 최인호가 나타나서 김승옥 씨를 의식하고 라이벌처럼 생각하면서 작업을 하고 그랬지요. 인호 나온 다음에 조해일, 조선작 막 쏟아져 나왔잖아요.

인터뷰어 혹시 그 검열에서 수정하라고 하면 최인호 작가한테 가서 수정을 받고 이렇게 할 정도로 여러 단계를 작업을 하나요?

이장호 사전 검열이 있었지. 그때는 사전 검열하는 사람 아니라, 박 대통령만 빼놓고는 다 최인호 팬이었다고 생각을 하는데, 감히 뭐 그걸 수정하라는 그런 적이 없었어, 최인호 거는. 최인호가 또 널널해서 수정하라고 그러면 자기가 수정하고 그러지. 최인호는 무슨 투쟁하거나 이런 그런 건 없어.

인터뷰어 앞서 타 분야 예술가들과 만남에 대한 언급을 좀 하셨는데요, 그 당시에 영화계 쪽이랑 그 문학계, 미술계랑 교류가 많았나요?

이장호 우리 전에는 음악도 황문평 선생, 김동진 선생 이런 사람들이 맡아서 했기 때문에 우리는 세대 차이가 있었고 감각으로도 친밀감을 못 느꼈어요. 우리 이전에 사람들은 슬픈 음악은 바이올린이 애절하게 막 나가고 그러니까 멜로드라마가 저절로 음악에 흡수돼서 볼 때마다 신파라는 느낌을 강하게 줬거든. 그런데 주변에는 최인호 통해서 만난 사람들이 (이)장희라든지 젊은 후배들이 있는데, 만나면 한글 전용 세대의 친밀감이 있거든요. 걔네들 음악은 일제 때 흘러간 옛 노래도 아니고, 우리 바로 윗세대의 '해방공간' 미 군정 때 팝송도 아니지. 애들은 팝송을 불러도 번역 문학식으로 한국화시켜서 불렀으니까, 그런 동세대 감각이기 때문에 걔네들하고 가깝게 지내게 되지.

인터뷰어 감독님보다 윗세대이지만 1970년대나 1980년대에 같이 활동했던 연출가 분들이 있잖아요. 동시대에 같이 활동한 선배 감독의 영화 중에 새로웠다거나 한 게 없나요?

이장호 우선 내 선생님인 신상옥 감독님인데. 신상옥 감독님 영화를 보면은 다 공감하게 되거든. 〈벙어리 삼룡〉(1964)이라든지 〈사랑방 손님과 어머니〉(1961). 또 이만희 감독 〈만추〉(1966) 같은 건 천재였어, 천재. 그런 분들의 영화는 동세대적인 것과 상관없어. 클래식의 명작은, 그런 사람들의 영화는 전혀 흠잡을 데가 없어. 단지 이만희 감독 영화에서 마지막 부분에 가면은 감성적인 느낌이, 신파의 느낌이 있어.

그게 뭐냐면 그 당시에 영화, 일본 영화도 그렇지만 마시막에 슬픈 징면이 있으면 그거 끝까지 물고 늘어지는 거 있잖아요. 아주 고급스럽게 관리해온 연출 감각이 그런 데서 무너진 건 있었지만, 어쨌든 전 세대들의 훌륭한 영화들, 김수용 감독의 〈갯마을〉(1965)도 그렇고, 좋은 것들이 참 많아. 그거 보고 배워가지고 발달되기도 했고, 우리가.

인터뷰어 그럼 신상옥 감독님이라든가 이만희 감독님과도 교류가 많으셨나요?

이장호 그 사람들하고는 교류는 없어. 그 사람들은 그 사람들끼리 가깝게 지내는 모임이 있었다고 그래. 그 사람들은 미국 클래식 영화들, 윌리엄 와일러라든지 그런 사람들 영향이 있었기 때문에 그렇게 고급스럽게 나온 거고. 우리도 또 신상옥 감독 영화, 이만희 감독의 영화를 좋아하게 되고. 그러나 얘기한 음악을 사용하는 방법, 그런 동세대 감각에서 나는 그 차이를 느끼는 거죠. 가령 〈별들의 고향〉 여자 주인공이 자기를 낙태하게 만든 남자가 다른 여자와 결혼하는 결혼식장으로 달려가는 장면에, 옛날 같았으면 슬픈 바이올린이 애절하게 나왔을 텐데 내 영화에서는 "한 소녀가 울고 있네." 하고 락이 나온단 말이에요. 그런 감각이 바로 우리 동세대가 중요하게 생각하는 감각이었지.

인터뷰어 음악도 그렇지만 미술 같은 경우도 동세대 화가의 그림을 영화에 사용하시고 교류하셨다는 것이 새롭게 다가오네요.

이장호 그러니까 캔버스에 변기를 그리라고는 상상 못했는데, 그런 걸 그리고 그걸 또 거꾸로 그리게 하고 하는 거, 아마 그런 감각이 서로 통했던 거라고 봐요.

인터뷰어 혹시 감독님께서 만드신 영화 극장에서 상영할 때 감독님도 같이 보시면서 관객들의 동향 같은 걸 보시고 그러신 적도 있으세요?

이장호 굉장히 중요해요. 나는 〈별들의 고향〉이 첫 경험이니까 관객들 반응을 계속 보는데, 이런 거 갖고 웃네? 하며 깜짝 놀란 게 있어요. 목욕탕에 물이 마지막 빠질 때 '꾸르륵' 하면서 쫙 빠지는 거 있잖아요. 그 장면에서 관객들이 막 좋아하고 웃더라고. 참 별일이다. 관객들이 이런 거에 관심이 있구나. 그렇게 해서 넣으면 한 번 경험한 관객들은 또 관심이 없어하고. 그래서 관객 반응이라는 게 참 중요하다는 생각을 갖고 있죠.

인터뷰어 일주일 전에 다시 한번 〈별들의 고향〉을 봤는데, 어떻게 첫 영화를 이렇게 잘 만들었을까, 그런 생각이 들었어요. 소설 놓고 찍으셨다고 했는데, 그래도 이미지적인 표현은 사전 구상을 하시면서 찍은 것인가요?

이장호 〈별들의 고향〉 할 때는 그런 여유가 없었어. 인호가 경아라는 이미지를 주로 어디서 표현했냐면, 자기 부인 캐릭터를 많이 썼거든. 나는 최인호 부인 캐릭터가 인호만큼 피부에 와 닿지 않으니까. 저절로 내 마누라를 생각할 수밖에 없거든. 그래서 여유가 있으면 뭐 연구도 하고 해야 하는데, 연출이라는 게 아직 서툴고 그러니까 그냥 내 속에 있는 거 그대로 나와서 표현이 되더라고.

인터뷰어 〈별들의 고향〉 이후에 〈바람불어 좋은 날〉에서 청년문화에서 민중문화 쪽으로 넘어오면서 가장 앞장서서 한국 영화 속에 그런 측면을 투영하신 거 같아요.

이장호 대마초 때문에 이제 활동을 못하면서, 여태까지 그냥 나 자신에 대한 관심만 갖고 있다가 사회라는 거에 대해서 새삼스럽게 이제 인식하면서 염무웅 씨의 '민중문학'인가 '민족문학'인가를 읽다 보니까 완전히 새로운 경험이었지. 한 사람 두 사람, 황석영도 만나고 송기원도 만나고 했지. 그때 최일남 선생의 『우리들의 넝쿨』이라는 걸 보게 되고.

인터뷰어 황석영 선생님하고도 교류가 좀 있었나요?

이장호 인호가 황석영이하고 친해서 인호 때문에 만났는데, 황석영의 『객지』라는 걸 읽으면서 충격을 받았지. 그걸 영화 만들려고 몇 번 했었는데 안 됐어요. 그러다 〈어둠의 자식들〉을 황석영 걸로 알고 했는데 계약을 하려다 보니까, 사실은 황석영이 쓴 게 아니야. 이철용이라고 소개를 해줘서 그때부터 본격적인 밑바닥 사회를 들여다보기 시작했지. 그런데 결국은 영화가 리얼리즘에서 출발해야 된다는 걸 그때 깨달았던 것 같아요.

인터뷰어 정말 한국적인 영화란 리얼리즘 방향으로 가야 된다고 생각하시나요?

이장호 기본 원칙이 리얼리즘이라고 생각해. 영화를 여러 사람이 여러 분야로 생각할 수 있는데, 내가 깨달은 것은 일단 시작은 리얼리즘을 기본으로 하고, 그다음에 자기 세계가 어떻게 바뀌든지 그걸 살려서 영화를 만들어야 된다는 게 내 주장이고. 지금 결국 뭐 박찬욱, 봉준호 다 리얼리즘으로 가고 있잖아요.

4.

1970년대 한글 세대의
청년문화와 영상시대

이장호 이번에 펜클럽 한국작가대회 경주에서 하면서 영화와 문학에 대해서 특강해달라고 해서 부지런히 준비해서 얘기했는데, 한글 세대라는 게 굉장히 나한테 중요하더라고. 한글 전용 세대의 시조가 우리더라고. 해방둥이, 해방 이후에 소위 서구식 민주주의 교육의 첫 세대고 그런 수혜 때문에 우리의 감각은 이전 세대하고는 좀 다른 세대로 성장하게 되는 거야. 그리고 그 이후에 문화 세대들이 전부 한글 전용 후에 생긴 후배들이잖아. 그게 오늘날까지 왔다는 게 얘기가 되더라고. 알파벳은 자음 모음을 이렇게 가로 풀이만 하잖아. 한글은 조형적 조합이에요. 이걸로 익숙해지고 학습하면 의식 속에 조형적인 것과 음악성이 같이 성장하겠다는 그런 생각이

들어서 그 얘기를 했어요. 그러니까 오늘날에 BTS나 이 모든 게 거기서 비롯됐다고 짐작이 되요.

해방둥이가 성장하면서 선생님들한테 참 별난 놈들이다. 이전 세대하고 왜 이렇게 다르냐는 소리를 많이 들었거든. 아마 우리들 세대의 감각이 특출했던 것 같아요. 그러니까 최인호가 청년 문화라는 주장할 만했다고. 〈별들의 고향〉 영화도 소위 이전의 신파가 들어갈 틈이 없는 거라. 새로운 문화니까.

특강 제일 마지막에 이렇게 마무리를 했더니 박수가 나오더라고. 영화는 혼자 만드는 게 아니고 많은 사람의 재능, 특별한 기술이 필요하고 그래서 제작비가 많이 들고 그 많은 제작비 때문에 결국은 대중의 기호를 잘 잡아내서 흥행이 되어야지만 제작비를 건진다. 소설은 혼자서 충분히 될 수 있는 것이기 때문에 비용은 전혀 안 드는 대신 대중적인 건 없다. 제일 마지막 말을 근사하게 했어요. 결론은 "영화는 사랑스럽고 문학은 존경스럽다."

인터뷰어 한글 세대가 주류로 등장하면서 영화 평론에서 변화도 많이 있었나요?

이장호 나는 구세대 평론가들하고 같이 잘 지냈거든. 그 당시에 내 느낌으로 평론가들이 문제라는 생각이 있어요. 평론가들이 비전이 없이 영화 평론을 하니까 영화를 성장시킬 수 있는 동력이 못 되더라고요. 그때 평론은 한글 세대가 아닌 일제의 영향력으로 평론을 했거든. 나는 '선생님 선생님' 했지만 거기에 기대를 못 했어요. 그 후 한글 세대가 성장하기 시작하면서 달라지기 시작한 것 같아요. 우리 때 제일 평론에 많이 참가한 사람이 하길종 감독이에요. 이 사람은 영화 만들면서 평론을 하니까 그게 문제가 된 거 같아. 너무 이념적이고 정치적인 사고를 갖고 평론을 하면 불만을 느낀 그 감독한테 주먹질을 당한다고.

지금은 평론이 굉장히 화려한데 역시 지면 할애를 못 받는 것 같아요. 《씨네 21》을 통해서 발전되기 시작하면서 정성일이라든지 이런 새로운 세대가 성장했죠. 그전 사람들은 〈바보선언〉(1983) 평가를 좋게 해줘야 되나, 문제가 있나, 이런 거 판단을 못했지. 과감하지 못했던 것 같아 평론이. 그래서 내 영화인데도 평론을 보면 무슨 얘긴지 모르겠어. 나보다 더 수상한, 더 바보 같은 평론이 나온다고.

인터뷰어 정성일 선생님 '판 영화사'에서 가까이서 보셨는데, 어떻게 생각하세요?

이장호 정성일은 평론 때문에 가까이 지낸 게 아니고, 의욕적이니까. 그런데 그때도 그가 말하면 굉장히 현학적인 게 있어서 골치 아프다고 생각했었지. 근데 어쨌든 날 좋아했고, 임권택 감독 책을 맡기니까 아주 성실하게 열심히 했어요. 정성일은 일종의 스타일리스트야. 그 비슷한 선배 중에는 정영일 선생이라고 있어요. 이 사람도 일본식이지만 스타일리스트거든. 난 진짜 평론가를 한번 보고 싶어. 영화 평론가가 영화도 만들고 뭐 그런 걸 좀 보고 싶은데. 그런 사람들이 있으면 장 뤽 고다르처럼 진짜 독특한 영화도 만들 수 있고 그래야 할 텐데.

인터뷰어 한글 세대의 연장선이라는 맥락에서 아마 영상시대도 등장하지 않았을까 싶어요. 어떤 글에서 〈어제 내린 비〉로 보너스 받아서 감독님 댁에서 파티를 하셨고, 그때 참석한 분들이 대부분 영상시대 분들이더라고요. 영상시대가 등장하게 된 배경을 좀 더 자세히 여쭙고 싶습니다.

이장호 '영상시대는 하길종이 없었으면 존재하지 않았다.' 그런 거였지. 하길종이라는 사람이 평론과 영화를 같이 만들었는데 늘 선지자처럼 행동을 했어요. 근데 정작 하길종이 만든 영화 보면 그렇게 마음에 들진 않았어. 너무 의식만 앞서 있고 자연스럽지 못한 그런 느낌을 갖고 있었기 때문에. 그나마 하길종 감독하고 같이 어울릴 수 있었던 거는 그런 약점도 보여줬기 때문이었죠. 만약 계속 앞장만 섰으면 동떨어진 느낌 때문에 같이 못했어요. 근데 하길종 감독은 김승옥 씨랑 김지하 씨랑 다 친한 사람이고 그런 파워가 하길종 감독한테 느껴졌기 때문에 우리가 거기에 수긍을 할 수가 있었고 그래요. 김호선 감독이랑은 나이가 비슷했지만 너무 하길종 감독이 우월한 모습만 보여줬으니까 아마 반감도 있었고 그랬을 것 같아. 그니까 일을 해도 깊이 파고들지 않았어요. 나는 순진하니까, 또 막내였고 그래서 동인지 만드는 데도 열심히 앞장섰고 그랬죠. 그때 내가 활동을 못할 때였거든. 나중에 가만히 생각해보니까 우리 무슨 조직을 해도 그렇잖아, 나만 왜 이렇게 이용당하지? 생각이 드니까 슬금슬금 좀 빠지고 싶은 생각도 있었고.

인터뷰어 『영상시대』 2호를 내고 영상시대 활동을 안 하게 됐죠.

이장호 우리가 손 뗀 다음에 후세대들이 와서 했는데, 이거는 완전히 조악해서 결국 성공을 못했지.

인터뷰어 '마음과 마음'이라는 술집도 많이 언급되는데 지금 명동 어디쯤에 있나요?

이장호 대충 그 사보이 호텔 근처였던 것 같아요. 그다음에 우리 친고모가 또 '별들의 고향'이라고 술집을 차렸어.

인터뷰어 영상시대 감독님들 영화를 보면 그전의 영화와는 다른 형식들을 볼 수 있잖아요. 망원 렌즈, 줌, 프리즈 프레임 같은. 그러한 새로운 테크닉들이 비슷한 시기에 있었던 뉴 시네마나 혹은 뉴웨이브의 감독들의 영화들하고 맞닿는 게 있는 거 같아요.

이장호 그 얘기 하니까 생각나는 게, 우리가 연출부 하는데 무슨 공부할게 없잖아 근데 그전에 AFKN(American Forces Korean Network) 미국 방송에서 오후 정규 방송 시작하기 전에 한 1시간가량 시험 방송으로 미국 거리나 사람들 모습 담은 기록영상, 다큐멘터리를 방영해줬어요. 그 영상에 팝송들이 깔리거든. 근데 보면 아주 신선하게 느껴졌어. 그래서 아마 그런 이미지가 내가 영화 만들 때 영향을 줬던 거 같아요. 〈별들의 고향〉에서 처음으로 거리의 모습들 이런 것들이 들어가거든. 이게 그 영향이었던 것 같고. 아마 더 전, 그전이라면 이탈리아 네오리얼리즘의 길거리 풍경 모습들. 이탈리아 영화에서 하얀 빨래들 펄럭펄럭하는게 굉장히 기억에 남는데 내가 제일 많이 써먹는 게 그거야. 이런 이미지들의 새로운 영상 감각의 세대가 우리 영상 세대였지.

인터뷰어 '영상시대'의 글을 보면 하길종 감독도 그렇고, 이탈리아 네오리얼리즘에 대한 평가를 많이 하셨더라고요. 그 당시에 DVD나 비디오가 없는 상태에서 이탈리아 네오리얼리즘 영화들을 어떤 식으로 접하셨나요?

이장호 내가 〈자전거 도둑〉(비토리오 데 시카, 1948) 그거는 어렸을 때 봤단 말이죠. 그 다음에 젤소미나가 나오는 페데리코 펠리니의 〈길〉(1954). 그런 데서 연상된 것들이 인상이 너무 강해서. 거기서 시작해서 그다음에 서울에 '시네마 코리아'라고 '아카데미 극장'하고 같이 '조선일보사'에서 '시네마 코리아' 거기 동시 상영을 해요. 영화 두 편을. 거기에 이제 미켈란젤로 안토니오니 〈정사〉(1960) 이런 거, 〈태양은 외로워〉(1962) 그런 거 영화를 보면서 쇼킹했어요. 이만희 감독의 〈만추〉가 꼭 그 미켈란젤로 안토니오니가 연상이 될 정도로. 아, 영화라는 게 이렇게 다르게 표현할 수 있구나 하는 거에 대해서 큰 감동을 받고. 조감독 때 한국 영화로 내가 쇼크를 받은 게 이만희 감독 영화 그다음에 유현목 감독의 영화 중에 군부내에서 군인이 사살한 영화 뭐가 있었는데, 유현목 감독 필모그래피 보면 아마 금방 찾을 수 있을 거예요. '푸른 하늘에 무슨 침을 뱉어라.' 그런 느낌을 주는 게 있었는데

인터뷰어 〈푸른 별 아래 잠들게 하라〉?

이장호 아, 〈푸른 별 아래 잠들게 하라〉(1965). 그게 아마 탈영병 얘기던가 그래. 그때 군대를 그렇게 위험하게 건드리는 게 참 힘들었거든. 그런 영화들에서 굉장히 충격 받았어요. 한국 영화도 이렇게 나올 수가 있구나. 그 다음에 유현목 감독의 〈순교자〉(1965). 근데 이만희 감독은 아주 독특했거든, 스토리텔링이 아니고.

인터뷰어 영상시대 개간지에 한옥희 감독님도 참석하셨죠? '카이두 클럽' 김점선, 한옥희, 이정희 이런 분들이 계신데, 한옥희 한 분만 와서 '영상시대'에서 참여해서 도와주신거죠?

이장호 응응. 한옥희 감독이 카이두 실험 영화 모임인데 자주 우리 영상시대 사무실에 드나드는 사람이었지.

인터뷰어 어떤 글을 보면 김홍준 감독도 도와줬다고 하던데요.

이장호 김홍준이가 의외로 굉장히 괜찮은 식견을 갖고 있었지. 한옥희는 가깝게 지냈고. 김홍준은 찾아와서 날 감동시켰지. 빔 벤더스 인터뷰한 걸 보여줬는데, 그게 아주 놀라웠어.

그래서 처음에는 홍준이한테 반했죠. 서울대학 교복 입고, 그때는 대학생들이 교복이 있었어. 그렇게 나타났는데 얘기하다 보니까 영화 이론이 아주 정립이 잘돼 있어. 공부 열심히 하던 놈이야. 그러니까 걔가 만든 책이 '구회영'인가라는 이름으로 나왔죠?

인터뷰어 『영화에 대해 알고 싶은 두세 가지 것들』이란 책이 있습니다.

이장호 그걸 자기 동생이 썼다고 거짓말했다고.

인터뷰어 또 영상시대를 지원해줬던 다른 분이 있나요?

이장호 김홍준이 소개한 놈이 있는데 활동을 안 했어요. 고등학교 후배라
는데 영화 평론가 데뷔를 했어. 나중에 보니까 《코리아 헤럴드》 기자가 됐
더라고. 서울대학 나온 아이인데. 그놈은 말할 때도 입을 가리고 얘기하는
스타일 있잖아요. 굉장히 내외가 심해. 어떻게 기자 했는지 모르겠어. 근데
글은 정말 잘 썼어요. 그다음에 이어령 선생한테 한번 글 써달라고 내가 찾
아갔죠. 그게 실렸는지 안 실렸는지 모르겠어요. 우리가 책을 재정난으로
만들지 못했었거든. 이어령 선생 글 그게 참 아쉽다. 그 양반 기호학 이론
이 아주 새로웠어.

인터뷰어 글이 실렸던 것 같아요. 추천서문이라도 이어령 선생님 이름을
본 것 같아요.

이장호 아마 실었던 것 같아. 겨우 받은 건데 그거.

인터뷰어 영상시대 마지막 정간호가 감독님이 편집장 하실 때였죠. 폐간
이 그냥 자연스럽게 된 건가요?

이장호 자연스럽게 된 거죠. 그걸 만들자고 하면서 돈도 각출 안 하고. 하길종이 말로 시작해서 만들어놓고, 처음에 열정 보이다가 점점 식어갔어요. 금전적인 게 문제였어. 처음에는 돈을 다 모아서 했는데 시작만 그렇게 하고 그다음에 계속 지속적인 지원들을 안 한 거지.

인터뷰어 잡지 자료를 보면 옴니버스 영화 〈가위 바위 보〉를 기획해서 영상시대가 만들어보자 했던데요.

이장호 영상시대에서 나온 건 아닌 것 같은데, 화천공사가 〈가위 바위 보〉했지, 아마?

인터뷰어 공통적인 어떤 제작 경향 같은 걸 추구하기도 하셨나요?

이장호 그때 우리 슬로건이 뭐냐면 '예술영화화'인데 예술영화 만든 사람 한 사람도 없었어요, 하길종부터.

5.

1980년대
이장호 감독 영화

〈어둠의 자식들〉(1981) 촬영 현장의 이장호 감독(중앙)과 서정민 촬영 감독(오른쪽)

인터뷰어 〈바람불어 좋은 날〉(1980)로 감독 복귀하기까지 공백 기간 동안 생각에 변화들이 있으셨던 거 같아요.

이장호 그건 다른 데서도 얘기를 많이 했죠. 간단히 말하면 대마초로 활동 못 하는 동안 한국 영화를 보니까 현실을 그리지 못하고 있다는 생각이 들었어요. 내 현실이 바뀌니까 어떻게 한국 영화가 이렇게 태평할까 그런 생각이 든거지. 〈마부〉(강대진, 1961)같은 고전 클래식을 생각하면 그때는 한국 영화도 리얼리즘이 있었어. 가난한 모습을 담은 우리 영화들이 이북에 넘어가고 그것 때문에 부작용이 생기니까 군인들이 정권을 잡고 나서는 현실을 그리지 못하게 하고 그런 거죠. 그들이 십 몇 년 독재하는 동안에 영화가 거기에 익숙해져버린 거야. 그런 생각하다가 최일남 씨『우리들의 넝쿨』 중편 소설을 읽고 이런 거를 한번 영화로 만들어야겠다는 생각을 했어요.

그러면서 배창호하고 현실을 보겠다고 새벽에 남대문 인력 시장을 가봤어요. 길거리에 서 있는데 어떤 친구가 왔다 갔다 하면서 뭐라 그래요. "싸운이나 뭐가 있습니다." 그 친구한테 무슨 말이냐고 했더니 "사환이나 홀보이가 있습니다." 그러는 거야. 중국집의 아이들을 홀 보이라고 그랬거든. 따라가 봤더니 남대문 시장 안 다방 앞 계단에서 소름 끼치는 걸 봤어. 대가리 빡빡 깎은 애들이 그 계단에 꽉 차서 앉았는데, 아 무섭더라고. 그 아이들이 지금 팔려가길 기다리는 거예요. 사람이 쳐다봐도 그냥 눈만 말똥하게 뜨고 보고 있는데 감정이 없는 모습이야.

봄이 되면 돌멩이 들치면 벌레들이 막 우글우글하잖아요. 그런 징그러운 느낌이 드는데, 거기서 충격 받아가지고 배창호하고 다시 큰 길로 나오면서, "나 더 이상 못 보겠다. 우리 어디 어디 화려한 데 가보자." 그랬다고. 거기서 걸어 나오면 바로 시경 앞이야 거기가. 정말 대한민국 썩을 대로 썩었구나 하는 생각이 하면서 플라자 호텔 커피숍에 앉았어요. 건너편 시청에 태극기가 이렇게 펄럭펄럭 보이는데 나도 모르게 울컥해서 배창호한테 "나 영화고 나발이고 정치 해야겠다."라는 생각을 털어놨다고. 진짜 그때 뜨거운 심정이었어요. 그게 〈바람불어 좋은 날〉의 그 동력이라고 할 수 있을 거야.

인터뷰어 안성기 배우의 연기 스타일이 이전 한국 영화에서 보인 연기 타입하고는 다르고 색다른 점이 있었어요.

이장호 다를 수밖에 없는 게 중국집 배달부가 영화 주인공인 경우가 없었잖아요. 근데 그런 특별한 역할을 하니까 안성기도 진짜 밑바닥부터 다시 시작하는 거지.

인터뷰어 배창호 감독님 에세이 보면 안성기 연기에 대해서 감독님이 칭찬에 인색했다. 근데 한 번 연기 괜찮다고 하니까 안성기 배우가 배창호 감독님 같이 주무시는데 밤새 울었다고 써 있습니다.

이장호 그때까지 뭐 나야 내 눈높이만 높았는지, 좀 더 리얼했으면 이런 생각이 있는데, 안성기는 노력 엄청나게 했어. 보통 때 다닐 때도 나무젓가락 주머니에 차고 다녔거든요. 정신적으로 무장이 돼 있었던 것 같아요.

인터뷰어 네오리얼리즘 영화 빨래 장면 말씀을 하셨는데, 이장호 감독님 영화에도 빨래가 많이 나오고, 또 등장하는 인물 중에서 신체장애를 가진 인물들도 자주 나와요. 유지인 앞에서 구멍 난 양말 보이는 그런 아이디어 같은 것도요.

이장호 리얼리즘을 강조하기 위해서 그러지 않았을까 하는 생각이 들어요. 내 일상이 들어가는 거기 때문에. 구멍 난 양말은 실제로 옛날에 가난했던 일상적이었어요. 장애 얘기는 일본에서 관객 하나가 생각지 못했던 질문을 했다고.

왜 이 감독 경우에는 장애인이 이렇게 자주 등장하냐? 난 의식 못했는데, 그래서 그때 내 답변을 뭐라고 했는지는 모르겠는데, 정확하지는 않지만 임기응변으로 나한테 장애 의식이 있다 그랬던 거 같아.

인터뷰어 그 영화에 나온 로케이션 장소들이 개발되고 있는 도시의 경계에 있는데 그 장소가 어딘지 사람들이 궁금해하더라고요.

이장호 서울이 그랬을 때야. 그러니까 지금 강남역 있는 데가 논밭인데 막 개발되고. 자동차도 우리가 일부러 써 붙이지 않아도 분양 어쩌고 하고 다니고 그랬을 때고. 거기서 좀 가면 길동이라는 데가 있잖아요, 거기가 더 황폐한 모습이었고. 그래서 그 양쪽으로 찍은 거죠.

인터뷰어 그리고 바람 세게 부는 나무는 어디서 찍으셨나요?

이장호 양수리에 두물머리라는 곳이 있어요. 그 느티나무가 지금도 있더라고요. 그것도 천수답이야. 그날 촬영하는데 바람이 엄청 불어서 생각지도 않은 아이디어들이 떠오른 거예요. 그 느티나무에 유지인을 앉혀놓으니까 막 바람이 치마가 막 펄럭펄럭하는데, 마릴린 먼로 데리고 찍는 것처럼 그림이 된다고 생각했어.

인터뷰어 개인적으로는 〈바람불어 좋은 날〉에서 그 장면이 제일 핵심이라고 느껴지더라고요. 초현실적인 느낌을 받았거든요. 근데 그 바람이 저절로 불었다니까 더 신기하네요.

이장호 나도 그렇게 생각하고 있어요. 명장면은 거의 다 하나님이 도와주신 거예요. 〈바보선언〉 마지막 장례식 장면에 촬영을 저속으로 하잖아요. 그러면 바람의 움직임, 풀들의 움직임이 일상적인 바람 불어서 생기는 게 아니고 막 뭔가 농성하는 것 같아요. 이것들이 대형 화면을 보면 진짜 신비할 정도로 그 움직임이 살았어. 이렇게 어떤 화면이 나올 거라고 의식하지 않고 찍은 것들을 성공시킨 것들이 많아. 그래서 내가 천수답 연출이라는 거야. 농사꾼이 햇빛, 비, 이런 자연을 이용해서 그대로 놔두고 하는 게 천수답이거든.
　〈바보선언〉에서는 어느 날 아침 새벽에 일어났는데 안개가 자욱해요. 그때 "마지막 장면, 떠나는 장면 여기서 찍자." 해서 갑자기 찍었어요. 두 청년이 실루엣에서 점점 가까워지는 장면을 거기서 건졌거든.

〈나그네는 길에서도 쉬지 않는다〉(1987)에도 어느 날 새벽에 혼자 나와서 걷다가. 난 그런 거 처음 봤는데, 물안개가 올라오는데 거의 천상의 모습이야. 근데 거기 무당 배 하나가 깃발을 펄럭이면서 오더라고. 꿈꾸는 것 같아. 그래서 여관으로 달려가서 촬영 준비하고 나와서 그걸 찍었어. 무당 배가 필요한 날인데 어떻게 무당 배가 저절로 나오냐고. 그게 마침 멈춘 데가 거기야. 나루터야. 그래서 뭐 그냥 계속 쫓아가서 찍은 거지. 그리고 배우 시켜서 우리가 필요한 장면들 찍고. 그래서 천수답 연출이라는 게 저절로 이루어지는구나 싶지.

인터뷰어 〈나그네는 길에서도 쉬지 않는다〉의 라스트 씬 말씀하시는 거군요.

이장호 응, 라스트 씬. 그거 그 영화의 일품이거든요. 어떻게 저런 장면을 건질 수 있을까? 그 신비감이 영화에서 사니까 너무 좋은 거예요. 남들이 보면 특수효과를 썼나 싶겠지. 물 온도하고 실제 날씨 온도하고 다르니까 안개가 피어오르더라고, 물에서.

인터뷰어 우연히 좋은 장면을 잡는 것도 있지만 계획한 것을 표현하는 것이 우선인데 아무래도 당시에 기술이 부족했었잖아요. 그래서 답답한 적은 없나요?

이장호 그때 만약에 컴퓨터 그래픽이 있었으면 놀라운 화면에 대한 욕심이 많았을 거예요. 근데 그때는 진짜 CG라는 건 상상도 못할 때니까. 하다 못해 옵티컬이라 그래가지고 오버랩이라든지 디졸브라든지 이런 것도 우리는 못했어요. 그거 하면 벌써 색깔이 막 변하고 문제가 많이 생겨가지고. 근데 신상옥 감독님은 미첼이란 카메라로 찍을 때 이미 겹쳐서 찍는단 말이야. 페이드아웃 시키면서 다시 거꾸로 리와인드 한 후 뒤로 페이드인 시키면서 저절로 디졸브가 되는 식으로. 그런 거에 대해서 못하는 한국 영화 현실이 답답했지.

인터뷰어 감독님 영화 중에는 눈에 띄게 저속 촬영이 많이 보여요.

이장호 그게 〈바보선언〉에서. 〈과부춤〉(1983)은 〈바보선언〉을 먼저 만들고 나서 거기에 눈 떠가지고 고의적으로 한 거고.

인터뷰어 〈바보선언〉에서는 직접 출연하셨잖아요. 감독님이 옥상에서 구멍 난 런닝입고 계신네, 이것도 천수답 연출인가요? 굉장히 인상적이었습니다. 인서트의 신문지 아이디어도요.

이장호 그때는 영화를 어떻게 해서든지 망치겠다는 생각으로 시작을 했는데 어느 시점이 되니까 편집 기사가 한국에선 처음 보는 영화가 될 것 같다고 부추겨주더라고. 그러면 안 되니까 좀 정리를 해야겠다는 생각이 들어서 '이 영화는 감독이 없이 만든 영화다.' 이런 메시지를 주기로 하고 그걸 위해 했던 연출이지. 김명곤이 그 감독이 버리는 옷을 입으면서 시작하는데 그제야 정리하면서 스토리를 만들기 시작한 거예요. 시나리오 없이 시작했다가. 하여튼 그때 모든 아이디어는 비영화적인거, 일부러 망치는 것이 드러나게끔 하는 거. 근데 그렇게 처음부터 시작되니까 하나의 코드가 돼버리더라고. 그래서 망치려고 하는 게 더 잘 어울리게 되었어요, 마치 슬랩스틱처럼. 그래도 셔츠는 가난한 영화감독을 상징하려고 했고, 신문지는 제 노릇을 못하는 언론과 그런 언론의 추락을 상징한다고 생각했어요.

인터뷰어 감독님이 천진난만한 영화를 만들고 싶다고 하셨는데, 그 느낌이 〈바보선언〉에서도 보인다는 생각이 드네요.

이장호 그러네. 내가 지금 말하고 보니까 〈바보선언〉 같은 게 천진난만한 건데. 나는 무조건 영화를 망치겠다는 생각이 있으니까 천진난만한 톤을 발견 못하는 거지. 그러니까 나중에 다 그게 통일이 되서 한글을 못 쓰는 우리 아들한테 크레딧 타이틀을 쓰게 하고, 그림도 그 아들이 장난삼아 그린 것을 타이틀 백으로 쓰고 내레이션도 아들이 하고……. 그놈이 지금 거의 나이 오십이다.

인터뷰어 감독님 영화에는 후기작도 그렇고 첫 번째 작품도 그렇고 바보 같은 천진난만한 사람이 꼭 있는데, 그런 캐릭터를 통해서 뭔가를 얘기하고 싶은 게 있으신가 봐요.

이장호 마지막 영화가 될지 모르지만 뮤지컬을 만들고 싶어요. 나이 많은 할아버지가 되면 어린애처럼 되는 그런 감각으로 영화를 만들고 싶다는 생각이야. 구로사와 아키라의 〈꿈〉(1990) 처음에 여우비의 장면이 나오는데, 그걸 보면서 '노인네가 되니까 이렇게 단순하고 천진난만한 연출의 모습이 보이는구나.' 그런 생각이 들더라고. 뮤지컬 아이디어는, 내가 색소폰을 하잖아. 육칠십 나이대의 색소폰 동호회가 영화의 주제예요. 한 사람 한 사람 죽어가는 인생사를 보여주는 건데, 멤버가 죽을 때마다 동호회 멤버들이 모여서 연주를 해줘요. 그럼 제일 마지막 남은 놈은 뭐가 문제가 되냐면 자기를 위해 연주해줄 사람이 없잖아. 그래서 임종식을 먼저 해야겠다 생각하고 쇼를 하는 거야. 극장을 빌려서 살아오는 동안에 만난 모든 사람을 초청하고 이렇게 말해. "나는 오늘 이 임종식을 끝으로 아마 여러분들하고는 헤어질 것이다. 나타나지도 않을 것이다." 자기가 여태까지 연애했던 여자들, 부인, 자식들 다 있는 데서 임종식을 하는 거죠. 이 아이디어는 〈올 댓 재즈〉(밥 포시, 1979)에서 나온 거야. 그 라스트 씬을 보면서 큰 감동을 받았거든. 그걸 현실적으로 실행해보려고 하는데, 진짜 죽기 전에 한번 하려고 하는데…. 어쨌든 그거 보다 영화를 먼저 만들자는 생각이 들어.

인터뷰어 감독님의 또 다른 영화 〈무릎과 무릎 사이〉(1984)에서는 서사 대립 구조가 전통적인 국악과 서구의 것 사이의 대립이라는 게 흥미로웠어요.

이장호 내가 사회 비판 영화 계속 만들다 보니까 점점 흥행 떨어지고 제작자들한테 나쁜 인상을 주기 시작한 거예요. 그 당시 안기부라 하나 중정이라 하나, 거기에 문학, 미술 이런 분야 담당자가 있거든. 영화도 담당 두명이 있었는데 이 사람들이 영화계 정보나 동향을 수집하면서 제작자들하고 골프도 치고 술도 마시고 그래요. 그러면서 이장호가 색깔이 좀 이상하다면서 영향력을 미치는 거지. 그래서 위기라는 생각이 들었지.〈무릎과 무릎 사이〉는 우연히 책을 보고 제목을 먼저 생각하게 됐어요. 그렇게 제목이 만들어진 다음에 이야기를 꾸미는데, 좀 쪽팔리잖아. 맨날 사회의식이 높은 영화 만든다고 그러다가 〈무릎과 무릎 사이〉 하니까. 내가 이거 어떻게 좀 면피하는 방법 없을까 생각하다가 그래서 좀 면피하려고 하는 그게 있었지.

인터뷰어 사회 비판 영화를 많이 만들어서 애를 먹었는데, 에로틱한 영화에서도 어떻게든 또 사회 비판하는 부분을 넣으신 거잖아요.

이장호 영화 마지막에 의사가 나와서 얘기할 때 내가 했는데, 사람들이 막 비웃더라고. 야 그걸 갖고 면피가 되냐 인마 하면서. 그래도 이런 상투적인 이야기를 꾸렸는데, 이야기가 어쨌든 제목이 좋으니까 반응이 금방 퍼지더라고. 그래서 다시 나한테 흥행이 찾아왔지. 단성사에서 흥행이 되니까 이장호 아직 살아 있구나 하는 거지. 이런 소리가 나오니까 그 전에 〈어우동〉 하려다 못했으니까 이걸 한번 하자. 이현화라고 고교 선배이고 인호하고 친한 분이 있었어. 그래서. 시나리오를 이현화 씨가 써줬어. 원작은 형편없는데, 이현화 씨가 아주 최고로 잘 살려줬어요.

인터뷰어 〈어우동〉(1985)도 '사극 에로'로 불렸는데, 거기에도 전복적인 시선이 담겨 있긴 해요.

이장호 그때 감사원 원장이 황 뭐라는 사람이었는데, 5.16 세력의 주축이고 그랬거든. 그 사람이 갑자기 〈어우동〉을 갖고 오라고 그러면서 문제가 있다는 거야. 투서가 들어왔대, 에로티시즘을 빙자한 민중 영화라면서. 그래서 영화 간판 올리고 상영하는 도중에 다 잘렸어. 왕이 어우동하고 야외에서 술 마시고 정사하는 장면이.

그때 영화 관련 공연윤리위원회에 좌장이 최창봉 씨인가 MBC 사장 했던 사람인데 잘렸어, 〈어우동〉 때문에. 그다음 된 사람이 이영희라고 한국일보 기자 출신인데 〈이장호의 외인구단〉(1986)까지 문제 삼아 가지고. 애먹었어. 〈공포의 외인구단〉에서 '공포'가 혐오감 준다고 해서 〈이장호의 외인구단〉으로 바꾸고, 지옥훈련 장면에서 수갑 채우고 발에 쇠사슬이랑 족쇄 채운 거 다 문제를 삼고.

인터뷰어 〈어우동〉은 제작비도 상당히 많이 들었지 않나요? 사극이라서요.

이장호 그렇지, 〈무릎과 무릎 사이〉 성공한 제작자가, 너 이거 에로틱한 거 하라고 그래서 했으니까. 태흥에서. 그래서 이제 비싸게 놀기 시작했지. 의상도 다 다시 만들었어요. 유명한 '석주선 단국대 박물관' 가서 보니까 생각지도 않았던 사극 의상들이 놀라운 게 많더라고요. 새로 의상 만들고 나니까 완전히 사극 모습이 달라지는 거예요. 영화 나오자마자 의상 얘기가 떠돌기 시작하는데 영화 평론하는 사람들, 무식한 기자들이 왜색이 짙다고 하는 거야. 전통적인 우리 건지 모르고. 그런데 엑스트라 의상까지 다 만들어놓으니까 그 이후로 텔레비전에서 저절로 그걸 쓰게 되면서 바뀌더라고.

〈어우동〉 의상을 입은 이보희 배우

〈어우동〉 촬영 현장의 이장호 감독과 이보희 배우

인터뷰어 근데 〈무릎과 무릎 사이〉라든가 〈어우동〉 같은 경우 일본에서는 나름 평가를 받았는데, 한국에서는 별로 평가 못 받아서 섭섭하지 않으셨어요?

이장호 섭섭했지. 에로틱한 것만 문제 삼아 가지고, 대종상에서도 제외되고, 뭐 해외 나가는 것도 다 제외시키고 그랬어요.

인터뷰어 그렇지만 〈어우동〉 같은 경우는 흥행이 잘되어서 좋은 면도 있지 않았나요?

이장호 내 거 중에서 〈별들의 고향〉 보다 더 잘됐거든. 돈 많이 벌었지. 근데 돈을 쉽게 벌면 정말 금방 없어져. 난 그 〈무릎과 무릎 사이〉에서도 그 당시 상상도 못하는 동업 조건이었거든. 그 회사가 법인세가 나가는 게 너무 많다면서 너 이 정도만 받고 만족해라 하고 줬는데도 나한텐 큰돈이었지. 그렇게 쉽게 돈이 들어오니까 맨날 술 마시고 스태프들 다 데리고 다니면서 뭐 하고 그러니까 한두 달 지나니까 다시 생활의 곤경이 올 정도였어요.

인터뷰어 저는 〈어우동〉하고 〈무릎과 무릎 사이〉로 돈을 많이 벌어서 감독님이 만들고 싶은 영화 만들려고 '판 영화사'를 세우셨나 보다 했어요.

이장호 〈나그네는 길에서도 쉬지 않는다〉를 전혀 외부 돈 안 쓰고 자체로 만든 거야.

인터뷰어 〈나그네는 길에서도 쉬지 않는다〉와 〈바보선언〉에서 초현실주의적인, 꿈, 의식의 흐름 등이 본격적으로 드러나는 거 같아요. 그 당시에 한국에서 초현실주의 영화를 접하기는 아주 어려웠을 것 같은데 자생적으로 그런 생각들을 하신 건가요?

이장호 〈나그네는 길에서도 쉬지 않는다〉는 이제하 씨 소설이 워낙 추상적이거든. 난 기질 속에 아마 그런, 이제하 씨 같은 세계에 대해서 분명히 뭘 표현하고자 하는 게 있었던 거 같아, 나타나지 않지만. 그래서 감수성으로 그 작품을 이해할 수가 있었던 거지. 그걸 스토리가 문제가 아니라 내

감수성으로 그대로 만들어보자는 생각이 있었으니까. 그래서 어떤 영화적 각성으로 만든 게 아니고 나한테 닥친 순전히 감각적인 것, 그걸로 만든 영화가 내가 생각하기에 〈바보선언〉하고 〈나그네는 길에서도 쉬지 않는다〉고. 이장호를 그대로 노출하면 이렇게 된다는 생각을 했던 것 같아요.

인터뷰어 이 작품은 태흥영화사에서 하려다가 판 영화사에서 독립해서 할 정도로 애정을 많이 갖고 있던 거 같아요.

이장호 태흥에서 독립해서 하라고 한 거죠. 흥행력이 없다고 생각하니까. 내가 돈이 있으니까 할 수 있는 거지, 이런 영화는 누가 돈 대주지 않으니까요. 내가 꼭 스토리 가지고 영화를 만들지 않아. 지금도 죽기 전에 꼭 만들고 싶은 영화들을 생각하면 스토리가 아니고, 앞에도 얘기했지만 천진난만한 감각에서 시작해서 영화를 만들어야겠다는 생각으로 이어지거든. 또 하나가 완벽하게 동양화 같은 영화. 수묵화 느낌이 왜인지 신선놀음 같은 느낌을 주는데, 우리가 찍은 것들을 탈색시키면 그렇게 될 거라고 보거든요. 그런 거를 완전히 살려서 영화를 만들고 싶어요. 나중에 기술자들하고도 얘기를 하다 보면 한 편의 영화가 완전히 동양화의 영화가 나올 수 있겠다는 생각이 들어요.

인터뷰어 〈나그네는 길에서도 쉬지 않는다〉 첫 장면에서 이보희와 김명곤이 대화하는데 그 프레임 자체도 완전히 동양화스러워요. 동양화 안에 그 인물이 걸어온 느낌이 들더라고요.

이장호 그거는 어디서 직접 영향이 왔냐 하면, 옛날에 2차 대전 뉴스라든지 그런 외국 뉴스를 내가 본 것 같은데, 프린트가 우리 흑백이 아니에요. 갈색 톤이 나오는데 저거를 한 번 살렸으면 좋겠다는 게 있었어. 황토색이라는 게 우리 옛날. 그 한하운 시인에서도 나오지만, 황톳길이라는 게 이상하게 한국적인 느낌이 들잖아요. 그래서 그 색깔을 살리고 싶다는 게 이제 세피아 톤이 된 거죠.

인터뷰어 개인적 호기심인데 마지막에 손은 누구 손입니까?

이장호 손은 양구 어떤 다방 레지. 다방 레지한테 손 좀 보자고 했는데, 손금이 독특하게 생겼어요. 막 쥔 손금이 필요했던 거야. 팔자가 강한 그런 느낌을 가진. 그래서 그 손을 사용했지. 이제하의 원작에 그 장면이 굉장히 내가 충격적이었어요. 산 뒤에서 커다란 손이 떠오른다는 게 너무 상징적이고. 그때까지는 그 소설의 분위기를 내가 몰랐는데 나중에 다 편집하다가 보니까 이게 분단에 대한 테마인 거예요. 그래서 손이 오니까 환영한다는 의미도 있지만, 또 거절한다는 의미가 있잖아. 그 양쪽의 의미를 살릴 수 있는 좋은 장면이라고 생각을 했죠.

인터뷰어 우리 역사의 질곡을 상징하는 그런 이미지의 손금을 딱 찾으신 거군요. 이 기록이 남으면 이게 또 중요한 해석하는 데 도움이 될 것 같은데. 저는 그냥 이보희 손금으로만 생각하고 있었는데 아주 중요한 말씀을 해주셨습니다.

〈나그네는 길에서도 쉬지 않는다〉 촬영 현장

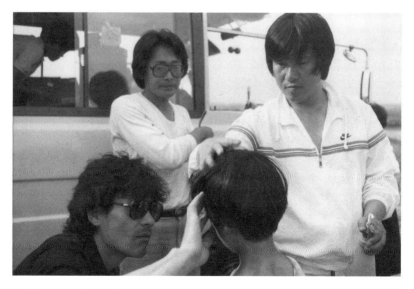

〈이장호의 외인구단〉 촬영 현장에서 아역 배우에게 분장해주는 안성기 배우와 이장호 감독

인터뷰어 감독님께서는 또 의외의 장르 영화인 〈이장호의 외인구단〉을 만드셨어요. 원작이 『공포의 외인구단』 이현세 감독 만화잖아요. 만화 인기가 많았는데 판권 경쟁이 좀 있지 않았나요?

이장호 전혀요. 어느 날 오래간만에 집에서 아이들하고 같이 밥 먹고 있는데 라디오에서 개그맨이 시시덕거리면서 "무릎과 무릎 사이에는 뭐가 있지?" "과자가 있지." 이런 농담을 하는 거예요. 그런데 우리 딸이 밥 먹다 말고 긴장하더니 갑자기 눈물을 팍 터뜨려 "아빠 그런 영화 좀 만들지 마." 그러더라고. 학교에서 이장호 딸 어쩌고 그러면서 아이들이 놀리는 모양이야. 그 밑에 아들놈은 덩달아 울고. 내가 조감독 때는 어린이 영화를 만들겠는 생각이 있었던 놈인데, 성인 영화만 만들고 아이들 영화는 하나도 못 만들었다는 후회를 하고 있었어요. 그러다 어느 날 방송국에서 전영록이를 만났는데 "『공포의 외인구단』이라는 만화 혹시 읽어보셨어요?" 그래. 못 읽어봤다니까 지금 언더그라운드로 최고의 인기라는 거야. 그때 '이장호 워크숍'이란 간판 들고 사무실을 열었던 때거든. 사무실 가서 조감독한테 물어보니까 인기라는 거야. 바로 사와서 그날 사무실에 앉아서 읽었는데 나도 반한 거예요. 그래서 이현세 전화번호를 알아내서 전화를 했죠. 그 다음 날 이대 앞에서 이현세 만나서 내가 영화 만들고 싶다니까 아주 반겨요. 원작료는 그때 돈 없어서 200만 원 주겠다고 했는데, 이현세는 영화 만드는 것만 갖고도 기뻐가지고 오케이 한 거야. 싸게 산거죠. 그리고 태흥영화사 찾아갔더니 좋다고 해. 그러다가 노태우 때 등록제가 아니고 신고제로 바뀌어서 영화사를 얼마든지 할 수가 있게 됐어요. 그때 태흥영화사 회장이

'외인구단' 얘기가 별로 재미가 없는지, 부담스러운지 나더러 독립해서 하라는 거예요. 자기가 영화사 만드는 데 도와주겠다고 그러더라고. 그렇게 해서 첫 번째 제작이 그게 된 거예요.

　인터뷰어 〈이장호의 외인구단〉이 스포츠 영화이기도 하고, 그전 이장호 감독님 작품들이랑 다른 상업적 영화라고도 볼 수 있는데, 그런 의미에서 그 당시에 평가가 어땠나요?

　이장호 그때는 이장호 한 시즌이 지나갔는데 연속으로 세 작품이 히트하니까 평가를 다시 했어. 이장호 감독이 흥행 감독이구나 이렇게. 그때는 지방 흥행사들이 돈을 모아줄 땐데 막 뒤를 밀어주는 거야. 그랬을 때 내가 교통사고로 크게 다쳤어요. 거의 죽는다는 기사가 나갈 정도로 다쳐서 영화를 만들지 못하니까 조감독들 시켜서 영화 만들었는데 그게 〈이장호의 외인구단 2〉(조민희, 1988)였지. 〈숲속의 방〉(오병철, 1992)도 조감독들이 만들고, 〈깜동〉도 그렇고. 좀 몸 추스르고 나서 내가 한번 해야겠다 하는데 역시 실패. 계속 실패하니까 큰 슬럼프에 빠지게 되는 거죠, 자연도태가 저절로 되는 거예요. 그래서 그때 영화 제작 자유화라는 게 좋은 게 아니구나, 망하라고 하는 거구나 하는 생각이 들었어요. 막 집도 경매에 들어가고 그랬어. 그때.

　인터뷰어 〈깜동〉(유영진, 1988)도 감독님과 연관이 있는 영화인가요?

　이장호 〈깜동〉이 〈어우동〉 같은 조선의 유명한 여자 얘기거든. 그거 내가 제작이야. 그게 서울영화사하고 나하고 공동 제작인데 근데 서울 쪽으로 아마 갔을 거야. 〈이장호의 외인구단 2〉도 공동 제작인데 그거는 또 판 영화사로 들어왔고. 공동 제작이 서로 나눠서 이름 갖고 그랬어요.

'판 영화사' 사무실. 〈이장호의 외인구단〉 시기

인터뷰어 음악 얘기를 해볼게요. 감독님은 국악을 영화 음악으로 사용하셨는데, 그 국악이 기존 고유의 곡이 아니라 창작해서 많이 넣으셨나요?

이장호 그렇죠. 내가 국악 처음 한 게 김영동이에요. 김영동의 감각이 국악을 현대화시킨 그런 감각이지. 〈바람불어 좋은 날〉은 김도향한테 맡겼는데, 노골적으로 국악을 좀 많이 활용해라 그랬어요. 내가 다음에 영화를 또

하게 되면 김수철을 한번 시키려고. 김수철이 국악 세계를 굉장히 열심히 파고 들어갔어.

인터뷰어 〈서편제〉(임권택, 1993) 작업도 김수철 선생님이 하셨잖아요.

이장호 그럼. 얼마나 집념이 강하면 해인사에 들어가서 팔만대장경 음악을 자기가 심포니처럼 만들었어. 그런데 나는 김수철하고 한 작품이 없어. 김수철이 나하고 같이 작품 만들고 싶어 했었는데, 내가 그때는 김수철의 세계를 몰랐어요. 음악 얘기가 나오면 우리 아버지 얘기가 또 나오는데, 우리 아버지가 클래식광이었거든. 우리 모두 이상하게 아버지 그 취미에는 싫다는 소리 못하고 순종을 했는데, 그러다 보니까 심포니, 클래식들에 대해서 멜로디를 다 알아요. 제목은 모르지만. 그 다음에 밴드부에 들어가서 보니까 아버지의 음악 세계라는 게 굉장히 다양하고 폭이 넓었다는 생각이 들고. 저절로 귀가 열렸어요. 그래서 지금도 무심코 클래식 음악을 듣게 되지. 사실 국악은 나를 훈련시키기 위해서라 국악을 듣는 취미를 가져보려고 했는데 열이 안 올라. 그렇게 감동 없이 듣는 게 국악이었는데, 의식적으로 국악을 쓰려고 했죠.

인터뷰어 혹시 음악처럼 새로운 장비를 가져다가 찍어보고 싶었던 게 있었나요?

이장호 꿈도 못 꿨어. 나중에 제법 대가가 됐을 때, 비스타 비전 카메라

쓴 건 김지미 씨가 특별히 허락을 해서 홍콩에서 렌트해서 사용했지. 나는 그 비스타 비전의 매력을 별로 못 느꼈어요. 제일 좋은 사이즈가 지금도 시네마스코프야. 넓게 퍼지는 거.

인터뷰어 1970~1980년대 작업하실 때 한국영화의 기술적 부분을 좀 더 여쭤볼게요. 편집 전문가라고 하실 만한 분들은 어떤 분들이 계셨나요? 작품에 영향을 줄 수 있을 만한 파트너로서요.

이장호 편집에는 예술가가 없었던 것 같아요. 거의 다 기술자들이고. 신상옥 감독님이랑 제일 오래 한 친구가 오성환이라고 나하고 동년배에 가까운데, 어렸을 때부터 신상옥 감독님 밑에서 일을 했다고. 그 친구가 신상옥 감독님 영화에는 거의 편집상을 많이 받았지.

근데 충무로에서는 편집을 아카데믹하게 한 사람이 김희수 선생이 있었고. 그다음에 '마도로스' 출신의 장현수, 이런 사람은 멋쟁이고 기술적인 사람들이고. 또 이경자, 이런 분이 이제 좀 아카데믹하게 하려고 그랬고. 그 다음에 후 세대는 김현이라고 있지. 오성환 밑에서 젊은 감독들하고 많이 일했는데 아주 신화적인 게 학력이 없어요. 신필름에서 소품, 소도구 일을 하는데 그 와중에 자기 꿈이 있어서 제임스 딘 사진 모아놓고 시나리오도 몰래 썼어요. 김현이 날 잘 따랐는데 보니까 이 감각이 보통 놈이 아니야. 그래서 오성환 씨한테 김현을 편집실 직원으로 한번 써보라고 했는데 합격이 되서 소도구실에서 편집실로 옮겼죠, 신필름 때. 아주 성실하고 말이 없고 그런 사람인데 센스가 아주 좋아요.

인터뷰어 김현 선생님 같은 경우는 편집 쪽에서는 큰 어른이신데, 오성환이라는 분 밑에서 배웠다고 그러시니까 한국 영화의 뿌리를 알아가고 있다는 생각이 듭니다. 오성환이라는 선생님은 살아 계신가요?

이장호 살아 있어. 문화영화 쪽 손을 대서 그쪽에서 아주 활발하게 일했고, 돈은 제일 잘 벌었어요. 강남에 건물도 갖고 있었고. 둘이 젊었을 때 할리우드 키드 같은 시절이 있었거든. 편집실 할 때 만나면 영화 얘기하면서 서로 꿈을 많이 키웠죠. 오성환이 내가 젊었을 때 상상력을 키우는데 큰 도움이 된 친구 중에 하나예요.

인터뷰어 또 그 당시에는 동시 녹음보다는 후시 녹음이 많았잖아요. 그런 게 이런 배우들의 연기 같은 것도 제약시키는 부분이 있었나요?

이장호 발전을 못 시켰었지. 배우가 자기가 한 작품 보고 자꾸 그 느낌으로 발전할 텐데, 남의 목소리로 한 모습 보면 목소리가 생소하고 그러니까 배우가 느낌을 갖지 못했을 거예요. 연기에 대해서.
당시에 동시 녹음할 만한 기자재도 없었고. 동시 녹음하면 제작비가 많이 들 테니까 동시녹음을 잘 안했지. 근데 동시 녹음이 스태프들 모두 정신차리게 만들어요. 내가 동시 녹음 처음 한 게 〈시선〉(2013)인데, 옛날에 필름 아끼던 생각하면서 컷하는 게 너무 빨라. 그러니까 여자 조감독이었는데 "감독님 나중에 편집 어떻게 하시려고 그래요?" 그래. 그래서 "편집을 왜?" 그랬더니 여유롭게 해줘야지 다음 대사 미리 물릴 수도 있고 그렇다는 거야. 나는 실감이 안 나서 니가 컷을 해라 그랬거든. 나중에 편집할 때 보니까 조감독이 컷 한데는 여유가 생기더라고. 우리 때는 컷 하고 빨리 스톱해버리면 뒤에 여유가 없었는데. 이상하게 "내가 영화 편집하고 나면 꼭 왜 이렇게 거칠게 넘어가지?" 그때 그랬는데, 그걸 몰랐던 거예요. 요즘 영화들을 보면 아주 넘어가는 게 너무 자연스럽고 부드러워.

인터뷰어 그렇게 열악한 상황에서 지금까지도 감동적으로 볼 수 있는 작품을 만드셨다는 게 한편으로는 신기하다는 생각이 들 정도네요.

이장호 아주 무식한 얘긴데, 러닝 타임에 맞춰서 필름을 자꾸 잘라냈는데 그게 오히려 편집에 도움이 됐다고 생각했어. 근데 그렇게 잘라냈는데도 러닝 타임 때문에 또 줄여내야 하면 쇼트마다 앞뒤로 두세 프레임씩 잘라내는 거예요.

인터뷰어 러닝 타임을 맞추는 게 엄격했나요?

이장호 극장에서 하루에 5회를 상영하면 그만큼 수익이 오르잖아. 그러니까 한 회를 더 하기 위해서는 조금씩 줄여내야 돼요. 요즘은 '디렉터스 컷' 해서 잘라냈다가 다시 붙이고 하지. 그때는 지방에 가면은 지네들 멋대로 잘라내요. 서울에서는 감시하는 사람들이 많은데 지방은 우리가 볼 수 없으니까. 신필름 때 신상옥 감독님한테 배운 게, 영사실에 가서 잘라내고 영사실에 가서 붙이고 그러는 게 많았어.

인터뷰어 예전에는 영사 기사님들 힘이 세다고 들었는데, 영사 기사분들의 양해 하에 되는 거죠?

이장호 그렇지. 아니면 신상옥 감독님 같은 경우는 명성이 있으니까 영사실에서 신상옥 감독님이 들어온 것만 해도 영광스러우니까. '신필름'만 그랬는지 아니면 다른 사람도 그랬는지 모르지만 우린 좀 유별났어요.

인터뷰어 이런 말씀은 저는 처음 듣는 말씀입니다. 영사실에서 붙었다는 말씀. 신상옥 감독님이 당신이 만든 영화에 대해서 그만큼 애정이 많으셨나 봐요.

이장호 그 양반은 편집도 자기 방식으로 하는데, '무비올라'라는 이런 기계를 훑어보다가 멈추고는 풀어서 눈으로 아주 세밀한 움직임 있잖아? 그거 보면서 툭 끊고. 그 양반 편집할 때 보면 막 목에 주렁주렁 걸고 있어. 그러니까 옆에서만 봐도 광적인 느낌이죠.

인터뷰어 촬영도 직접 하시고 편집도 직접 하시고 지금 1인 거의 3역을 하셨네요.

이장호 그리고 그 양반이 멋쟁이잖아. 부인이 또 스타 배우니까. 옷도 브랜드 괜찮은 것들을 입고 나오는데, 촬영 들어가면 어떤 때는 일부러 그러는 게 아닌가 하는 생각이 들 정도로 수렁 같은 곳에 카메라랑 들어가. 그러다가 수렁에 엎드려서 다 젖고. 수렁이 깨끗한 물 아닌데도. 신발은 항상 물속에 잠그고 있어. 광기라는 생각이 들어. 우리 같았으면 그렇게 옷 벗고 팬티 다른 거 입고 그러고 들어갈 텐데.

6.

이장호
사단

인터뷰어 영상시대가 영화사적으로 중요한 분기점을 이뤘다고 생각해요. 그때 김호선 감독님이 유 감독님 조감독 하셨고, 이장호 감독님이 '신필름'의 계보고, 하길종 감독님은 해외 유학파이고, 또 한옥희 감독은 카이두의 실험 영화 하는 분이고요. 이렇게 다양한 새로운 세력들이 결합해서 한국 영화 변화의 구심점이 되잖아요. 그 이후로 김홍준, 장선우, 박광수, 배창호 등 많은 분들로 이어져 가고요. 김홍준, 장선우, 배창호, 박광수 감독님이 어떤 식으로 감독님 영화에 참여하게 되었나요?

이장호 장선우는 배창호하고 한 학년 차인데, 서울고등학교 후배라고.

근데 내 동생하고 친구야. 자주 집에 오고 나한테 관심을 많이 가졌어요. 근데 걔는 운동권, 극좌야. 그래서 성분이 안 좋다는 생각을 했는데. 〈바람 불어 좋은 날〉 만들고 나서 정식으로 찾아와서 자기도 영화하고 싶다고 그 래. 그래서 호감 갖고 오케이 했죠. 글을 잘 써서 시나리오를 처음부터 맡 기고 그랬어요.

〈어둠의 자식들〉을 만들 때 옛날에 한 계약 때문에 동시에 〈그들은 태양 을 쏘았다〉를 진행했는데, 너무 힘들어서 하루는 가족들 데리고 도망쳤어. 결국 쫓아온 영화팀에 잡혔는데 그때 하나는 버려야겠다고 결정했지. 그래 서 〈그들은 태양을 쏘았다〉를 선우완이 퍼스트, 장선우가 세컨드였는데 조 감독 둘에게 맡겼어요.

나는 〈어둠의 자식들〉에 전념하고. 장선우 본명이 장만철인데 학생 운 동 격렬하게 하고 그런 놈이라 자기 신분을 숨기는 걸 좋아해. 그래서 선우 완에 선우를 붙여서 장선우가 된 거야. 장선우가 좀 나하고 비슷한 기질이 있었어. 그때는 내가 신상옥 감독이나 된 것처럼 현장에 와서 오늘 뭐 찍냐 물어보고 걔네들한테 맡기다시피 하면서 "Ready Go."만 부른 거지. 장선 우가 그때 재능을 많이 보여줬어요.

인터뷰 크레딧에는 장선우 감독님의 이름이 안 보이더라고요. 〈그들은 태양을 쏘았다〉 조감독으로는 선우완하고 장영일이 크레딧에 기록되어 있 어요.

이장호 맞아 장영일이 나오지. 이거 아마 장만철이 빠졌을거야.

인터뷰어 그럼 장선우 감독님이 이 작품 말고 조감독으로 참여한 건 없나요?

이장호 장선우는 아마 〈그들은 태양을 쏘았다〉 다음에 안 했을 거예요. 배창호가 〈꼬방동네 사람들〉하고 나서 내가 그 기획실장을 장선우한테 물려줬어요. 장선우가 그래서 현진영화사 기획실장으로 그 일을 했지.

인터뷰어 박광수 감독님은요?

이장호 박광수 감독은 김홍준하고 '얄라성'(서울대 영화동아리)하던 친구예요. 〈바람불어 좋은 날〉 할 때 박광수도 왔어. 그때 그냥 다 연출부로 일 같이했지. 김동원도 와서 새롭게 했던 게 〈바보선언〉일 거예요. 김동원은 그때 연출부에 이름도 들어갔어. 내가 학교 공부를 못해서 그런지 경기고, 서울대 그러면 신뢰하니까. 오죽하면 하길종 감독이 너 서울대면 최고인 줄 아냐고 그랬지.

어쨌든 박광수는 김홍준이가 소개를 해서 왔는데, 미술대학 다녔지. '얄라성'을 굉장히 기대했는데 걔네들이 만들어온 거 보니까 좀 한심하더라고. 굉장히 실험적으로 이동 촬영 그것만 갖고 실험 영화들 만들었는네 실험 정신만 보이고 재능은 없어 보였어요. 그래서 잊어버리고 있었는데, 외무성 초청으로 프랑스 갔을 때 퐁피두에 있는 아마추어 화가들 사이에 그놈이 있어요. 그렇게 만나서 안내도 받고 했어요. 그때 나 케어해주던 다른 고등학교 후배가 있었는데 이 친구는 귀국이 늦고 박광수가 먼저 귀국했거든. 박광수한테 그때 배려를 많이 했는데 고등학교 후배 이 친구가 오더니 박광수한테 라이벌 의식을 느끼는지 괜히 내외하더라고. 그 뒤로 MBC PD로 들어갔어요, 그 친구는. 재능은 개가 더 있었을 거 같은데 영화 쪽으로 등단 못 하고. 박광수가 재능이 없어 보이는데 영화를 만드는 거 보니까 나 같은 놈이야, 생각지도 않게 재능이 있는.

인터뷰어 감독님이 1970년대에는 신인이었는데, 1980년대 들어서는 바로 중견 감독이 되셨어요. 감독님 조감독을 하면서 배창호, 신승수, 장선우, 박광수 등 젊은 감독들이 등장했으니까요.

이장호 그때 되니까 벌써 나는 금방 원로 감독이 됐어요, 중견이 아니라. 대마초 걸리고 나서부터 〈바람불어 좋은 날〉 시작하면서 아직은 신인 감독이었거든. 근데 사회적 평가가 자꾸 이렇게 되면서 중견 감독 소리보다 원로 감독 같은 대우를 받은 기분이 들었죠. 근데 내가 배창호의 〈깊고 푸른 밤〉(1985) 보면서 완전 꼬랑지 내렸어. 이렇게 영화를 잘 만들 수 있나. 그러다가 또 이명세 감독 영화 보고 나 혼자서만 영화 만드는 게 아니란 생각이 들었고.

장선우 감독도 〈우묵배미의 사랑〉(1990) 같은 리얼리즘이 나오기 시작하고. 내가 시작은 했지만 이렇게 꽃이 피니까 정말 호랑이들만 길렀다는 생각이 들더라고요. 그런 것 때문에 나 혼자서만 사는 세상이 아니다, 이걸 긍정적으로 생각하자, 뭐랄까 좀 그릇을 크게 만들기 시작한 거 같아요. 박광수도 또 사회적 영화로 각광받기 시작하고. 내가 최근에 배창호 데뷔작

〈꼬방동네 사람들〉(1982)이랑 〈천국의 계단〉(1991) 보는데, 야 이 자식이 영화 잘 만드는 구나 하고 놀랐어. 옛날에 봤던 생각이 안 나고 완전히 새로운 영화처럼 클래식이라는 힘이 느껴지더라고요.

인터뷰어 당시에 이런 후배를 키워서 한국 영화를 새롭게 만들겠다는 의식 같은 게 있으신 건 아니었던 건가요?

이장호 내가 또 그렇게 훌륭한 사람이 아닌 것 같아.

인터뷰어 1980년대 자료랑 영화 잡지 보면 이장호 감독님이 진짜 최고의 스타시거든요. 그래서 그 당시 영화 하겠다는 사람들이 이장호 감독님 스태프로 들어가려고 경쟁 같은 게 있지 않았을까 싶어요.

이장호 그래서 영화판에서는 이장호 사단이라는 말이 있었죠. 우리 조감독들이 주목받아서. 신승수도 그렇고, 나를 통해서 감독 데뷔할 수가 있다 이런 소문이 났을 때니까.

인터뷰어 강우석 감독님도 혹시 조감독 하셨나요?

이장호 강우석이는 내 출신이 아니고 데뷔한 영화를 좀 봐달라고 그러더라고. 〈달콤한 신부들〉(1988)이던가? 흥행은 안 되는데, 솜씨가 보통 아이가 아니더라고요. 그래서 내가 격려를 해줬지. 실패한 작품에 대해서 이렇게 격려해주니까 강우석이 굉장히 고마워한 거야. 그래서 이 얘기 저 얘기 하는데 강우석이가 머리가 비상한 아이더라고요. 친해지려고 시비를 거는 놈들이 있어. 내가 김기영 감독님을 좋아했는데 감독님이 고의적으로 사람 화를 나게 만들고 그걸 즐긴다고, 머리 게임하는 것처럼. 김기영 감독님이 머리가 비상한 사람인데 그걸 후배한테 발견한 게 강우석이야. 이놈이 자기한테 관심을 돌리게 하려고 화를 나게 만드는 거라. 그래서 내가 이거 보통 놈 아니라고 생각했는데, 아니나 다를까 〈행복은 성적순이 아니잖아요〉(1989)에서 두각을 나타내기 시작하더라고. 그다음 작품 〈누가 용의 발톱을 보았는가〉는 내가 제작을 했죠. 우석이가 자기가 〈바람불어 좋은 날〉 보고 영화 감독이 되고 싶었다면서 시네마서비스 영화사 만들 때 대표이사 맡아달라고 그러더라고요. 근데 내가 경영에 대해서 관심이 없고 그쪽으로는 실패한 사람이라는 생각을 해서 사양했지. 강우석이는 지금도 보면 비상해요. 작품 고르는 것에서부터 머리가 좋은 게 잘 나타나고, 암산을 그렇게 잘해요. 그러니까 돈 벌게 돼 있어.

인터뷰어 감독님께서는 많은 1980년대에 신인 감독들을 키우다시피 하셨잖아요. 감독님이 보시기에 젊은 사람들은 내 세대하고 다르다고 느끼셨던 게 있나요?

이장호 그것보다 동료 의식이 더 많았던 것 같아요. 내 위의 선배들하고는 영화 얘기를 재미있게 못하는데 이 친구들하고 얘기하면 상상이 아주 자유롭고. 그러니까 좀 미화시키면, 내가 외로운데 걔네들 하고 있으면 외롭지 않은 느낌 있잖아요. 그러니까 동료를 키우는 거지.

인터뷰어 배창호 감독님 인터뷰를 보니까 〈바람불어 좋은 날〉 준비하실 때부터 젊은 지망생들 중에서 재능 있는 사람들과 새로운 시나리오 개발도 하셨다고 하더라고요.

이장호 그럼. 한 친구는 텔레비전 출신인데, 영화진흥위원회에서 시나리오 모집할 때 심사를 하면서 알게 됐어. 한대희라고. 그래서 불러서 얘기하고 그러다가 일을 시켰는데 세계가 나하고는 다르더라고. 시나리오 몇 개 보니까 평범한 재능이야. 그다음에는 윤대섭인가 하는 괴짜인데, 그 독특함 때문에 같이 했는데 보니까 역시 평범하게 나타나. 그러니까 장선우랑 얘기할 때는 기대감에 맞추거든. 근데 얘네 들은 못 맞추더라고. 윤대섭은 〈바보선언〉 각본에 윤시몬이라는 이름으로 나갔어요. 그게 불행해진 거야. 왜냐하면 시나리오는 자기 이름으로 나가서 평가를 확 받았는데 그 뒤를 잇지 못하는 거예요.

인터뷰어 정지영 감독님은 방송국 PD를 하지 않았나요?

이장호 아니야, 정지영 감독이 영화감독하면서 MBC에서 텔레비전 드라마 〈베스트셀러 극장〉을 여러 편 했어요. 드라마 〈베스트셀러 극장〉 때문에 영화감독 몇 사람이 먹고살았지. 그 중에 박철수 감독. 일찍 죽었지만 재능 있는 감독이야.

인터뷰어 박찬욱 감독도 제작하신 〈깜동〉에 참여했는데 '판 영화사'에 근무한건가요?

이장호 '판 영화사' 근무는 아니고 스태프로 들어온 거지. 제작을 하게 되니까. 최사규가 조감독으로 왔는데 그 밑에 곽재용 그 밑에 서드로 박찬욱이가 왔어. 최사규는 유영진 감독 조감독이고 유영진 감독은 임권택 감독 아래서 연출을 배웠지. 〈깜동〉이란 영화를 유영진 감독에게 연출을 맡겼어. 근데 제작부장이라는 놈이 깨진 소주병으로 최사규 등을 찍었던가 그래. 좀 무식한 짓을 했어요. 그래서 곽재용하고 박찬욱이가 촬영 거부해서 막 달래고 그랬는데, 아 보통 완강한 게 아니야. 박찬욱이 서든데 고집은 제일 센 거 같아. 박찬욱이도 초창기에 고생 많았지 뭐 영화 별로 작품이 우수하지도 않았고.

인터뷰어 이명세 감독님도 감독님 작품에 참여하셨죠?

이장호 그럼. 그게 내가 완성 못한 영화인데 〈갑자기 불꽃처럼〉이라고 대마초 풀리면서 잠깐 했던. 그 작품에 배창호랑 이명세가 연출부로 있었지. 이명세는 안병섭이라는 영화 평론가가 추천을 해서 썼어요. 서울예대 출신을 두 명 썼는데 이명세만 기억나요. 나는 이명세가 영화에서 가장 예술적인 연출을 하는 놈이라고 생각한다고.
〈형사: Duelist〉(2005)라는 영화 보면 어떻게 사극을 이렇게 독창적이게 찍나 싶어요. 색깔 있는 천을 활용한 액션 씬 보고, 이놈은 액션 씬을 만들어도 저렇게 예술적인 감각으로 하는구나 싶었지. 나는 내 영화 감각 중심으로 만들었는데, 이명세는 계산이 있는 예술가적 감각으로 영화를 만들었다는 거죠.

인터뷰어 또 자료를 보면 1989년에 '한국영화인총연합회'에서 독립해서 감독협회를 따로 만드셨어요. 그때 상황과 새로 만든 감독협회의 성격에 대해서 말씀을 듣고 싶어요.

이장호 감독협회를 따로 만들었지. 옛날 영화판 선배 감독 중에 작품 만드는 데는 전혀 신경 안 쓰고 '옛날에 감독했다'는 것 하나 갖고 협회에서 정치적으로 회장 나오고, 선거운동 주로 하는 그런 모습들을 보여주는 사람이 있어요. 안 되겠다 싶어서 젊은 감독들 중심으로 나왔지. 그중에서 내가 가장 선배였고, 그다음에 적극적이고 진보적인 생각 가진 정지영 감독이 있는데, 영화판에서 데모를 제일 많이 한 사람이야. 그 정지영 감독하고 나하고 손잡고 따로 만들자 했지. 우리 선배 중에 권영순 감독님이 있어요. 거장이죠. 권영순 감독님을 위원장으로 하고 내가 아마 부위원장을 했을 거야. 근데 우리가 돈이 있어서 사무실을 낼 수도 없고 그러니까 뜻을 모았는데 오래 유지하지 못했던 것 같아요. 그리고 문공부에서도 이미 감독협회 했던 사람들하고만 상대하고 우리 같은 경우는 인정을 안 하려고 그러더라고.

인터뷰어 거기에 참여하신 감독분들은 어떤 분들인가요?

이장호 주로 우리 후배 감독 중에서 영화 만드는 데만 열심히 하는 사람들, 정치적이 아닌 사람들.

인터뷰어 장선우 감독님, 박광수, 배창호도요?

이장호 다, 전부 우리 식구지.

인터뷰어 '판 영화사' 출신과 영상 시대 관련된 분들이 새로운 감독협회에 참여를 하셨겠네요. 나중에 '감독조합'이 또 90년대 말에 결성이 되는데 이건 성격이 완전 다르죠?

이장호 그거는 완전히 다르죠. 그거는 봉준호, 박찬욱 이런 젊은 친구들. 진짜 영화를 만들 줄 아는 친구들이 있고 협회 회장 뽑는데 거기서는 선거운동이라는 게 일절 없어. 서로 안 하려고 막 그러면서 떠맡기고 그래. 나도 지금 '감독조합' 식구야. 또 '영화인회의'라고 이사장이 이춘연이라고 제작자인데 죽었어요. 이춘연 사장도 우리 식구였지.

인터뷰어 '판 영화사'에서 활동했던 분들이 지금 한국 영화 쪽에 많이 활동하고 계시지 않나요?

이장호 그렇지는 않은 거 같아. '판 영화사'는 내 조감독 출신들이 중심인데, 이 친구들이, 뭐라 그럴까 재능 문제였는지 만든 것마다 다 실패해서 두각을 못 나타냈어요. 박광수만 두각을 나타내고.

인터뷰어 장선우 감독도 참여하지 않았나요?

이장호 장선우는 '판 영화사'에 참여는 못 했어요. 배창호, 장선우 다 영화 잘 만드는 친구인데 이 친구들은 '판 영화사' 생기기 전에 데뷔해서.

인터뷰어 그렇군요. '판 영화사'에 김경욱 선생님도 근무했었죠. 정성일 선생님도 거기서 임권택 감독 책 내고요.

이장호 그랬지. 우리 '판 영화사'에서 임권택 감독 책(『임권택이 임권택을 말하다』)을 만들 때 정성일이가 전담해서 만들었어요. 그 책이 아직도 재고가 많이 쌓여 있어.

인터뷰어 그 책도 아주 구하기 힘든 책 중에 하나입니다. 처음으로 한국 영화감독을 조명했고 임권택 감독이 국민 감독이라는 칭호를 얻게 된 것도 그 책이 결정적으로 기여를 했다고 볼 수 있죠.

이장호 맞아요. 그때 일본 왔다 갔다 하면서 구로사와 아키라 감독을 숭배하는 걸 봤거든. 우리도 그런 게 있어야 되는데, 그러다가 임권택 감독님에 대한 제대로 된 책을 만들면 되겠다 싶어서 시작이 된 거 같아. 임권택 감독을 작가로서 만든 시작이 된 것 같아요.

왼쪽부터 프랑스문화원 박권섭, 정지영, 이세진, 이장호, 장길수, 박광수

다시 한국영화를 말하다

7.

1980년대
일본과의 교류

인터뷰어 감독님 영화가 1980년대에 일본에 상당히 소개되었어요. 그 점에 대해서 궁금한 점이 많거든요. 조사해봤더니 감독님 영화 중에서 제일 처음에 일본에 소개된 작품은 〈낮은 데로 임하소서〉(1981)더라구요.

이장호 〈낮은 데로 임하소서〉는 잘 기억이 없는데.

인터뷰어 한국문화원을 통해서 소개되었어요.

이장호 아 거기서. 처음에 본격적으로 나간 영화가 〈바람불어 좋은 날〉

인가? 하여튼 내 영화는 그때 일본에 다 소개가 됐어. 그런데 그 계기가 '발견의 회(発見のがい)'라는 연극 단체가 있어 일본에. 발견의 회 극단 대표가 그때 대체 의학을 전문으로 한의학하는 사람인데, 그 사람이 한국에 와서 서로 인사하고 그 극단 연극에도 가보고 그러면서 친해졌어. 이 사람이 내 영화에 관심 갖고 보다가, 일본에 한국 영화가 큰 극장에서는 받아주지 않는데 '자주상영'이라는 극장들이 있어. 자주상영 체인이 한 100명씩 이렇게 보는 작은 영화관인데 거기에 내 영화를 좀 소비하고 싶다고 그래가지고 제일 처음에 시작된 거야.

또 《피아》라는 잡지가 있는데 공연 소식, 문화계 소식을 전하는 일본의 주간지 같은 거야. 거기에 '피아영화제'가 있어요. '피아영화제', '피아페스티벌'이라 그러는데, 그 사람들(발견의 회)이 소개해서 거기서 내 영화 중에 아마 〈바람불어 좋은 날〉인가 뭘 소개를 했어. 그래서 처음으로 일본 영화제에 참석해봤지. 내 해외 영화제 경험이 아마 일본서부터 시작된 것 같아. 가니까 일본의 그 당시에 영화제가 지금 한국처럼 한 200개가 됐어, 지방에서 다 하더라고. 굉장히 부러웠지. 한국에서도 이런 거 좀 소개했으면 좋겠다, 영화제 만들고 싶다는 생각을 그때부터 갖기 시작했어. 어쨌든 관객과의 대화 같은 데서 내가 경험하지 못한 영역을 이제 경험하게 된 거지.

그런데 그 발견의 회가 피아페스티벌 끝난 다음에 자기네가 한번 자주상영을 해보겠다고 그래서 내 영화 몇 개를 가지고 가서 계속 상영하기도 했어. 그래서 일본 관객들이 내 영화를 알게 된 거지. 아마 한국 영화로는 처음으로 일본에 소개하고 그랬을 거야. 그 전에 물론 신상옥 감독님 같은 경우는 일본 큰 극장에서도 소개하고 그랬지. 〈빨간 마후라〉(1964)라든지 이런 거. 근데 나는 작은 그런 게릴라 활동처럼 한 거야.

인터뷰어 〈바람불어 좋은 날〉이 발견의 회를 통해서 상영됐고 나중에는 NHK에서도 상영했더라고요. 전국 방송을 탔어요. 그거는 저작권료를 안 받으셨나요?

이장호 난 그거는 몰랐네. 제작사가 일본 수입사하고 얘기해서 한 거니까 그건 몰랐죠.

인터뷰어 그 정도로 일본에 감독님 이름이 널리 알려졌더라고요. 발견의 회를 통해서는 1990년도에 '도쿄 바보선언'이라는 제목으로 〈바보선언〉이 랑 〈어둠의 자식들〉이 상영된 적도 있더라고요. 그러면서 이철용 씨도 거기 초대되고 했었다고 해요. 근데 그 당시에 〈어둠의 자식들〉이 수출 금지 처분을 받은 상태였는데 어떻게 가능했는지가 궁금해요.

이장호 해외 반출 금지였지, 〈바람불어 좋은 날〉도 그랬고. 그게 아마 군 부들이 있을 때 했던 거기 때문에, 군인 정치가 끝난 다음에 김영삼 씨라 든지 그때부터는 아마 그게 해제가 됐던 모양이지. 배창호 〈꼬방동네 사람 들〉도 다 해외 반출 금지당했어요.

인터뷰어 근데 〈바보선언〉은 금지는 안 당했네요.

이장호 〈바보선언〉은 오히려 해외 홍보 영화로 나왔으니까. 그때 내가 행정부를 비웃게 되더라고. 너희들이 별거 아니구나. 조금만 난해하게 만들면 모르는구나. 대학생들과 젊은이들은 다 메시지를 아는데 너희들만 모르는구나 하는 생각이 들더라고.

인터뷰어 그리고 보니까 일본에서 감독 이름을 걸고 한 특별전이나 영화제 프로그램은 이장호 감독님이랑 임권택 감독님 정도밖에 안 계시더라고요.

이장호 초창기에는 그랬어.

인터뷰어 이장호 감독님 영화가 상당히 많이 소개가 됐는데, 그중에서 특히 일본 사람들이 좀 좋아했던 영화가 있나요?

이장호 일본에서는 신통하게 〈과부춤〉이라는 영화를 평가 해주더라고요. 《키네마 준보》라는 잡지에서 그 해외 명작 소개하면서 〈과부춤〉을 10개 안에 집어넣고 그랬어. 〈과부춤〉은 한국에서는 별로 평가 못 받았어요. 평론가들한테는 받았는데 흥행이 안 됐지.

인터뷰어 〈과부춤〉은 음악이 인상 깊었거든요. 예를 들어서 1970년대 감독님의 영화에서 보여줬던 음악하고는 다른 음악들이 전면적으로 나왔다는 생각이 들어요.

이장호 〈과부춤〉도 김영동이 하지 않았을까? 〈어둠의 자식들〉이 김영동이거든. 그러니까 〈과부춤〉도 아마 했을 테고, 그 당시에 내가 다니던 교회가 하월곡동에 동월교회라고 빈민교회거든. 그 교회가 김영동이 작곡한 국악들을 찬송가로 부르고 그랬어요. 국악 찬송가에 아마 그런 시작이었을 텐데 "어디로 갈거나~." 그거를 예배할 때마다 불렀어.

인터뷰어 피아영화제 말씀을 하셨는데 찾아보니까 피아영화제에서 상영된 게 〈과부춤〉이더라고요. 그러면서 그때 오시마 나기사 감독을 만나시고.

이장호 오시마 나기사랑 그 피아페스티벌에서 서로 대담하고 그랬지. 오시마 나기사 감독을 내가 굉장히 좋아했어. 엘리트잖아. 교토대학에서 학생 운동도 하고 이랬는데, 오시마 나기사 영화. 그 제목이 뭐더라 〈전장의 크리스마스〉(1983) 기타노 타케시 나온 거지. 그 영화 보고 이 사람 괜찮은 사람이구나 싶었지. 그래서 그 사람 지난 영화를 거꾸로 찾아보기 시작했는데 영화마다 한국 문제가 나오고 그러더라고. 대마도 출신인데, 오시마 나기사 감독이 솔직하게 얘기한 건데. 대마도는 조선에 계속 조공을 보내던 곳이라고 해요. 또 대마도가 친한국적이라는 얘기를 하더라고. 그래서 자기도 한국 사람들하고 친하게 지냈다고. 그런데 무슨 토론이 있었을 때 오시마 나기사 감독이 '빠가'라는 말을 사용했는데 그게 오해를 사서 한국 사람들한테 안 좋은, 반역적 이름이 됐다고 하더라고. 사실 본인이 빠가라고 한 거는 한국 사람한테 한 게 아니고 그때 사회를 봤던 이영조 씨인가 그 사람한테 감정이 있어서 그랬다고 얘기를 하더라고. 대담에서 서로 솔직하게 얘기할 정도로 흠 없이 얘기했어요. 그 사람이 어떤 해외 영화제에서 〈바보선언〉을 할 때 자기가 시사인가 그 심사 끝나고 나서 일어나서 박수를 쳤는데 박수친 사람이 자기 혼자밖에 없었대. 그런 게 너무 인상적이고 그래서 친해졌지.

인터뷰어 오시마 나기사 감독님 돌아가셨을 때 기고하신 글을 보니까 오시마 나기사 감독님이 이장호 감독님한테 전전세대냐 전후세대냐 이런 질문을 했다고 하시더라고요.

이장호 그거야 난 자세한 건 기억 안 나는데. 어쨌든 오시마 나기사 감독은 전후 문학이라든지 이런 데에서 많이 소개되어서 내가 아마 전후 세대라고 그랬겠지 뭐. 전쟁 후에 세대지 뭐 실제로.

사진을 보고 그 사람이 와일드한 줄 알았어. 학생 운동도 하고 막 몸도 이래. 그런데 만나니까 샌님처럼 아주 신사야 깨끗한 신사. 그래서 이미지하고 완전히 다르네 싶었지. 그 사람 때문에 그 야마가타 영화제의 그 사람 이름이 뭐더라? 야마가타라고 기록 영화제가 있거든 다큐멘터리 영화제가 있는데. 하도 이름이 잘 생각나서 아주 메모를 해놨어. 이렇게 이름이 생각 안 나고 어디서 강연하게 되면 아주 이런 것 때문에 공포가 돼.

인터뷰어 혹시 야마가타 영화제 만든 오가와 신스케 씨를 말씀하시는 건가요?

이장호 오가와 신스케 맞다. 그 사람이 오시마 나기사하고 친한 사람인데 먼저 죽었어 오래전에. 장례식에 내가 일부러 갔다고. 오시마 나기사를 거기서 만났는데, 그때만 해도 오시마 나기사 감독이 그 사람하고 나이가 같은 데도 이 사람은 이렇게 젊고 신스케는 그렇게 죽었을까 그런 의문이 들 정도였는데, 결국은 오시마 나기사 감독도 돌아가셨지.

인터뷰어 몇 년 전에 돌아가셨죠. 일본에 감독님 영화가 소개된 얘기만 했는데, 혹시 1970년대나 1980년대 활동하던 그 시기에 일본 영화가 한국 영화에 영향을 주었던 경우도 있나요.

이장호 그 얘기는 전혀 나는 실감 못하는 게 김대중 씨가 한때 이제 영화인들하고 자주 자주 만나고 그랬던 적이 있어. 그때 김대중 씨가 일본하고 한국하고 영화가 이렇게 등 돌리고 있는데, 개방하는 거에 대해서 의견을 물어보더라고. 우리는 적극 찬성했어. 일본 영화계하고 개방을 해야 된다. 자꾸 등 돌리면 오히려 부작용이 있을 것 같다는 얘기를 했지. 근데 진짜 신통하게 개방이 됐는데, 일본 영화가 한국에서 인기가 없더라고. 난 그럴 줄은 몰랐어. 근데 아주 찬 물 끼얹은 것처럼 외면하더라고요. 그게 우리 윗세대들은 일본에 어떤 콤플렉스도 있고 그리움도 있고 그래서 일본 영화에 대한 향수가 있는데, 젊은 사람들은 전혀 감각이 없는 거예요, 일본 영화에 대해서. 그리고 일본 영화 보면 연기가 리얼하지 못해. 호들갑스럽고 떠들썩하고 과장된 연기를 하는 것 같은 기분이 드는데 우리 젊은 관객들이 그거 놓칠 리가 없지. 실감 안 난다는 생각을 갖게 되지. 근데 한국은 연기자들이 의외로 굉장히 침착하고 내면적인 연기를 하고 그러잖아. 그런 것 때문에 일본 영화가 한국에서 평가를 받지 못했던 것 같아.

인터뷰어 그런 의미에서 보면 일본 영화가 개방되고 교류가 본격적으로 이루어지기 전에 감독님이 가장 먼저 한국과 일본 영화 간 교류에 큰 역할을 하신 거네요.

이장호 시작이 된 거지.

인터뷰어 오구리 코헤이 감독한테 안성기 배우를 소개를 해주신 것도 감독님이시죠?

이장호 그다음에 그 저기 이봉 뭐라는 친구 한국 영화 수입해가지고 돈 번 친구 있어. 친구는 조총련계 쪽의 친구였는데

인터뷰어 아, 이봉우 씨요.

이장호 이봉우 그 친구도 북해도에서 만나서 인연이 됐는데, 그 친구하고 빨리 친해지지 못한 게 북한 영화를 일본에 많이 소개하고 그래가지고. 그래서 잘못 친해졌다가는 오해받을 수 있을까 봐.

인터뷰어 그 당시에는 굉장히 위험했죠. 근데 이봉우 PD가 만든 〈달은

어디에 떠 있는가〉(최양일, 1993) 영화에 〈무릎과 무릎 사이〉를 사용하는 걸 흔쾌히 승낙을 하셨다고 하더라고요.

이장호 그건 일본에서만 상영하는 거라고 생각하고

인터뷰어 〈과부춤〉이 일본 평단에서 높은 평가를 받았는데, 〈나그네는 길에서도 쉬지 않는다〉도 평가를 받지 않았나요?

이장호 〈나그네는 길에서도 쉬지 않는다〉는 일본에서 아주 수입을 해갔어. 한국에서는 전혀 관심 없었는데 일본의 '시네세존(シネセゾン)'이라는 데서 그걸 사 갔다고. 그리고 평가도 받았지. 도쿄 영화제 생긴 지 얼마 안 됐을 때 그게 나가서 국제 비평상을 받았거든. 그때 일본 신문 기자들을 술자리에서 만나면 너 이번에 그랑프리 탄다고 띄워서 상당히 기대를 했었는데 결국은 그냥 국제 비평상으로 끝나버렸어.

인터뷰어 그렇군요. 아쉽게 됐네요. 근데 어쨌든 감독님 영화가 일본에 굉장히 많이 소개됐는데, 그러고 보니까는 메지로 대학에서도….

이장호 메지로는 또 특별한 인연인 게 일본에서 소위 내 붐이 끝난 다음인데, 근래지 근래. 메지로에 한국어과가 있더라고. 거기서 매년 한국 영화제를 하면서 내 영화를 거의 3년인가 4년 계속 상영을 했어, 매년. 그래서 내가 다음 해에는 내 영화만 하지 말고 내가 배창호 영화를 소개하겠다고

했는데 코로나가 생겨가지고 중단이 됐지. 메지로 영화제에 가면 재밌는 게 일본말 안 해도 애들이 한국어를 다 잘해.

인터뷰어 근데 메지로에서는 어떻게 감독님 영화를 소개하게 되었나요?

이장호 교수 중에 김경호라는 사람이 있는데, 한국어과, 아마 과에 책임 교수일 거야. 그래서 그 사람이 연락이 돼가지고 초청 받아가지고 갔지.

인터뷰어 거기 있는 학생들은 요즘 세대잖아요. 요즘 일본 젊은 세대가 보는 감독님 영화에 대한 반응은 어떤가요?

이장호 그전에 피아 때보다는 신세대여서 별로 뜨겁게 환영하는 것 같지는 않아요.

인터뷰어 사실 요즘 학생들 입장에서는 옛날 영화를 보는 느낌일 거 같아요.

이장호 그렇지, 클래식하게 생각하는 거지.

인터뷰어 또 이봉우 피디 외에도 '아시아 영화사'라고 감독님 영화를 많이 수입한 회사가 있더라고요.

이장호 그 친구도 재일교포인데 이름이 생각 안 난다.

인터뷰어 박병양 씨요.

이장호 박병양인가? 그런 것 같다. 그 친구 부인이 지금 대표이사로 있을 거야 아마. 그 친구는 연극하는 친구고 실제로는 재밌는 친구야. 자기는 포르노 배우부터 시작했다고 그러는 친구. 박병양이지.

인터뷰어 네. 근데 한 5년 전인가….

이장호 죽었지?

인터뷰어 네 실족사했어요.

이장호 그래서 부인이 아마 저걸 하고 있을 거야.

인터뷰어 박병양 씨가 아시아 영화사 세우고 처음 배급한 게 〈어우동〉이더라고요.

이장호 그래. 그 친구는 〈무릎과 무릎 사이〉로 재미 봤는지 계속 내 영화 중에 에로틱한 영화들만 수입하고 있었어.

인터뷰어 〈어우동〉도 했고 그 다음에 〈바보선언〉이랑 〈어둠의 자식들〉도 수입했고. 그러면서 일본에서 감독님 특별전이라든가 영화제 할 때 박병양 씨가 많이 노력을 하셨던 것 같더라고요. 혹시 그런 부분과 관련해서 말씀해주실 건 없나요?

이장호 가깝게 지낸 친구 중에 하나였어. 그리고 일본의 양아들처럼 가까웠던 친구 중에, 한국 영화인들하고 많이 교류하고 한국말을 잘하고 일본말을 잘해서 나를 처음 일본에 소개했을 때 늘 옆에서 통역했던 아오키라고 있어. 조그맣고 아주 활발한 친구인데 그때 한국 영화 쪽에 소개하는 데 큰 공로가 있어 아오키가. 아오키 겐스케(青木謙介).

인터뷰어 요모타 이누히코라는 분도 아시나요. 요모타 이누히코.

이장호 요모타 이누히코, 이름 많이 들은 느낌인데?

인터뷰어 그분도 이렇게 한국 영화를 좀 열심히 소개해준 분이거든요. 보니까 이장호 감독님 영화에 대한 글도 쓰고 하셨더라고요. 그렇다면 〈어우동〉이랑 〈무릎과 무릎 사이〉 두 영화는 일본에서는 어땠습니까?

이장호 흥행 영화니까 재미있어 하지.

인터뷰어 특히 보니까 〈무릎과 무릎 사이〉 같은 경우가 평도 좋더라고요.

이장호 일본은 에로틱한 거에 대해서 별로 흉칙하게 생각 안 하는 국민이라 그런지 편견 없이 보고 좋아하더라고요.

인터뷰어 조사해보니 그 당시에 이보희 배우님도 일본에서 어느 정도 인기가 있었더라고요.

이장호 그럼 이보희는 일본에 많이 알려졌지, 그때.

인터뷰어 신문 기사에도 나와 있더라고요. 이장호 감독님과 이보희 배우님이 일본 방문했다는 기사도 나고. 그때 이보희 배우님이 일본 영화 캐스팅 얘기가 있었거나 그런 건 없었나요?

이장호 거기까지는 못 갔던 거 같아.

인터뷰어 〈이장호의 외인구단〉도 일본에서도 개봉을 했죠?

이장호 했어. 덴츠(電通)라고 유명한 일본 광고회사가 있잖아. 거기에 쓰다하라라는 전무가, 개인이 사가지고 배급했어.

인터뷰어 일본에서의 성적은 어땠습니까, 〈이장호의 외인구단〉?

이장호 그냥 별로. 큰 극장에서 강제규의 〈쉬리〉(1999)처럼 본격적으로 대극장에서 상영하지를 않고, 여전히 이장호 식으로 그냥 자주 상영제같이 상영을 해가지고 별로 재미 못 봤어.

인터뷰어 그 당시에는 일본에서 대기업 영화사에서 만든 영화 외에는 전부 다 이제 그런 식으로 개봉을 했었거든요. 그래서 아마 이장호 감독님 영화도 그 정도는 정말 잘 개봉된 케이스인 것 같아요.

이장호 하여튼 뭐. 〈쉬리〉라든지 한국 영화가 가서 대히트치고 하는 그런 붐은 나는 맛보지 못했어.

인터뷰어 그래도 그 기반을 닦으신 게 이상호 감독님 아니실까요? 근데 저는 진짜 그렇게 생각합니다.

이장호 뚜껑만 열었겠지.

인터뷰어 그 당시 자료들을 보니까 일본에서 '코리안 뉴시네마'라고 부르면서 새로운 영화가 출연했다는 글에 감독님을 계속 소개하더라고요? 근데 한국에서도 그랬나요?

이장호 한국에서는 뉴시네마라는 건 없었지. 그 당시에는 없었어요.

인터뷰어 일본 자료를 보면 코리안 뉴시네마에서 대표 감독으로 이장호 감독님 이름이 항상 오르더라고요. 근데 또 한편으로는 코리아 뉴시네마의 대표 감독 그리고 사회파 영화, 한국 사회를 잘 그린 한국 감독 이렇게 소개됐는데, 갑자기 〈이장호의 외인구단〉이 일본에서 개봉하니까 약간 당황하는 분위기도 좀 있더라고요. 〈나그네는 길에서도 쉬지 않는다〉를 만든 감독인데, 그 감독이 만든 야구 영화 이래가지고.

이장호 한국에서는 그 사람들이 충분히 이해했거든? 왜냐하면, 흥행했다가 이거 했다가 그랬는데, 일본에서는 계속 사회파 감독 어떤 새로운, 새물결 뭐 이렇게 이장호 띄워줬는데 갑자기 〈무릎과 무릎 사이〉, 〈어우동〉, 〈이장호의 외인구단〉 이렇게 나오니까 당황했겠지.

인터뷰어 그와 관련해서 이렇게 일본 쪽에서 들은 얘기는 없으세요?

이장호 뭐 그런 건 없었던 것 같아.

인터뷰어 제가 어렸을 때 〈이장호의 외인구단〉을 봤는데, 개인적인 경험으로는 이장호 감독님을 다시 젊고 새로운 감독으로 보이게 해주는 영화로 느껴졌었어요.

이장호 흥행에 다시 참가한 것까지가 된 거죠.

인터뷰어 그리고 1990년대로 넘어가면 유바리 영화제에서 〈명자 아끼꼬 쏘냐〉(1992) 상영을 했더라고요.

이장호 거기서 촬영도 하고 그랬지.

인터뷰어 유바리에서요?

이장호 응, 유바리에서. 그때가 아마 일본과의 관계가 정점에 올랐을 때야. 그러니까 일본에 가서 촬영도 하고 일본 배우들도 쓰고 일본 스태프들도 붙었고 막 그랬었거든?

인터뷰어 아, 그렇군요.

왼쪽부터 평론가 마쓰다 마사오, '발견의 회' 우류 료스케, 이장호

이보희와 오가와 신스케 감독 (오가와 신스케 감독 사무실)

오시마 나기사 감독과 함께 (좌: 이장호, 우: 오시마 나기사)

8.

배우에 관한
생각

인터뷰어 위대한 감독들은 셋의 조합 속에서 가능한 거 같더라고요. 고다르는 배우 안나 카리나와 촬영감독 라울 쿠타르, 잉마르 베리만은 리브 울만과 스벤 닉비스트.

이장호 감독님의 콤비가 되는 촬영 감독님이 있으셨나요? 서정민, 장석준 촬영 감독님이 계셨지만 계속 바뀌었죠?

이장호 아마 내 영화 시작에 장석준 촬영 감독 안 만났으면 크게 성공 못했을지도 몰라. 그 양반이 갖고 있는 즉흥적인 능력이 나하고 잘 맞아떨어졌어.

인터뷰어 배우와 관련해서는 감독님이 신인 연기자를 과감하게 캐스팅하시는데, 감독님만의 기준이 있나요?

이장호 나만 그런 건지 아니면 다른 사람이 다 그런 게 있는지 모르지만. 나는 내 안에 어떤 화면이 따로 있는 것 같아. 이게 무슨 영화 화면이 아니고 우리가 꿈을 꿀 때 영상처럼. 내가 가장 이상적인 여자로 생각하면 결코 세상에서 실제로 못한 어떤 얼굴이고 윤곽은 확실하지 않지만 머리가 긴 여자가 아주 다소곳하게 있는 모습, 그 모습이 떠올라. 그전에 뭐 본 것도 아니고 그냥 내 안에 화면 속에 있는 모습이거든. 소설을 읽어도 그런 식으로 내 안에 그 화면을 굉장히 느끼거든. 그것이 아마 내가 영화 감독할 수 있는 가장 기초가 아닌가 하는 생각을 한단 말이에요. 어떤 때는 내가 전혀 모르는 얼굴들이 남자, 여자 막 떠오르잖아? 그러면 좀 무서울 때도 있어. 이게 무슨 악령인가 싶고. 이건 나만이 아니라 모든 사람들이 가지고 있을 거라는 생각이 들어서 그런 얘기를 한 적이 있어. 모든 사람은 다 영화 만드는 능력이 있다. 그 사람들이 밤에 꿈을 꾸는 거는 자기만의 창작이거든. 그런 것을 우리가 갖고 있는 게 아마 하나님의 능력을 닮았다는 거. 난 하나님 천지 창조도 우리가 꿈꾸듯이 하나님이 그거를 현실화시킨 거라고 생각하거든. 그 능력만 사라지지 말았으면 좋겠어, 죽을 때까지. 제일 황홀한 거는 임종 때 천국이 보였으면 재미있겠어.

인터뷰어 안인숙 배우님이나 이보희 배우님도 감독님이 그리고 있었던 그 영화의 주인공 이미지에 딱 부합돼서 캐스팅하신 건가요?

이장호 이보희까지도 그렇게 나의 이상적인 그런 모습은 아니었어. 이보희를 처음 쓴 게 〈일송정 푸른 솔은〉(1983)에 독립군 아내로 썼는데, 함경도 여자 캐릭터였지. 함경도 사투리라는 게 굉장히 어렵 거든. 별로 연기력이 없다고 생각했는데 그거를 소화해내더라고요. 그 전에 〈어우동〉을 찍으려고 뽑았는데, 첫날 테스트 촬영을 시사하면서 제작자가 안 된다고 해서 못 했거든. 나중에 보니까 다른 배우를 썼으면 좋겠는데 안 되니까 괜히 씁쓸한 거야. 이 제작자 김원두가 소설가야. 김원일, 백결 다 서라벌 예대 출신인데, 이만희 감독이 만든 영화 〈태양을 닮은 소녀〉 시나리오도 쓰고 소설도 쓰고 했어. 날 그렇게 좋아했는데 이보희는 안 된다고 그래가지고 사이가 무너졌어요.

그래서 조감독들이랑 그땐 장선우랑 다 있을 때인데 여주 신륵사에 가서 며칠간 그냥 술 마시고 개판으로 지냈어. 근데 그 제작자가 허문도라는 사람이 독립군 영화를 하나 찍어달라고 그런다고 청산리 전투를 영화로 만들자고 그러더라고. 그때 생각이 달라졌어. 그래서 청산리 전투 시나리오 작업 들어가면서 이보희를 조연급으로 넣었지. 또 주인공 쓰면 거절당할까봐. 그게 인연이 돼서 〈바보선언〉까지 갔지. 그러다가 〈무릎과 무릎 사이〉를 만드는데 거기서 이제 이보희가 스타가 되는 거야. 그다음에 이제 내가 키워놓은 스타를 내가 써야지 누가 써. 그렇게 해서 계속 같이 하게 되는 거지.

인터뷰어 이보희 배우는 배우로서 어떤 장점을 가지고 있는 분이라고 생각하세요? 처음 캐스팅할 때 딱 눈에 들어왔던 부분이 무엇인가요?

이장호 〈어우동〉준비할 때 김보연, 이혜영 전부 분장시켜서 오디션 봤거든. 근데 보연이가 "아이, 난 아니야." 그러면서 자기 후배 중에 진짜 고전적인 아이가 있는데 추천한다고 해서 오디션 끝나자마자 MBC로 갔어요. 문 앞에서 이보희를 만났는데 본 얼굴 같기도 하고 해서 나는 '얘가 신인이 아니고 스크린, TV에 나왔던 아이구나.'라는 생각을 했어. 그리고 같이 술 한잔하자고 차를 타고 강변도로로 한남동을 가는데, 잊히지 않는 게, 한강 쪽에 무지개가 떴어. 쌍무지개야. 그게 아주 신비할 정도였어요. 이거 괜찮은 날이네 싶었지. 그리고 이 얘기 저 얘기 하다 보니까 내가 알고 있는 배우가 아니더라고. 내가 잘못 본 게 조금 미안하기도 하고 그랬어. 하여튼 그래서 〈어우동〉에 캐스팅을 했는데 제작자가 반대를 한 거지.

인터뷰어 그렇군요. 감독님 영화를 보면 이보희 배우님이 굉장히 스펙트럼이 넓은 역할들을 다 소화하시고 계시다는 생각이 들더라고요.

이장호 그렇지. 이보희가 등장하면서 내 영화라는 게 안정권에 들어가는 것 같아요. 배우를 막 갈아치우고 그런 시절하고 달라지고. 오죽하면 "나중에는 이보희 늙는 거에 따라서 내 영화 바꿔야겠다." 그렇게 생각했을 정도였으니까.

내가 최은희 선생님하고 신상옥 감독님 보면서 감독은 여배우랑 결혼해야 돼 그런 생각을 갖고 있는데, 마누라가 있으니까 그건 안 되고. 그래도 이보희 만나면서 "아 이제 배우에 따라서 영화 만들 수 있겠다." 이런 생각이 이제 들기 시작했어요. 배창호한테도 그렇고 우리 조감독 중에 장가 안

간 놈들 있으면 꼭 배우하고 결혼하라고 얘기를 했었거든. 배창호도 결국은 결혼하고 나서 자기 부인을 배우로 쓰잖아요.

인터뷰어 감독님 작품을 보면 1960~1970년대 한국 영화를 이끌었던 트로이카 배우들이 출연을 거의 안 했더라고요. 신인을 주로 선호하셨던 거 같아요.

이장호 〈바람불어 좋은 날〉에 유지인이 한 번 나오기는 했지, 조연으로. 조감독 때 보면 신선한 리얼리즘에 빠지지 못하게 하는 게 배우들이거든. 너무 유명한 배우가 촌사람 역할을 한다든지 이런 게 아주 거슬렸지. 이게 아마 이탈리아 네오리얼리즘에 감명받은 게 중요했던 것 같아요. 비토리오 데 시카 감독이 길거리에서 캐스팅해서 쓰고 그랬다니까 그런 게 정말 신선하게 느껴진 거지.

인터뷰어 감독님 직접 연출하시기 시작한 1970년대 중반과 1980년대에 이르면 배우 후보가 훨씬 더 풍부해지지 않았나요?

이장호 근데 몇 사람 안 되서 그런지, 그 사람이 1년에 100여 편 나오는데, 그 사람이 나오고 또 나오고 또 나오고 그랬다고. 그때나 지금이나 지방 흥행사들이 스타들 중심으로 써줘야지 돈을 투자를 하니까. 근데 우리 때만 해도 짧았지만 감독 보고 관객들이 몰려들었거든. 그러니까 우리는 배우에 대해서 그렇게 스타를 쓰지 않아도 된다는 생각이 있었어요.

인터뷰어 요즘에 나오는 작품이나 영화 보다가 저런 배우하고 영화 한번 찍어보고 싶다는 생각하신 적 있으세요?

이장호 지금은 내가 굶주렸지, A급들하고 작품을 못 해봐서. 나는 최민식이 좋고. 최민식을 가장 잘 쓴 게 박찬욱이잖아요. 그다음에 별로 정이 들지는 않지만, 그 봉준호가 쓴 친구. 송강호 그놈 연기에는 천재야. 그런 놈을 처음 발견한 놈들이 신기해. 〈넘버 3〉(1997) 만든 놈.

인터뷰어 송능한.

이장호 송길한 동생이거든. 굉장히 가까이 지냈는데, 어떻게 그놈들한테 걸려들었는지. 그 깡패 역할을 하는데, 그게 난 정말 인상적이야 일부러 그렇게 했을 거라고. 천재지 천재. 여배우는 전부 비슷해서 잘 모르겠는데, 역시 봉준호 영화의 박소담. 그런 흔하지 않은 모습이 중요한 것 같아요. 박소담은 〈기생충〉(2019)에도 나왔지. 다른 영화에서도 봤는데, 〈기생충〉하고 또 다른 모습이 나오더라고. 그리고 아주 보통 아이가 아니라는 생각이 들죠. 전도연은 같이 일하고는 싶은데 이미 새로운 모습은 아니라서. 난 항상 신인들하고만 했기 때문에 새로운 모습에 대해서 흥미가 있지 스타에 내해서는 별로 관심이 없어요. 요즘과 비교해서 옛날 배우는, 내가 어려서 그랬는지 모르지만, 전부 다 다른 모습이고 아주 개성이 강하고 그런 거 같아요.

인터뷰어 감독님께서 1960~1970년대 배우분들에 대한 기억이 많으실 텐데, 가장 많이 기억나는 배우분이나 같이 작업하고 싶었는데 못해서 아쉽다는 분이 있나요? 윤정희 배우하고도 작업을 못하셨죠?

이장호 아, 윤정희는 끝내 못 이룬 사랑이 있어. 지금도 생각하면 가슴 아파. '신필름' 조수 때, 그 말단이었을 때 연출부 누가 관심을 가지겠어요. 여배우들도 부를 때 "저기요" 아니면 "연출부" 이러는데. 그거 기분이 좋지 않은 호칭인데, 윤정희는 내 이름을 불렀어요. "장호 씨." 그러니까 그거부터 벌써 내가 사로잡혔지.

인터뷰어 가슴이 철렁했겠네요. 아름다운 배우가 이름을 기억해주니까. 시 「꽃」처럼 이름을 불러줘서.

이장호 완전히 그거예요. 김춘수 씨 시에 나오는 거예요. 그러니까 윤정희가 나를 사로잡은 거야. 할 수 있는 게 짝사랑밖에 없잖아요. 그런데 신상옥 감독님이 좀 강도가 짙은 요구를 했거든. 근데 윤정희가 시키니까 하지만 뭔가 굉장히 굳어 있었어요. 그 씬 끝났는데 윤정희가 아무 소리도 안 하고 옷 챙기더니 움츠러서 세트 뒤로 갔는데 조금 지나니까 서럽게 우는 거야. 정말 신상옥 감독님 때려주고 싶은 생각이 들더라고. 가슴이 뭉클하면서 얼마나 참았을까 하는 생각이 들고. 그게 잊히지가 않아요.

또 기억이 생생한 게, 김승옥 형을 좋아했다고, 윤정희도. 〈감자〉(김승옥, 1968)도 있었고 〈안개〉(김수용, 1967)도 승옥이 형하고 관련된 게 많아 가지고. 〈어제 내린 비〉 시나리오 쓸 때 승옥이 형하고 순천 선암사 가까이 있었거든. 그때 윤정희가 조문진 감독하고 〈황홀〉(1974)이라는 영화를 촬영하러 왔어요. 촬영이 없을 때는 어울리게 되는데 나는 이루 말할 수 없이 행복했지. 선암사에서 닭백숙 먹자고 만났는데 시냇물에 발을 담그고 앉아서 얘기하다가 윤정희가 느닷없이 "장호 씨는 누군가 깊이 사랑해본 적이 있어요?" 하고 질문을 하는거야. 갑자기 당황스럽고 막 혼란스럽고. '나한테 왜 이런 얘기를 물어볼까?' 하면서 쭈뼛쭈뼛 대답도 못하고 그랬었어요. 혹시 옛날부터 나 좋아했던 거 아닌가하고 오해를 한 거지. 그때 내가 굉장히 기분이 업되어서 좀 비정상적인 행동을 했던 거 같아요. 가까운 오동도를 가는데 술 취한 상태로 그 둑길을 걷다가 갑자기 바다로 뛰어들었어. 그날 튀는 짓을 많이 했던 거 같아.

승옥이 형이 나중에 그러더라고 "니가 진짜 윤정희를 좋아하기는 되게 좋아하더라." 그렇게 눈에 띌 정도로 유난스러운 행동을 한 거야. 윤정희만 몰랐겠지. 그러고 나서 얼마 있다가 신문에 "백건우랑 사랑한다." 나오고, 그제야 안 거지. 윤정희가 발 담그고 이렇게 앉아서 백건우 생각하다가 그걸 물어본 거야. 나는 완전히 정신병자가 돼가지고 바닷물에 빠지는 사건까지 일으켰다고.

인터뷰어 그 이후에 윤성희 선생님한테 표현은 안 하시고 마음을 접으신 건가요?

이장호 아니, 난 그런 거 있으면 참지 못하거든. 같이 술을 마시다가 내가 얘기했는데 백건우도 껄껄 웃더라고요. 윤정희가 한국에 들어왔을 때 내 영화 〈어제 내린 비〉를 국도극장에서 상영하는데 초청했어요. 윤정희하고 같이 내가 만든 영화를 본다니, 그때도 제정신이 아니었지. 나는 긴장하거나 겨울이면, 지금도 그런데, 콧물이 쉴 새 없이 나와요.

그래서 영화 보는 내내 훌쩍거리고 아주 죽겠더라고. 그걸 참으니까 몸에 땀이 그렇게 나. 옆에 앉았는데 꼭 내 땀 냄새 전해질 거 같고 아주 지옥이야. 내 영화 보면서 영화 생각은 못 하고 옆에 윤정희만 생각하고 아주 진땀을 흘렸어요. 영화 끝나고 내가 "윤정희 씨 모시고 영화 보느라 아주 혼났다고, 긴장 하고 콧물도 나오고." 그랬는데, 하여튼 잊을 수 없는 배우 중에 하나예요.

윤정희 전에 내가 좋아했던 '주연'이라는 배우가 있었어요. 영화진흥공사에서 신인 배우를 둘을 뽑는데 주연하고 한경직인가 그래요. 주연이가 나봉한 감독 〈청산별곡〉에 주인공으로 나왔거든. 까무잡잡하고 아주 귀여운 여배우인데 일찍이 미국에 가서 활동을 많이 안 했어요. 편집실 할 때인가 술 처먹고 밤에 전화를 했는데, 아침에 깨어 보니까 전화기가 내 무릎에 떨어져 있어요. 신인 배우였으니까 내 통화 받아줬겠지만 얘기하다가 저쪽에서 끊었던지.

인터뷰어 지금 사모님께서는 영화 쪽에서 활동하신 분은 아니신가요?

이장호 전혀 아니고 패션모델이었는데, 내가 제작한 영화에 출연했어요. 〈핸드백 속 이야기〉(송영수, 1991)라고. 내 조감독이었던 송영수 감독이 만든 〈우리는 지금 제네바로 간다〉(1987)에서. 그 감독이 지금 아내를 캐스팅했지.

인터뷰어 그럼 영화배우하고 결혼하신 거네요. 감독님 작품에는 사모님이 출연한 적 없나요?

이장호 응. 없어. 내가 키우지는 못했지.

9.

에필로그

인터뷰어 오늘은 소규모의 관객을 모시고 대담을 진행 중이라 관객 분들도 질문할 기회를 드리려고 합니다.

감독님을 뵐 수 있는 기회가 많지 않으니까 궁금한 거 있으면 질문해주세요.

관객 이장호 감독님께서 상징적인 존재이신 것 같아요. 지금 독립 영화가 굉장히 많이 번성해야 된다고 생각하신 것 같은데. 그러면 영화학을 가르치고 있는 학교나 대학에서 어떤 방향으로 학생들을 교육을 시키거나 수업을 하는 것이 필요한지 생각하신 게 있으신가요?

이장호 그거 문제 까다로운 게, 전에 같았으면 확실하게 이야기하겠는데, 넷플릭스 이후에 영화가 굉장히 까다로운 변화를 하고 있기 때문에 어느 게 올바를지 나도 판단을 못 하겠어요. 그냥 나는 클래식에 대한 추억을 갖고 있고 그거에 대해서 호감을 갖고 있는데, 그걸로 다시 돌아간다는 게 과연 정답일까, 모르겠거든요. 영화가 텔레비전 때문에 시달림 받다가 결국은 다시 영화의 권위를 찾고 예술성을 찾았는데, 지금은 코로나하고 같이 변화된 것 때문에 극장에 다시 손님이 습관적으로 오지 않는다는 거예요. 벌써 변화가 시작되는데 이게 나쁘게 변할지 아니면 오히려 전화위복이 되어서 다른 새로운 변화로 영화를 발전시킬지, 그거에 대해서 책임 있게 말을 못 하겠더라고요.

우리 때 만든 영화는 거의 다 독립 영화라고 보면 돼요. 그런데 지금 만드는 감독들은 회복할 수 없을 정도로 자기네 동세대 감각도 변했고 거기에 호응이 되고 그렇죠. 〈오징어 게임〉(황동혁, 2021)같은 새로운 영화들을 보면 좀 시기심이 생기면서도, 한편으론 영화 잘못돼가고 있다는 생각이 들거든요. 그런데 그거는 내 변명일 것이라는 우려가 있어서 자신 있게 얘기를 못 하는 거예요. 〈오징어 게임〉 보면 놀라운 데가 너무 많아. 어떻게 저런 아이디어를 저렇게 영화적으로 저렇게 소화시켰을까? 우리는 순진한 리얼리즘 세계니까 '아무리 돈 때문이라도 저렇게 다 죽이는 걸 납득할 수 있을까?'라는 생각이 들면서도, 어쨌든 풍자를 강하게 한다는 생각은 들어요. 그리고 풍자를 하면서도 진지하게 재미있게 끌고 나가니까 할 말이 없어요. 그러면서도 독립영화 만드는, 노골적인 독립 영화를 만드는 사람들이 많아졌고, 거의가 한 10프로가 여자 감독이 아닐까 하는데, 그 사람들의 영화가,

나중에는 원 투수가 될지 모른다는 희망을 갖고 있어요. 남자 감독들은 대개 그걸 발판으로 해서 상업영화로 진출하려는 꿈을 갖고 있고, 여자 감독들은 그렇게 상업적으로 큰 꿈을 꾸지는 않지만 하여간 자꾸 만들어서 파워를 키워나가거든요. 그런 모든 변화 속에서 앞으로의 영화가 어떤 모습일까에 대해서는 더 진지하게 생각해봐야 되고 검토해야 될 것 같아요.

관객 젊은 세대의 영화에 대해서 말씀해주신 걸 들으니 반갑더라고요. 상업적이고 너무 엘리트 중심이고 결과적으로 중심으로 가는데, 영화 고유한 가치에 대해서 언급을 해주시니까 그게 너무 반가워서 학생들한테 가르치는데도 그런 방향을 좀 말하고 싶어요.

이장호 내가 자신 있게 주장했을 때는 넷플릭스라든지 이런 OTT들이 나오지 않을 때라. 누벨바그나 이탈리아 네오리얼리즘이 결국은 세계 영화의 흐름을 바꿔가지고 영화가 진지하게 변하는데 기여를 크게 했거든요. 그래서 한국도 독립 영화가 나중에는 구원 투수가 될 것이다. 할리우드도 뉴 아메리칸 시네마 때문에 되살아날 수 있듯이 그런 긍정적인 생각을 했는데, 이 코로나하고 넷플릭스가 세상을 완전히 바꿔놓은 거 같아요. 그래서 지금은 집집마다 대형화면이 있어서 넷플릭스를 보겠구나 하는 걱정만⋯⋯.

관객 1970년대 1980년대 때 감독을 많이 하셨잖아요. 그때 아주 엄격한 검열이 있었는데 이로 인해 감독들은 자신 마음대로 영화를 만들지 못했죠. 하지만 그 검열이 있었기 때문에 하고 싶은 말을 하기 위해 해결책을 많이 찾았습니다. 어떻게 생각해보면 이러한 독재가 민주주의보다 예술가들의 상상력을 더 자극한다는 경향이 있는 것은 아닌지 이런 점에 대해 감독님께서는 어떻게 생각하십니까?

이장호 그래요. 나는 혹독한 검열 시대를 지냈는데, 거기에 대해서 이렇게 불만이나 이런 거는 없었어요. 근데 오히려 '검열이 편집 잘해준다.' 이렇게 낙천적으로 생각했지. 그런데 검열보다 무서운 게 지나고 나니까 자본력이에요. 돈의 힘이 더 영화를 망친다는 생각이 들거든요.

지금 엘리트 감독들이 돈에 대해서 저항을 못해. 오히려 앞장서서 제작자를 유혹하고 또 거기에 편승을 하거든. 우리 뇌를 잠식한 암세포 같은 게 돈이 아닌가 하는 생각이 들어요. 검열은 불편하고 부정적이었던 것 때문에 자기 검열에 대해 반성도 하고 어떻게 해서 이걸 극복할까 그 투쟁도 하고 그랬는데, 자본에 대해서는 투쟁하는 힘이 하나도 없다고. 개구리를 죽일 때 미지근한 물에서 점점 온도 높여가면 저항도 안 하고 튀지도 않고 그대로 죽듯이, 영화가 지금 자본에 의해서 그렇게 죽어가고 있다는 생각이 들어요. 박찬욱이나 봉준호 정도의 문제의식 갖고 있는 감독은 정말 극소수라고.

넷플릭스 후에는 한국 영화가 할리우드보다 훨씬 상업적으로 앞서 있다는 그런 생각이 들 정도로, 특히 그렇게 낳은 서액을 주면서 스타를 써야만 영화 제작이 가능한 거는 내가 보기에 아주 자유롭지 못한 거 같아. 근데 어제 내가 본 〈바람의 향기〉(하디 모하게흐, 2022)란 이란 영화는 스타가 뭐가 필요했겠어. 오히려 스타 아닌 사람이니까 그 작품의 향기를 높이더라고. 할리우드 배우 같은 연기로 사람들한테 호소하는 게 아니고, 일부러

일정한 거리를 둬서 연기의 디테일이 필요가 없게끔 하면서…. 허우 샤오시엔, 오구리 코헤이, 나 셋이서 동갑내기여서 마이니치에서 세 사람을 다룬 적이 있었는데, 그때 허우 샤오시엔한테 "어떻게 아마추어 배우를 써가지고 이렇게 영화를 자연스럽게 잘 만드냐?"고 그랬더니 허우 샤오시엔이 아주 정직하게 얘기를 하더라고요. 자기는 연기자가 서투니까 일정한 거리를 두고 카메라를 의식 못하게 하면서 연기에 디테일도 안 보이게 하는데 그것이 어쩔 수 없는 방법이었다. 돈이 안 드는 배우들을 쓰면서 만들어야 됐으니까. 그러면서 오히려 어떻게 이장호는 그렇게 자신만만하게 연기자 클로즈업도 찍고 그러냐고 묻더라고. 그래서 롱 테이크라든지 이런 것들이 어찌할 수 없는 비극도 있구나 했죠. 그 사람들이 우리를 부러워할 줄은 몰랐는데, 그 사람들은 그렇게 해야 하니까 오히려 새로운 영화에 느낌을 주고 그러더라고.

관객 혹시 1960년대 동시대 일본 영화 같은 것 중에 좋아하시는 게 있었습니까?

이장호 내가 제일 좋아하는 영화가 오즈 야스지로의 〈태어나기는 했지만〉(1932). 나 그거 보고 천재라고 그랬어. 감히 그런 코미디를 어떻게 할 수 있을까? 찰리 채플린 시대쯤 될 것 같아요. 왜냐면 그거도 무성 영화니까. 근데 그 감각이 너무 천재예요. 그래서 그걸 보고 굉장히 좋아했어요.

인터뷰어 이 영화는 언제 보신 거예요?

이장호 나중에 커서 비디오로 봤지. 〈바보선언〉도 사실은 아주 작은 모방인데, 우디 앨런이 만든 영화를 비디오로 봤는데, 〈바나나 공화국〉(1971). 그거 보고 영화를 망치는 영화를 만들어야겠다고 생각한 게 그 영화의 영향을 받았어요.

인터뷰어 지금 말씀하신 영화들의 비디오가 정식으로 한국에서 발매되었나요?

이장호 해적판, 복사판. 아마 1980년대 초겠지.

인터뷰어 앞서 관객분이 감독님이 상징적이라고 했는데요, 1980년대 영화 잡지《스크린》독자 인기투표에서 이장호 감독님과 배창호 감독님이 늘 1, 2위를 경쟁하시더라고요.

그런걸 보면서 1980년대는 감독이 대중 스타라는 위치에 오르는 시대라는 생각이 들었어요. 심지어 잡지에 이장호 감독님 화보 사진도 있더라고요.

이장호 그저께 KBS 방송인데 제목이 뭐였더라? 어 무슨 코리아였어. 뉴코리아인가?

인터뷰어 혹시 〈모던코리아〉(註: 〈KBS 다큐 인사이트 아카이브 프로젝트 – 모던코리아〉) 말씀하시는 건가요?

이장호 그걸 보니까 옛날처럼 지금도 스타 감독이라는 게 나타나게 돼요. 우리 때는 텔레비전에 자주 나오고 그랬는데 지금은 품위를 지키려고 그러는지 아무 데나 안 나가지. 봉준호도 아주 신선하게 느껴지고 박찬욱은 대가 폼이 나고 김지운은 너무 잘생겼고. 근데 거기서도 역시 '아, 감독이 아직도 스타구나.'라는 생각이 들더라고요.

인터뷰어 1970년대 하길종 감독님이나 이장호 감독님이 활동하실 시대에도 감독님들이 텔레비전에 나오기도 하고 그러셨나요?

이장호 나만 유난스러웠어. 내가 즐거워했거든, 얼굴 파는 거를. 하길종도 쇼 프로 같은 데는 안 나가고. 나가도 재미없는 사람이니까. 김호선도 그런 데 잘 안 나오는데 나는 부르면 나갔어. 조금 굶주려 있었던 모양이야. 쇼 프로에 많이 나갔으니까. 그리고 나중에 텔레비전 MC까지 했어요. 우리 때 유명한 아나운서 김병찬하고 더블 MC로 아침 방송을 했어요, KBS의 〈여성응접실〉이라 아침 주부 프로그램 MC를.
(註: 당시 기사를 참고하면 이장호 감독은 KBS라디오에서 오전 9:05~11:00 방송하는 〈여성응접실〉(《조선일보》, 1989년 11월 3일자, 20면), SBS TV의 〈SBS문화광장〉(《경향신문》, 1991년 12월 23일자, 21면) 등의 MC를 맡았고, SBS TV의 〈생방송, 인간탐험 뉴스따라잡기〉(《조선일보》, 1995년 10월 21일, 17면)에 보조 MC로 참여하였다.)

인터뷰어 라디오 DJ를 하셨던 거는 기록에서 봤는데, 아침 방송 MC하셨다는 거는 처음 듣네요. 영화감독님 중에서 아침 방송 MC를 하셨던 분은 유일하시지 않나요?

이장호 그렇게 경험을 쌓는데도 매끄럽지 못해서 그냥 나중에 내 계산으로 바보 노릇 좀 해야겠다 생각하고 일부러 실수를 하고 더듬거리고 못난 거를 나타내고 그랬어요. 근데 나중에 보니까 마이크도 중독성이 있더라고. 마이크 앞에 있는 게 쾌감이 생기는 거야. 그다음에 기독교 방송, 거기서 2년을 했어요.

인터뷰어 감독님께서는 그렇게 TV 출연하고 하시는 게 개인적으로 선호했기 때문이라고 말씀하셨지만 결과적으로 한국 영화에는 좋은 영향을 주지 않았나요? 감독님이 많은 대중에게 스타로 알려지면 한국 영화에 대한 관심도 더 높아지지 않았나요?

이장호 나도 그게 어떤 느낌인지 알겠는데, 평론하는 후배들 중에 영화를 작가주의로 생각하는 후배들이 있잖아요. 이런 친구들한테는 내가 약간 다시 생각해봐야 되는 영화감독 이런 식으로 되더라고. 의도적으로 평론 쪽에서 나를 좀 빼내는 느낌을 받았거든. 옛날에 문여송 감독을 비롯한 몇몇 감독이 TV 연예 프로그램에 많이 나오고 그랬어요. 그랬을 때 나도 좀 경멸했었거든. 내가 당할 줄은 모르고 너무 즐거워했던 것 같아요. 그땐 우리 가족들도 많이 나갔어. 아버지, 할아버지까지. 그래서 아직까지도 어디 가면은 "저 사람은 배우인가?" 그래요. 그런데 지금 감독들은 철저하잖아. 봉준호나 박찬욱이나 김지운이나 자기를 숨기면서 오히려 가치를 높이고 그러잖아요.

내가 첫 번째 타자라 그랬는지 철없이 까불었어. 나뿐만 아니라 최인호도 문단에서 좀 가볍게 보려고 하는 경향이 있어요. 너무 알려지고 스타처럼 되니까 일종의 질시도 있고. 소설은 더구나 좀 고상한 품위를 유지하려는데 인호처럼 되는 거에 대한 자신이 없는 거야. 황석영이 재주가 더 많거든? 황석영이 정말 여우인 게, 품위 유지를 굉장히 잘해요.

인터뷰어 감독님께서 앞으로 만들고 싶은 영화와 관련해서 천진난만함이라는 얘기를 많이 해주셨어요, 구로사와 아키라 감독 영화도 해주시고.

이장호 〈꿈〉. 〈도데스카덴〉(1970)이라는 영화를 홍콩에 있을 때 봤는데 '도데스카덴'이 나중에 보니까 '덜컹덜컹'의 의성어더구만. 전차가 달릴 때 나는 소리. 그 영화는 표현도 굉장히 천진난만해. 아버지하고 아들이 노숙자거든. 자동차 폐차장 버스에서 지내는데도 아버지가 아들한테 희망을 심어주는데 진짜 눈물 나고 좋아요. 이제 버스 말고 벤츠로 옮기자, 이러면서 그 안에서 희망을 잃지 않지. 나중에 복어 알 먹고 죽는데, 아 참 기가 막힌 영화예요. 그 배우 남자아이가 기형적으로 생겼거든. 그래서 그런 배우를 꿈꾸다가 장충동의 구두닦이 아이가 딱 그렇게 생겨서 걔를 데려다가 배우로 썼어요. 〈바람불어 좋은 날〉에서 안성기 중국집의 밑에 꼬마가 걔야. 그 놈이 조금 소질이 있었으면 배우로 만들었어야 되는데, 괜히 바람만 넣고 책임을 못 졌지.

인터뷰어 감독님 영화는 〈바보선언〉의 동칠이나 〈바람불어 좋은 날〉 덕 배처럼 소외된 인간에 대한 애정도 있지만 순수하고 질박한 인물에 대한 관심도 녹아 있는 거 같아요. 그게 아마도 말씀하시는 순수한 동심이나 천진난만함과 연관되어 있는 것 같고요.

이장호 내 예술적 소양에 대해서 얘기하면서 아버지만 얘기했는데, 어떻게 보면 어머니한테 미안할 때가 있어. 우리 어머니도 상당히 예술적인 감각이 있었는데, 일제 때 양재학원을 다녔거든. 아버지가 동경 유학 때 엄마를 데리고 가서 양재학원에 넣었어. 어머니는 조그맣게 옷 가게도 하고 그랬어요. 물론 아버지 벌이가 신통치 않으니까 어머니가 그렇게 한 거지. 우리들 어렸을 때 사진 보면 전부 엄마가 해준 옷이야. 과시하지는 않는 사람이지만 그런 예술적 소양을 많이 보여줬어요. 내가 아버지한테 예술혼을 받은 거 같지만 아버지가 직접 뭐 만들고 작곡하고 그러는 건 전혀 없잖아. 근데 엄마는 만든단 말이야. 내가 방학 때 개학 전날 과제들을 하면서 울고 그러니까 엄마가 보기 안타까운지 판에다가 판화처럼 토끼를 만들어줬어요. 뭘로 만들었는지는 모르겠는데 그걸 생각하면서 손재주는 어머니가 더 있었구나 싶어요. 내가 보기에 감탄을 했을 정도로 잘 만들었지. 게다가 그런 아이디어를 어떻게 또 냈을까. 어머니 얘기하면 좀 미안해.

인터뷰어 '모랑'을 운영하신 것도 어머님이시죠.

이장호 응 그렇지.

인터뷰어 그 작가분을 '모랑'을 운영하게 하셨네요. '모랑'은 어느 정도 운영하셨나요?

이장호 대마초 걸려가지고 했는데 대마초 풀려나서 아마 관뒀을 거예요. 생활비 마련한다고 한 거지.

인터뷰어 영화인들이 많이 가서서 아주 명소가 됐죠. 위치는 어디쯤인가요?

이장호 '명보 극장' 바로 옆에 골목이 있는데 그 골목이 휜다고. 직진하는 골목 말고 오른쪽으로 가는 골목 첫 번째 집이었어요. 그때도 인쇄소 있고 막 그랬는데. 그 옆에 '연예협회'가 있었어요. 그래서 가수 박일남이 회장할 때 있었지.

인터뷰어 감독님께서 편집실도 잠깐 하셨죠? 거기는 위치가 어디쯤이었습니까?

이장호 우리 할아버지 빌딩이 '대연각 호텔' 전에 중국 대사관으로 가는 길이 있었어요. 그 길에 두 번째던가 세 번째 건물인데, 그 건너편 코너에 아주 유명한 '기쁜 소리사'라는 게 있었다고, 음향 회사로 굉장히 큰 회사였는데, 그다음에 약간 대각선으로 해서 우리 할아버지 집이 있었지. 거기가 전부 일제 때 조그만 가게 터였는데 그거를 빌딩으로 올렸기 때문에 폭이 좁고 길어요. 그 5층에 편집실을 했어요. 지금도 그 건물이 있어. '청해빌딩'이었는데, 옛날 이름을 그대로 사용하는지 새로운 사람이 바꾸었는지 모르지만. 그 옆에 유명한 전기 통닭구이. '영양센타' 인가가 있었지.

인터뷰어 '모랑'도 한번 꼭 한번 찾아보고 싶네요.

이장호 '모랑'이란 이름을 우리 아버지가 지었었는데, 그 중국 고서에 예술적인 원숭이가 있었던 모양이야? 그걸 '모랑'이라고 그랬다 그래.

인터뷰어 그리고 '마음과 마음'도 어딘지 참 궁금하네요.

이장호 보통 명동을 가려고 그러면 명동 지하도에서 나와서 큰 명동 길로 가잖아. 그 첫 입구 코너에 CJ극장이 있었는데 지금은 아니더라고. 그 바로 다음 골목에, 지금 없어졌는데, '신도 호텔'이라고 조그마한 호텔이 있었어. 그 '신도 호텔' 옆이 '마음과 마음'이었어요.

인터뷰어 《영상시대》 글을 볼 때마다 '마음과 마음'이 계속 나와서 궁금하더라고요.

이장호 어제도 이명세랑 같이 술 한잔했는데, '마음과 마음' 얘기가 또 나왔어요. 그 위치가 어딘가 하고 서로 얘기하다가 '신도 호텔' 옆이라고. 근데 지금은 없어졌으니까.

인터뷰어 나중에 영화 답사 같은 거 하면 좋을 텐데. 터라도 알아야지 우리가 나중에 영화 하는 학자들한테 설명을 할 수 있잖아요. "여기가 '마음과 마음'이 있던 터다." 이렇게요. 《영상시대》 사무실이 별도로 있었습니까? 아니면 유현목 감독님의 '유프로덕션'에 책상 하나 넣고 거기서 일보고 하셨다고 하던데, 그렇게 하셨나요?

이장호 《영상시대》는 사무실은 없었어. 그리고 그때만 해도 우리는 시나리오 작업 때 여관에 있듯이, 무슨 편집 회의라든지 할 때는 여관을 며칠 빌리는 거야. '스카라 극장' 골목에 '경일장'인가 하는 여관이 있었거든요. 거기가 우리 주 본거지지.

인터뷰어 아, 경일장. 또 새로운 명소가 하나 등장했네요, 경일장.

이장호 청해 빌딩은 언제 한번 명동에서 술 마실 때 한번 들르자고.

① 여관 경일장이 있던 곳. 영상시대 동인들이 잡지 《영상시대》를 만들기 위해 모였던 곳이다. (서울특별시 중구 충무로 21   3)

② 이장호 감독의 어머님이 운영했던 '모랑'이 있던 곳. 당시 영화인들의 모임 장소였다. (서울특별시 중구 을지로 16길 39)

③ 이장호 감독의 편집실이 있던 곳. 이 건물은 당시 이장호 감독의 할아버지 소유였으며 편집실은 5층에 위치했다. (서울특별시 중구 명동 2길 56)

이경태 감독의 회사가 있던 곳. 지금도 '사단법인 한국영화인원로회'의 명패가 걸려 있다.
(서울특별시 중구 을지로 18길 46-11)

① 옛 명보극장이 있던 곳. 옛 극장의 모습을 볼 수 없고 지금은 명보아트홀이 위치하고 있다. '명보사거리'라는 도로명이 아직도 사용되고 있다. (서울특별시 중구 마른내로 47)

② 옛 스카라 극장이 있던 곳. 극장 건물은 사라졌고 지금은 호텔이 들어서 있다. (서울특별시 중구 충무로 23-1)

주

1. 이장호, 한국영화사를 관통하는 화살 : 영상시대에서 코리안 뉴웨이브까지

1) 하길종, 『사회적 영상과 반사회적 영상』(한국영상자료원, 2009, 206쪽

2) 이장호, 『바보처럼 나그네처럼』, 도서출판 산하, 1987.132쪽

3) 이장호, 『바보처럼 나그네처럼』, 도서출판 산하, 1987. 314쪽

4) 염무웅, 『민중시대의 문학』, 창작과 비평 1979.112쪽

5) 부산국제영화제, 『이장호, 80년대 리얼리즘 선구자』, 2018.

6) 김홍준 대담, 『이장호 감독의 마스터 클래스』 작가. 2013, 229쪽

2. 소녀, 영상시대의 얼굴이 된 여배우들

7) 문관규, 「한국영화운동사에서 '영상시대'의 등장 배경과 영화사적 의의」, 《씨네포럼》 14호, 2012, 368쪽

8) 강준만, 『한국 현대사 산책 1970년대 편 2권』, 인물과사상사, 2002, 138쪽.

9) 김영진, 「[한국영화걸작선] 어제 내린 비」, 『KMDB 사이트』, 2011.8.24. https://www.kmdb. or.kr/story/10/1841.

10) 강헌, 『전복과 반전의 순간』, 돌베개, 2015, 145-146쪽.

11) 이장호, 『바보처럼 나그네처럼』, 산하, 1987, 246-247쪽.

12) 이영미, 『한국대중예술사, 신파성으로 읽다』, 푸른역사, 2016, 432쪽.

13) 오영숙, 「아빠와 소녀-70년대 한국영화의 표상 연구」, 『영화연구』 42호, 2009, 440쪽.

14) 이용철, 「[한국영화걸작선] 겨울여자」 'KMDB 사이트' 2020.2.14. https://www.kmdb.or.kr/ story/10/5327.

15) 김영진, 『이장호 vs. 배창호』, 한국영상자료원, 2008, 12쪽

3. 1970 청년문화와 영화 음악

16) 1971년 12월 6일 국가비상사태 선포 이후 검열은 점차 강화되어 나가는데, 이는 영화 시나리오 반려 비율을 통해서도 확인된다. 1970년 3.7퍼센트, 1971년 25퍼센트, 1972년 58퍼센트, 1975년 80 퍼센트로 크게 증가한 것이다. 김원, 「권력의 시선, 스크린을 지배하다」, 『1970 박정희 모더니즘: 유신에서 선데이서울까지』, 천년의상상, 2015, 61-62쪽.

17) 조지훈은 이장호 감독의 영화를 한국 민중문화운동의 흐름과 비교한 논문에서, 1980년작 〈바람 불어 좋은 날〉까지는 민중적 낙관성을 긍정 혹은 희망하는 시각이 유지되나 〈어둠의 자식들〉(1981), 〈과부춤〉(1983), 〈바보선언〉(1984)에 이르면 어둡고 비극적 시각으로 완전히 변모한다고 분석한다. 조지훈, 「1970~80년대 민중문화운동과 한국영화 - 이장호의 영화를 중심으로」, 『영화연구』 61호, 한국영화학회, 2014, 371쪽.

18) 1979년 세상을 떠난 하길종을 제외하면, 영상시대 동인이었던 이장호와 김호선은 1980년대에도 배창호, 정지영 등과 함께 계속해서 한국사회에 날 선 시선을 던지며 아방가르드와 리얼리즘 사이에 자리한 작품세계를 이어간다.

19) 오진곤, 「1970년대 한국 '호스티스 영화'에 대한 재고(再考)」, 『현대영화연구』 42호, 한양대학교 현대영화연구소, 2021, 109-110쪽.

20) 강영희, 「10월유신, 청년문화, 사회성 멜로드라마 - 〈별들의 고향〉과 〈어제 내린 비〉를 중심으로」, 『여성과 사회』 제3권, 창작과비평사, 1992. 228쪽.

21) 최지선, 『한국의 영화 음악 1955-1980』, 로크미디어, 2007, 108-109쪽.

22) 해적음반이 한국 대중음악 역사에서 갖는 의미에 대해서는 다음을 참고하라. 김병오, 「1960~80년대 해적판 레코드 대중화 과정 연구」, 『공연문화연구』 24집, 한국공연문화학회, 2012, 47-78쪽.

23) 강근식의 음악계 활동과 오리엔트 프로덕션 경험에 대해서는 다음의 인터뷰를 참고했다. 신현준외, 『한국 팝의 고고학 1970』, 한길아트, 2005, 166-171쪽.

24) 서울역사박물관. 『메이드 인 천계천, 「대중문화 '빽판'의 시대』, 서울역사박물관, 2018, 88-89쪽.

25) 1970년대 청년영화 다수는 쇼트 사이의 충돌을 이끌어내는 몽타주 기법과 청각적 과잉을 통해 이전까지의 한국영화와 차별점을 구축해나갔다. 〈별들의 고향〉 속 퍼즈 기타와 무그 신시사이저가 사용된

씬에 대한 분석은 다음을 참고하라. 홍혜정, 『1970년대 청년영화의 감각성 연구』, 서울대학교 대학원 국어국문학과 석사논문, 2017, 53-54쪽.

26) 최지선, 앞의 책, 97-98쪽.

27) 박찬호, 이준희 옮김, 『한국가요사2』, 미지북스, 2009, 590-592쪽.

28) 다른 음반에는 '정성조와 메신저스'로 표기되어 있으나 〈영자의 전성시대〉 음반에는 '정성조와 그 메신저스'로 표기되어 있다. 이 음반에 기록된 메신저스 멤버는 정성조(색소폰, 플루트), 최병걸(싱어), 최선배(트럼펫), 장석웅(기타, 보컬), 변성용(오르간), 조경수(베이스), 유영수(드럼)다.

29) 신현준 외, 앞의 책, 28쪽.

30) 최지선, 앞의 책, 143-145쪽.

31) 이진원, 『한국영화 음악사 연구』, 민속원, 2007, 267쪽.

32) 최지선, 앞의 책, 146-148쪽.

4. 시대의 감각에 접속하다: 김승옥과 최인호의 1960-80년대 각색 작업에 대하여

33) 김승옥과 최인호는 개인적으로도 친분이 있었는데, 최인호가 교양잡지 《샘터》지에 「가족」이라는 작품을 연재(국내 최장 기록인 35년 6개월)하게 된 것은 편집 주간이던 김승옥의 추천 때문이었다.

34) 노지승에 따르면, 60년대 '문예영화'는 영화계의 문학에 대한 숭배의식과 당시 군사 정권의 영화 정책이 합작하여 만들어낸 장르로, 소설 원작을 바탕으로 영화를 만듦으로써 예술적으로 도약할 수 있다는 식민지 시기부터 지속되어 오던 환상이 해방 이후 50년대를 넘어서 60년대에 절정에 이른 결과라고 볼 수 있다. -노지승, 「반(反) 모더니티의 모더니티 : 1960년대 문예영화에서의 농촌 표상」, 『인문학연구』21집, 인천대학교 인문학연구소, 2014, 12쪽.

35) 줄리 샌더스, 정문영·박희본 역, 『각색과 전유』, 동인, 2018, 18쪽.

36) 위의 책, 16-17쪽.

37) Brian Mcfarlane, Novel to Film: An Introduction to the Theory of Adaptation, Oxford; clarendon press, 1996, p.157.

38) Thomas Leitch, "Twelve Fallacies in Contemporary Adaptation Theory", Criticism; Detroit Vol.45, No.2, Detroit;Wayne state university press, 2003, p.162.

39) 홍재범, 『각색의 기술: 재현과 창조 사이』, 연극과인간, 2014, 18쪽.

40) 위의 책, 같은 쪽.

41) 김현은 「미지인의 초상1−김승옥과 홍성원의 경우」(《세대》, 66.8; 김현전집2권, 258−269쪽, 재인용)에서 김승옥의 자기 부정적 세계에 주목하고 중문과 복문으로 이뤄진 그의 문체가 밀폐된 개인적 구원의 목표, 즉 자기 스스로 질서를 찾으려는 노력으로서 60년대 세대적인 감수성임을 지적한다. 김치수는 「한국소설의 과제」(《68문학》, 69.1.)에서 60년대 작가들 중에서도 김승옥이 자아와 개인을 강조했음을 밝히며, 도회인의 생태분석으로서 모국어의 가능성을 보였고, '세련된 감수성'을 가진 문체를 현란하게 사용하여 '우리말의 새로운 가능성'을 보여준 점에서 공헌을 한다고 말한다. 김병익은 「앙팡·모랄리스트−우리세대의 문학」(《사상계》182, 68.6.)에서 세계의 진상을 파악하고 새로운 윤리형성 위해 60년대 작가들의 내적 논리를 살펴보는데, '왕궁이 무너지는 아픔', '뻥뚫린 구멍'을 갖게 되는 사람들이 등장하는 김승옥 소설이 이를 잘 보여준다고 설명한다.

42) 김승옥, 『김승옥 소설전집1』, 문학동네, 1995, 7쪽.

43) 김승옥이 원작을 제공한 영화는 5편으로, 〈안개〉(김수용, 1967), 〈황홀〉(조문진, 1974), 〈야행〉(김수용, 1977), 〈강변부인〉(최동준, 1980), 〈무진 흐린 뒤 안개〉(임필형, 1986)이다. 이 중에서 〈안개〉와 〈황홀〉, 〈무진 흐린 뒤 안개〉는 모두 소설 「무진기행」을 각색한 작품들이다. 각본을 쓴 영화는 총 9편으로 〈여(女)〉(정진우,유현목,김기영, 1968), 〈어제 내린 비〉(이장호, 1974), 〈내일은 진실〉(김수용, 1975), 〈여자들만 사는 거리〉(김호선, 1976), 〈겨울여자〉(김호선, 1977), 〈갑자기 불꽃처럼〉(홍파, 1979), 〈강변부인〉(최동준, 1980), 〈도시로 간 처녀〉(김수용, 1981), 〈무진 흐린 뒤 안개〉(임필형, 1986)이다. 오리지널 시나리오로 쓰인 것은 〈도시로 간 처녀〉 한 편이며, 주로 소설 원작을 각본으로 옮긴 형태인데 최인호의 소설들을 옮긴 〈어제 내린 비〉는 147,823명, 조선작의 소설을 옮긴 〈여자들만 사는 거리〉와 조해일의 소설을 옮긴 〈겨울 여자〉는 각각 78,921명과 585,775명으로 흥행에 성공했다. 각색을 한 영화는 총 6편으로, 〈안개〉(김수용, 1967), 〈장군의 수염〉(이성구, 1968), 〈감자〉(김승옥, 1968), 〈황홀〉(조문진, 1974), 〈영자의 전성시대〉(김호선, 1975), 〈태양을 훔친 여자〉(이원세, 1979)이다.

44) 안상욱, 『영화 각색, 10가지 스타일』, 커뮤니케이션북스, 2020, 14쪽.

45) "당신들의 고향은 풍성하고 아늑하고 아름다운 곳인가. 나의 고향 무진은 그와 반대다. 풍부한 것이라고는 뜨거운 태양과 숨막히는 안개와 가난에 쪼들려 삐뚤어진 마음들 뿐. 자라날 때 나의 가장 큰 소원은 무진을 떠나서 사는 것이었다. 드디어 나는 그 소원을 조금 성취했지만은, 그렇지만 타향에서의 성공에 때때로 나는 실패했고 무언가 인생을 새로이 설계해야 할 기로에 부닥치곤 했다. 그때마다 나는 자신도 모르게 무진으로 가는 이 밤 열차에 절망에 빠져 미친 듯한 마음을 내맡기곤 했다."

46) 《경향신문》, 1967.9.16., 8쪽

47) 영화의 오프닝 크래딧에서 '기획 : 〈안개〉의 황혜미'로 등장한다. 그녀는 서구 체류와 선진 영화 체험을 바탕으로 이후 1970년대의 몇 안 되는 여성 영화감독으로 활동하게 된다.

48) "한국 근대문학을 열어 젖힌 선구자, 불세출의 천재, 김동인은 1920년대의 우울했던 어느 날, 평양 칠성문 밖으로 홀연히 산책을 나섰다가 만난, 이지러진 그 시대의 희생자들을 단편소설 「감자」에 담게 된 것이다. 이제 그 동인이 간 지도 20년, 여기에 이 불후의 명작을 영화화한다."

49) "그 무렵 영화는 우리들이 경험할 수 있는 최고의 환상이었으며, 내 굶주린 예술적 감동의 욕망을 채워주는 유일한 먹이였었다. 지금은 없어진 싸구려 재개봉 극장에서 두 편의 영화를 보기 위해 나는 차비를 아꼈고, 저녁을 굶기가 일쑤였다. (중략) 이러한 어린 날의 추억은 지금도 소설을 쓰려고 하면 먼저 언어보다 영상을 떠올리는 감각 훈련으로 발전하였다." 최인호, 『나는 나를 기억한다-1부』, 여백, 2015, 221, 229쪽.

50) 원작만을 제공한 작품들은 〈어제내린 비〉(이장호, 1975), 〈돌의 초상〉(김기, 1979), 〈타인의 방〉(김문옥, 1979), 〈이 깊은 밤의 포옹〉(송영수, 1981), 〈불새〉(김영빈, 1997), 〈구멍〉(김국형, 1999), 〈어머니는 죽지 않는다〉(하명중, 2007) 이다. 각본에 참여한 작품들은 〈별들의 고향〉(이장호, 1974), 〈바보들의 행진〉(하길종, 1975), 〈걷지말고 뛰어라〉(최인호, 1976), 〈내 마음의 풍차〉(김수용,1976), 〈별들의 고향(속)〉(하길종, 1979), 〈병태와 영자〉(하길종, 1979), 〈도시의 사냥꾼〉(이경태, 1979), 〈사랑의 조건〉(김수용, 1979), 〈불새〉(이경태, 1980), 〈최인호의 병태만세〉(김수형, 1980), 〈별들의 고향3〉(이경태, 1981), 〈최인호의 야색〉(변장호, 1982), 〈적도의 꽃〉(배창호, 1983), 〈고래사냥〉(배창호, 1984), 〈깊고 푸른 밤〉(배창호, 1985), 〈겨울 나그네〉(곽지균, 1986), 〈황진이〉(배창호, 1986), 〈안녕하세요 하나님〉(배창호, 1987), 〈천국의 계단〉(배창호, 1991) 이다.

51) '경제적 유인'의 측면에서 오페라, 뮤지컬, 영화 같은 고비용협업 예술 형식들은 준비된 청중을 보유한 안전한 작품을 구하려고 하며, 이 형식들은 '프랜차이즈'를 위한 청중 확장 방법을 찾으려고 한다. '법적 제약'의 측면에 있어 영화사나 출판사가 계약서를 통해 각색의 법적 처벌을 면하려는 이유는 지배 문제와 자기방어 문제와 관련 있다. '개인적 동기와 정치적 동기' 측면은 각색할 작품을 해석하고 그 작품에 대한 입장을 취하기도 한다는 점에서 오마주와 문화적 정전의 권위 찬탈 방식이며 나아가 사회 문화적 비판을 피하는 방식으로도 활용 가능하다고 본다. 린다 허천, 손종흠 외 역, 『각색 이론의 모든 것』, 앨피, 2017. 194-212쪽.

52) 위의 책, 48쪽.

53) 위의 책, 같은 쪽. 린다 허천은 영화에 기초한 각색 비디오 게임이 마치 속편과 전편처럼, 또한 '감독판' DVD와 스핀오프처럼, '프랜차이즈'의 '소유권'을 취득해 다른 매체에 재사용하는 전혀 다른 방식이라면서 이미 '프랜차이즈'에 익숙한 청중은 새로운 '용도 변경'에 매료될 것이며 동시에 새로운 소비자군이 형성되기도 할 것이라고 본다.

54) 〈별들의 고향〉의 경아, 〈별들의 고향(속)〉의 수경, 〈도시의 사냥꾼〉의 승혜, 〈적도의 꽃〉의 선영, 〈깊고 푸른 밤〉의 제인은 최인호 영화들 가운데서 가장 유명한 여주인공들이다. 이들 중 목사의 딸이자 실업가의 부인인 승혜를 제외하고는 대부분 매음 행위(경아, 수경)나 혹은 비슷한 방식으로(사장의 내연녀로 사는 선영과 계약 결혼으로 돈을 버는 제인) 성을 파는 일에 종사하며 사회적으로 승인받지 못하는 하위 계층 여성들이라 할 수 있다. 중산층 여성인 승혜마저도 남편과 별거 중이면서도 남편이 제공한 아파트와 생활비를 받아 쓰며 생활을 유지한다는 점에서 그리고 현국과의 내연 관계를 가지게 된다는 점에서 다른 여성들과 크게 다르지 않은 것으로 보이기도 한다. 이들 외의 영화에서도 여성 인물은 '벙어리인 술집 작부'(〈고래사냥〉)이거나 '임신한 윤락가 여인'(〈안녕하세요 하나님〉), '오빠가 대학생이길 바라는 누이동생'(〈최인호의 병태만세〉), '소매치기 소녀'(〈고래사냥2〉) 등으로 성적으로 전락했거나 장애를 갖고 있거나 가난한 형편을 가진 인물들이다.

55) 시모어 채트먼, 『영화와 소설의 서사 구조』, 김경수 역, 민음사, 2000, 30, 40쪽.

56) Richard Rushton, Gary Bettinson, 『영화이론이란 무엇인가』, 이형식 역, 명인문화사, 2013, 100쪽.

7. 사랑과 영화 : 배창호의 멜로드라마와 신승수의 로맨틱코미디

57) 『1989년판 한국영화연감』, 영화진흥공사, 1989, 59쪽.

58) 배창호 지음, 안재석 대담, 『배창호의 영화의 길』, 작가, 2022, 67쪽.

59) 수산 세퍼느, 「하느 바니-레이션 시내 할리우느 녕화에 나타난 남성성」, 이형식 옮김, 동문선, 2002.

60) 통계는 영화진흥공사에서 발행한 『1985년도판 한국영화연감』, 『1989년도판 한국영화연감』을 참고한 것임.

61) 『1989년도판 한국영화연감』, 영화진흥공사, 1989, 51쪽.

62) 배창호 지음, 안재석 대담, 『배창호의 영화의 길』, 작가, 2022, 47-48쪽.

63) 김미현 책임편집, 『한국영화사 開化期에서 開花期까지』, 커뮤니케이션북스, 2006, 182쪽.

64) 김영진, 『이장호 VS 배창호 : 1980년대 한국영화의 최전선』, 한국영상자료원, 2008.

65) 이효인, 이정하, 김경현, 『Korean New Wave, Retrospective from 1980 to 1995』, The Pusan International Film Festival, 1996, 9-30쪽..

66) 이효인, 이정하, 김경현, 『Korean New Wave, Retrospective from 1980 to 1995』, The Pusan International Film Festival, 1996, 15-16쪽.

67) 배창호 지음, 안재석 대담, 『배창호의 영화의 길』, 작가, 2022, 59쪽.

68) 『1993년도판 한국영화연감』, 영화진흥공사, 1993, 42쪽.

69) 강준만, 『한국 현대사 산책 1990년대 편 1권』, 인물과 사상사, 2006, 232-240쪽.

70) 삼성전자는 〈결혼이야기〉에 가전제품을 제공하고 영화표 5만장을 구입했다. 사실상 2억여 원의 광고료를 낸 셈이다. (조선희, 「할리우드 영화 상품광고로 얼룩진다」, 《한겨레》 1992년 11월 21일)

71) 이 영화는 대마초 사건으로 쉬고 있던 이장호 감독이 활동을 할 수 있게 되면서 처음 맡았던 영화였다. 회사에 사표를 내고 케냐에서 귀국한 배창호가 참여하려고 했던 영화이기도 했다. 그러나 이장호 감독의 사면이 보류되면서 홍파 감독이 연출을 맡게 되었다.

8. 80년대를 관통한 이들이 '그때'로 '지금'을 그리는 방법: 90년대에 들어선 박광수와 장선우의 시선

72) 스치듯 지나간 서울의 봄 시기의 검열에 대해서는 송아름, 「1980년, 가난의 묘사가 허용된 찰나: 영화 〈바람불어 좋은 날〉(1980)과 〈난장이가 쏘아올린 작은 공〉(1981), 〈꼬방동네 사람들〉(1982)사이」 참조(https://www.kmdb.or.kr/history/contents/2607:검색일 2022.12.8.).

73) 1984년 12월 31일 개정되어 1985년 7월 1일 자로 시행된 5차 개정 영화법의 5조 2에는 다음과 같은 조항이 신설되었다. "제5조의2 (영화의 독립제작) ① 영화제작을 위한 영화업자가 아닌 자로서 판매 또는 공연장에서 상영할 목적으로 영화를 제작하고자 하는 자가 대통령령이 정하는 요건을 갖추어 문화공보부장관에게 영화제작의 신고를 한 때에는 그 신고한 영화제작에 대하여는 제4조의 규정을 적용하지 아니한다. 이 경우 영화의 제작은 연 1편을 초과할 수 없다." 이때 제4조의 규정은 영화업의 등록 규정을 가리킨다.

74) 감독협회의 창립선언문 중 일부를 옮기면 다음과 같다. "새로운 영화에의 투쟁을 계속해가기 위해

영화감독들은 우리 영화계에 뿌리 깊이 각인된 비민주적인 요소의 척결이 우선 과제라고 생각하며 스스로 이러한 비생산적이고 불합리한 영화의 틀을 벗어던지기 위하여 구시대의 유산의 영협으로부터 독립하고 새로이 주체적인 감독협회를 설립, 영화계의 민주화와 새로운 민족영화 건설을 위하여 힘차게 전진할 것을 선언합니다(1988.11.30.)." "신년특집 1989 한국영화계 총진단, 작품으로 말해야 한다", 《스크린》, 스크린 M&B, 1989.1, 104쪽.

75) 박광수 감독에 대한 좀 더 자세한 이력은 김수남, 「분단의식과 기록정신에 마주친 박광수의 영화 작가정신 고찰」, 『청대학술논집』 3호, 청주대학교 학술연구소, 2004, 233-255쪽.

76) 「토론: 한국 영화의 반성」, 서울영화집단편, 『새로운 영화를 위하여』, 학민사, 1983, 327-328쪽.

77) 현재 영화 〈서울 황제〉를 검색하면 1986년 3월에 개봉된 것으로 설명하고 있는 글들을 다수 찾을 수 있다. 그러나 이 작품은 일본과 베를린 영화제 등에 초청되어 해외의 관심을 끌었음에도 정작 국내에서는 검열 등의 문제로 개봉되지 않았다. "영화 〈서울 황제〉 일본 진출", 《한겨레》, 1988.6.30.

78) 장선우 감독에 대한 좀 더 자세한 이력은 고종석, 「고종석이 만난 사람2: 영화감독 장선우-우묵배미에서 경마장으로」, 『사회평론』 Vol.92, 월간 사회평론, 1992, 178-186쪽.

79) 설명한 부분에 대한 장선우의 글을 옮기면 다음과 같다. "열려진 영화는 바로 구전성이 지닌 생명력의 회복이며 대중의 창조 가능성에 자신을 던져버리는 것이 될 것이다. 따라서 구전되어 온 우리의 민간 예술 탈춤과 판소리, 서사무가, 민요 들은 영화에 있어서도 매우 유효하며, 그런 예술적 동기들을 영화에 수용함은 새로운 의미를 띠게 된다. (중략) 무대극이 극적 환상을 만들어 관객의 감정을 지배해나가는 극적 장치라면 마당극은 환상을 거부하고 관객에게 극적 공간을 개방함으로써 개입하고 참여하는 친교의 무대이다. 그 안에서는 허구적인 것은 늘 파괴되며 특권적인 것은 자리 잡을 수 없다. (중략) 열려진 영화에 있어서는 고전적인 극적 구성부터 필연적인 해체의 과정을 겪는다. 사건의 도입과 갈등의 전개와 고조, 그리고 갈등의 해소라는 단선적인 구성 위에서 얘기는 주입식일 수밖에 없으며 폐쇄적인 회로를 벗어날 가능성은 희박하기 때문이다." 장선우, 「열려진 영화를 위하여」, 서울영화집단편, 『새로운 영화를 위하여』, 학민사, 1983, 315-316쪽.

80) 설명한 부분에 대한 장선우의 글을 옮기면 다음과 같다. "민중을 단순히 계급적 성격으로 보려는 태도는 적지 않은 반성을 몰고 왔으며 정치적 피지배, 사회적 차별, 도덕적 우월성 등으로 간단히 규정되지 않는다는 점도 충분히 인식되었다. 민중을 조직 대상으로 보거나 그 자체를 미화하거나 하는 행위 자체가 오히려 반민중적이라는 점도 지적되었다. 민중은 규정 대상이 아니라 살아 있는 삶의 총체이다. 민중 영화도 마찬가지로 단순히 특정 계급을 대상으로 한 영화가 아니며 그렇다고 정치영화라고 규정할 수

도 없으며 도덕적 진실을 추구하는 영화라고 단정할 수도 없다. (중략) 따라서 대중영화로부터 민중 영화로의 지향은 바로 소비적 충동에서 창조적 열기로 양적인 확산에서 질적인 심화로, 경쟁적이고 분열적인 산업사회의 정서로부터 협동적이고 통일적인 공동체적 이상으로 자기회복을 추구하는 운동이라고 단정할 수 있을 것이다. (중략) 중요한 것은 민중의 눈으로 보는 것이며, 민중의 삶, 이상을 끊임없이 반영해내는 일인 것이다." 장선우, 「민중영화의 모색」, 《실천문학》 봄호, 실천문학사, 1985, 148-157쪽.

9. 이장호 영화가 열도를 횡단할 때

81) 최양일 감독이 1993년에 연출한 영화 〈달은 어디에 떠 있는가〉의 재일 2세 주인공의 이름으로, 충남의 한자를 일본식으로 읽으면 다다오이다.

82) 제작자 이봉우의 말에 따르면 이장호 감독과의 인연도 있었고, 당시 재일 교포 주부들 사이에서 이보희가 인기가 많았으며 한국 비디오 대여점에서 한국 영화를 빌려보는 것이 유행이었기 때문에 〈무릎과 무릎 사이〉를 보는 장면을 넣었다고 한다.

83) 「韓国映画界の李長鎬監督と女優の李甫姫が来日 娯楽作品で稼いで芸術作品製作」, 《読売新聞》, 1988.5.30., 석간, 15면

84) 「底辺の広さ見せた韓国 日本映画アジアからも取り残される不安」, 《読売新聞》, 1987.10.7., 15쪽.

85) 「韓国映画の旗手李作品を上映へ」, 《日経流通新聞》, 1990.1.13., 11면.

86) 안시환, 「[한국영화걸작선] 무릎과 무릎사이」, 한국영화 데이터베이스, 2016.03.17. (https://www.kmdb.or.kr/story/10/993)

87) 북한에 있는 가족들에게 생필품과 생활비를 보낼 때, 현금이 도난당하지 않도록 숨기는 것이다. 참고로 봉투에 든 돈은 10만엔이라고 한다. (정수완, 채경훈, 『〈달은 어디에 떠 있는가〉를 둘러싼 두세 가지 이야기』, 보고사, 2020, 67쪽.)

88) 같은 책, 66-69쪽.

89) 일본 영화가 전성기였던 1950년대 스튜디오 시스템에 기반한 양산체제 하에서 영화사가 제작, 배급, 상영을 전부 통제하던 형태 혹은 그러한 형태로 소비된 영화. 영화관에서 상영하는 영화는 블록부킹으로 영화사가 결정권을 가지고 있었으며 연간 상영일정이 영화사의 스케줄에 따라 상영됐다.

90) 영화 배급사가 일정 기간 동안 제작하는 영화를 묶어 극장 업자에게 판매하는 방식으로, 흥행성이

높은 영화에 다른 영화를 끼워 팔 수 있는 독점적 판매 형식이다.

91) 요모타 이누히코, 『일본영화 전통과 전위의 역사』, 박전열, 최중락 옮김, 민속원, 2017, 170쪽.

92) 오현석, 「일본의 다문화 정책에 관한 일고찰 – 외국인 노동자 관련 정책을 중심으로」, 『일본근대학연구』 73호, 2021, 195-206쪽

93) 松岡環, 『レスリー・チャンの香港』, 平凡社, 2008, 135-136쪽.

94) 홍콩 뉴웨이브에 관해서는 종보현, 『홍콩 영화 100년사』, 윤영도, 이승희 공역, 그린비, 2014, 478~507쪽.

95) 유연숙, 「동경의 코리아타운과 한류: 오쿠보지역을 중심으로」, 『재외한인연구』 제25호, 2011, 79-108쪽.

96) 1987년 재일한인 2세 박병양이 우수한 한국 영화를 일본에 소개하려는 목적으로 아시아영화사를 세웠다. 아시아영화사의 최초 배급 작품인 이장호의 〈어우동〉을 시작으로 임권택, 이장호, 배창호 감독 등 많은 한국 영화를 일본에 소개했다. (「らうんじ 李三郎さん　元俳優の意地, 自力で配給…劇場公開」, 《朝日新聞》(大阪), 1990.3.23., 석간, 3면)

97) 스튜디오200은 한국문화원과 같은 해인 1979년에 세존그룹이 문화사업의 일환으로 이케부쿠로의 세이부 백화점 8층에 개관한 다목적 홀로서 영화를 비롯해 무용, 콘서트, 강좌 등 다양한 문화 콘텐츠를 소개하는 복합 문화 공간으로 이용됐다. 한국을 비롯해 제3세계의 전통 공연, 대중음악 등의 콘서트를 개최했으며, 매회 평론가나 전문가 등을 초대해 강좌를 함께 구성하고 한국에서 초청한 영화감독과 배우, 무용가, 가수 등과의 대담회를 통해 한국 영화와 문화를 매우 심도 있게 소개했다. 이러한 기획으로 스튜디오200은 당시 많은 문화예술인과 애호가들로부터 열렬한 지지를 받았다. (岡田芳郎, 1992.2., 「スタジオ２００への接近」, 《現代詩手帖》 35(2). 120-121쪽)

98) 이장호, 『바보처럼 나그네처럼 – 영화감독 이장호의 삶과 영화 수상록』, 산하, 1987, 235-236쪽.

99) 1980년대 일본에 수출된 한국 영화는 1982년에 2편, 1983년 4편, 1984년 3편, 1986년 1편, 1987년 5편이었고, 서울올림픽이 개최된 1988년에 급증하여 16편, 1989년에는 13편으로, 1980년대 총 44편의 한국 영화가 일본에서 공개됐다. 1970년대 대일 수출 영화가 10편이었던 것과 비교하면 1980년대에 4배 이상으로 증가했다. 1990년대에는 1991년에 13편, 1992년 6편, 1993년 11편, 1994년 7편, 1995년 5편, 1996년 18편, 1997년 9편, 1998년 13편, 1999년 16편, 총 98편으로 1980년대 대비 두 배 이상의 수치를 기록했다.(함충범, 『한일 영화 교류·관계사』, 한국학술정보, 2021을 참고)

100) 홍기선, 『한국영화의 리얼리즘』, 학민사, 1983, 289-304쪽.

101) 川村湊,『アリラン坂のシネマ通り』, 集英社, 2005, 223-232쪽.

102) 이장호 감독 인터뷰 참고.

103) 발견의 회는 예술·문화 전반에 걸쳐 전위적이고 급진적인 연극을 이끄는 안그라 연극 단체로 1964년 우류 료스케와 마키구치 모토미에 의해 결성됐다. (「アングラ劇団の歩み本に 高い資料価値, 体験織り込み」,《朝日新聞》1983. 11. 27. 조간 21면)

104) 〈한일 페스티벌 1984 마당연회〉는 한국의 연극 단체와의 교류를 위해 기획됐던 행사였다. 1983년 창고극장과 발견의 회가 공동 기획하여 한국에서 셰익스피어 페스티벌을 개최한 것에 이어, 다음 해에 발견의 회가 극단 민예와 창고극장과 함께 일본에서 연극제를 개최했다. 이때 극단 민예의 〈서울 말뚝이〉가 상연됐고, 〈바람불어 좋은 날〉이 시모키타자와의 스즈나리1번관에서 상영됐다. (「日韓演劇人 熱い交流 東京など4都市でフェスティバル」,《読売新聞》1984.09.10. 석간 11면)

105) 井上康子,「シンポジウム「韓国映画ルネッサンス」」, シネマコリア, 2002.12.5. (https://cinemakorea.org/korean_movie/column/column037.htm)

106) 「韓国映画「馬鹿宣言」(風車)」,《朝日新聞》1985.09.17. 석간 4면.

107) 兪澄子, 旦匡子 編集,『韓国映画の全貌』, 現代演劇協会, 1994, 40-61쪽.

108) 당시 〈어둠의 자식들〉은 당시 한국 정부가 한국을 부정적으로 묘사했다는 이유에서 수출을 금지했던 작품이었지만 이철용에 의해 간신히 일본에서 상영이 이루어졌으며, 대담과 강연의 내용은 작품의 배경과 영화 검열 및 수출금지에 관한 것이었다. (「韓国映画「暗闇の子供たち」上映を記念して「90東京馬鹿宣言」を開催」,《読売新聞》1990.01.29. 석간 13면)

109) 李長鎬,「あなたはどんな世代ですか？」, 影本剛(訳),『大島渚 - 〈日本〉を問いつづけた世界的巨匠』, 河出書房新社, 2013, 121-122쪽.

110) 이장호, 앞의 책, 171-176쪽.

111) 小栗康平,「特集〈韓国映画の新世代〉生きた映画に出会うために」,《ユリイカ》2001.11., 68-73쪽.

112) 이장호, 앞의 책, 177-194쪽.

113) 같은 책, 330-333쪽.

114) 한국영상자료원 편저,『한국영화사 공부 1960~1979』, 이채, 2004, 90-91쪽.

115) 李英一, 佐藤忠男,『韓国映画入門』, 凱風社, 1990, 155-156쪽.

116) 川村湊, 앞의 책, 232쪽.

117) 小田克也,「韓国映画の異端児 李長鎬作品との出会い "星達の故郷"から"於宇同"まで」,《季刊 서울-東京》4号, 1986.08., 16-19쪽.

118) 이장호 감독 인터뷰 참고

119) 四方田犬彦,『電影風雲』, 白水社, 1993, 131쪽.

120) 石坂健治,「特集 韓国映画の活力 韓国ニューシネマの旗手 李長鎬監督インタビュー 優秀な 若者たちが映画の世界に飛び込んで来た」,《月間イメージフォーラム》no.99, 1988.08., 92-99쪽.

121) 김형석 외,『80년대 리얼리즘의 선구자』, 부산국제영화제&부산대학교 영화연구소, 2018, 119-136쪽.

122) 四方田犬彦, 앞의 책, 25-64쪽.

123) 佐藤忠男,『ストレンジャーズ・ミート―第三世界の映画』, 現代書館, 1984, 331쪽.

124) 사토 다다오는 임권택의 개인사를 한국의 근현대사와 함께 얽어내어 임권택 영화를 분석하고 한 국 영화의 예술적 근간을 찾아가는 책을 집필했다. 이 책에서 그는 임권택 영화를 경유하며 일제 강점기 의 역사나 냉전 시대 한국의 사회정치적 상황 등을 다시 바라보게 됐으며, 한국문화와 예술에 담겨 있는 '한'의 정서를 약간이나마 깨닫게 됐다고 말한다. (佐藤忠男,『韓国映画の精神―林権沢監督とその時 代』, 岩波書店, 2000, 4-10쪽)

125) 몬마 다카시,「일본에 있어서 동아시아 영화의 영향」,『영상예술연구』10호, 2007, 61-79쪽.

126) Pierre Bourdieu, The Field of Cultural Production, Edited and Introduced by Randal Johnson, New York:Columbia University Press., 1993, p.112-131쪽.

127) O. 亮子,「李長鎬映画祭から見果てぬ夢の再認識のために」,《シネマジャーナル》14号, 1990.04., 57-60쪽.

128) 石坂健治, 위의 글, 92-99쪽.

129) 佐藤忠男,「特集 韓国映画の活力 韓国映画への私の関心 感情的な古さ弱さと堂々と泣ける 者の強さ」,《月間イメ ジフォ ラム》no.99, 1988.08., 100-105쪽.

130) 이장호 감독 인터뷰 참고

10. 격랑의 시대 속 홍콩, 타이완 청년들의 정체성 찾기

131) 이러한 태도는 마스무라 야스조, 오시마 나기사의 다음 논고에서 구체적으로 확인할 수 있

다. 增村保造, 「特集新人宣言——ある弁明」, 《映画評論》, 1958年3月号, 大島渚, 「「眠れる獅子——松竹大船」を批判する」, 《映画評論》, 1959年7月号

132) 김소연은 뉴웨이브의 개념을 폭넓게 적용하면 "1980년 광주항쟁의 직간접적 영향 아래 사회 현실에 관심을 표명하는 민중주의적 영화들을 포괄"하여 임권택, 이장호, 배창호 감독부터 1990년대 후반의 영화까지 해당될 수 있으며, "1970년대식 낭만적 휴머니즘 경향의 영화들을 배제하고 뒤로는 1990년대 후반 이후 장르 관습으로 과잉결정되는 영화들을 배제하면" 박광수, 장선우, 정지영 감독의 영화를 중심으로 하는 "협소한 범위"가 된다고 지적한다. (김소연, 「한국영화사에서 모더니즘의 탈존이라는 문제」, 『영화연구』, vol.85, 2020, 85쪽.)

133) 한국 영화에서 뉴웨이브라는 용어는 1980년대부터 담론에서 사용되기는 했으나, 1996년 제1회 부산국제영화제에서 내셔널 시네마로서의 한국 영화를 해외에 알리려는 목적 아래 『코리안 뉴웨이브』라는 제목의 책자를 발간하면서 정식화된다. (이효인, 『한국 뉴웨이브 영화 (1975-1995)』, 박이정, 2020, 35-36쪽.)

134) Law Kar, "An Overview of Hong Kong's New Wave Cinema", At Full Speed: Hong Kong Cinema in a Borderless World, Minneapolis, MN ; University of Minnesota Press; 2004, p.40-44.

135) 일본이 태평양 전쟁에서 패한 후 중국에는 국공내전이 일어났고 상하이 영화인들은 또 한 번 대거 홍콩으로 건너왔다. 그리하여 사실상 홍콩 영화는 상하이 영화인들의 영향 아래 있었다.

136) 중국 본토의 문화대혁명에 영향을 받은 홍콩 좌익이 1967년에 일으킨 폭동으로, 이들은 당시 홍콩 사회의 극심한 빈부격차와 부정부패의 원인을 영국의 식민지배로 간주했으므로 반영(反英)폭동이라고도 불린다.

137) N.K. Leung, 「홍콩영화: 중국과 1997년」, 존 힐·파멜라 처치 깁슨(엮음) 『세계영화연구』, 현암사, 2004, 633쪽.

138) 정영호, 『중국영화사의 이해』, 전남대학교 출판부, 2006, 162쪽.

139) 이종희, 「2장 역사 : 중국영화의 전통과 현재」, 임대근;이종희;박언진;김수현;박희성;곽수경;문지애, 『중국영화의 이해』, 동녘, 2008, 81쪽.

140) James Udden에 따르면, 1970년대 후반에 비교하여 1980년대 초반 상업영화 작품 수 자체는 증가했다. 그러나 예산과 제작 가치가 급락했고, 작품 수준이 저급해졌다. (James Udden, "Taiwan New Cinema: A Movement of Unintended Consequences", Frontiers of Literary Studies in China, Vol.7 No.2, 2013, p.161.)

141) 채윤정, 「대만 뉴 시네마」, 『세계영화사강의』, 연세대학교 출판부, 2001, 292쪽.

142) Udden, p.62, 정영호, 234쪽.

143) 서락미, 『대만영화 백년사』, 한국문화사, 2022, 208쪽.

144) Emilie Yueh-yu Yeh and Darrel William Davis, "Challenges and Controversies of the Taiwan New Cinema", Chris Berry(ed.), Chinese Cinema: Critical Concepts in Media and Cultural Studies, Volume II: Chinese Film Production and Reception, Abingdon, England ; Routledge; 2013, p.158.

145) 장동천은 문학에 이어 음악에서는 '대만의 정서와 이야기를 담은 캠퍼스 포크송', 회화에서는 '민간 예술과 원주민 예술에 대한 새로운 조명과 발굴', 무용에서는 '운문(雲門) 집단과 같은 사변적인 신개념 양식'이 발생했다고 지적한다. (장동천, 「대만의 '향토문학' 서사와 '신전영' 운동: 본토주의 문화의식의 형성과 확산」, 『중국어문논총』, vo.31, 2006, 462쪽.)

146) 채윤정, 296쪽.

147) 장동천, 471-473쪽.

148) 이 같은 관점은 다음의 원고에서도 확인할 수 있다. Tonglin Lu, "Taiwan New Cinema and Its Legacy", The Chinese Book, Lim Song Hwee and Julian Ward(eds.), London: BFI and Basingstoke, Hampshire:Palgrave Macmillan, 2011, p.122.

149) 北島義信,「台湾「ニューシネマ」の現代的意義」,『四日市大学環境情報論集』, Vol.16, No.1, 2012, p.3.

150) 장동천, 『영화와 현대중국』, 고려대학교출판부, 2008, 303쪽

151) 안정훈은 〈비정성시〉에서 광둥어, 상해어 또한 사용되고 있다고 지적하면서 "이러한 언어는 대만의 민족 정체성에 대한 허구를 드러낸 효과를 낳는다"고 말한다. (안정훈, 「영화 〈비정성시〉에 나타난 대만의 역사적, 문화적 정체성에 관한 고찰」, 『中國小說論叢』, Vo.28, 2008, 328쪽.)

찾아보기

인명

작품명

모든 변화 속에서

앞으로의 영화가 어떤 모습일까에 대해서는

더 진지하게 생각해봐야 되고

검토해야 될 것 같아요.

- 이장호, 대담 중에서 -